天津外国语大学国际商学院科研能力提升工程系列丛书

本书的出版得到天津市艺术科学规划一般项目"加快天津市文化产业融资平台供给侧建设的研究（E16056）"的资助

文化产业融资平台供给侧建设
——以天津市为例

The Research on the Construction of the Financing Platform about the Cultural Industry from the Supply Side-Taking Tianjin as an Example

秦洪军 著

经济管理出版社
ECONOMY & MANAGEMENT PUBLISHING HOUSE

图书在版编目（CIP）数据

文化产业融资平台供给侧建设——以天津市为例/秦洪军著.—北京：经济管理出版社，2018.10
ISBN 978-7-5096-6094-2

Ⅰ.①文… Ⅱ.①秦… Ⅲ.①文化产业—融资—研究—天津 Ⅳ.①G127.21②F832.774

中国版本图书馆 CIP 数据核字（2018）第 240743 号

组稿编辑：王光艳
责任编辑：许 兵
责任印制：司东翔
责任校对：董杉珊

出版发行：经济管理出版社
（北京市海淀区北蜂窝8号中雅大厦A座11层 100038）
网　　址：www.E-mp.com.cn
电　　话：（010）51915602
印　　刷：北京玺诚印务有限公司
经　　销：新华书店
开　　本：720mm×1000mm/16
印　　张：17.5
字　　数：314千字
版　　次：2018年12月第1版　2018年12月第1次印刷
书　　号：ISBN 978-7-5096-6094-2
定　　价：68.00元

·版权所有 翻印必究·
凡购本社图书，如有印装错误，由本社读者服务部负责调换。
联系地址：北京阜外月坛北小街2号
电话：（010）68022974　邮编：100836

前　言

当前，中国经济进入新常态，"供给侧结构性改革"成为引领中国经济发展的理论基础。文化产业作为国民经济发展的重要组成部分，在促进国民经济资源整合、产业重构、高质量发展等方面具有重要作用。天津市作为重要的历史文化名城，其文化底蕴深厚，文化产业发展迅猛。但与此同时，融资难仍是天津市文化产业发展的瓶颈。因此，加快天津市文化产业融资平台供给侧建设具有重要的理论及现实价值。

笔者长期从事文化产业及其金融支持方面的研究。在长期研究的基础上，2016 年组织研究团队，以"加快天津市文化产业融资平台供给侧建设的研究"为题，申报了天津市艺术科学规划一般项目，并顺利获批。该项目的批准，对于笔者的研究起到了巨大的激励和推动作用。自项目获批以来，笔者便组织研究团队按照项目申报书的研究内容进行系统研究，最终形成 20 余万字的研究成果。该成果的创新性体现在如下三点：

首先，为天津市文化产业融资平台供给侧建设提供了新的论据支持。在本项目开展之前，本项目研究人员发现，尚未有系统性的针对天津市文化产业融资平台供给侧建设的专项研究。因此，本项目的完成，为天津市文化产业融资平台供给侧建设提供了系统性的论据支撑。

其次，深化了供给侧结构性改革的研究领域。对于文化产业融资平台建设，供给侧结构性改革的概念，是一种新的理论模式。而作为一种新的理论模式，国内仍然处于探索之中。因此，本项目的完成，将有助于供给侧结构性改革的理论，应用于文化产业融资领域，形成新的融资机制设计。

最后，突出了政策支持与风险防范。对完善文化产业融资平台的政策支持与风险防范是普遍的共识，但是对于政策目标、政策手段、风险识别机制等关键问题仍有待进一步创新。因此，本项目的完成，依据天津市文化产业的特点，就其融资问题的政策保障与风险防范进行全面探讨，从而促进了文化产业发展的宏观环境建设。

  该项研究成果的最终完成，首先要感谢天津市艺术科学规划项目（E16056）的支持，项目的获批是对笔者长期研究的肯定，激发了笔者进一步研究的动力。其次，要感谢笔者所在单位的大力支持。笔者所在单位天津外国语大学国际商学院，为笔者的研究提创造了良好的环境，并提供了大力的支持。再次，该项目的完成要感谢我的研究团队，特别是我的硕士研究生郭浩和王楠两位同学，他们在书稿编写资料的收集、数据的筛选、初稿的编写等方面，给予了我很大的帮助，并参与了大部分书稿初稿的写作及终稿的校对工作。另外，我的本科生赵璐月、冯盛元、郑玉，也参与了部分书稿的资料收集和整理工作。最后，该书稿的顺利出版得益于经济管理出版社王光艳编辑的督促与支持。

  虽然该项目已经完成了最终成果，但我们清楚地知道，这既是上一次研究的小结，也是下次新研究的开始。我们的工作只是对"文化产业融资平台供给侧建设"这一研究领域，进行了一种尝试。但限于我们的研究功底和研究水平，本书稿一定存在着不足与缺陷。我们衷心希望得到您的批评与指正。

目 录

第一章 导论 ·· 1

 第一节 研究背景与意义 ·· 1
  一、研究背景 ··· 1
  二、研究意义 ··· 3
 第二节 国内外研究现状 ·· 4
  一、国内外供给侧研究现状 ·· 4
  二、国内外文化产业研究现状 ··· 8
  三、供给侧背景下文化产业融资国内外研究现状 ············· 15
 第三节 研究内容及研究方法 ··· 21
  一、研究内容 ··· 21
  二、研究方法 ··· 22
  三、本书创新点 ·· 23

第二章 供给侧改革 ··· 24

 第一节 与供给侧改革相关的概念 ································· 24
  一、供给 ·· 24
  二、需求 ·· 26
  三、供给侧结构性改革相关概念辨析 ····························· 27
 第二节 我国供给侧改革的提出背景 ······························· 28
  一、人口红利下降,劳动力成本上升 ······························ 29
  二、土地制度僵化落后,自然资源粗放、低效耗用 ··········· 30
  三、供需不匹配 ·· 30

四、企业成本上升 ………………………………………………… 31
第三节　供给侧改革的主要内容 …………………………………… 32
　　一、"去产能、去库存"消化无效供给 ………………………… 32
　　二、"补短板"解决有效供给 …………………………………… 33
　　三、"去杠杆"促进实体经济与虚拟经济的协调发展 ………… 33
　　四、"降成本"提高全要素生产率 ……………………………… 34
第四节　开展供给侧改革可能带来的风险 ………………………… 35
　　一、财政收支矛盾加剧 ………………………………………… 35
　　二、短期经济压力加剧 ………………………………………… 36
　　三、触发金融风险 ……………………………………………… 37
　　四、政府干预过度风险 ………………………………………… 39
第五节　开展供给侧改革的意义 …………………………………… 40
　　一、供给侧改革是适应和引领经济新常态的主动抉择 ……… 41
　　二、供给侧改革是解决当前众多问题的有效途径 …………… 41
　　三、供给侧改革是稳定个人预期的重要方式 ………………… 42
　　四、供给侧改革是顺应我国城镇化发展的客观要求 ………… 42
　　五、供给侧改革是转变经济增长方式的必然要求 …………… 43
第六节　开展供给侧改革的对策建议 ……………………………… 43
　　一、多渠道筹集资金，为供给侧改革提供资金支持 ………… 44
　　二、厘清政府在供给侧改革中的作用边界 …………………… 45
　　三、建立完善金融体系的风险评估与防范机制 ……………… 46
　　四、以供给侧改革为主，辅以适当的需求侧调控进行经济调节 … 47

第三章　文化产业融资

第一节　文化产业概念及特征 ……………………………………… 48
　　一、文化产业定义 ……………………………………………… 48
　　二、国内外文化产业概念与分类 ……………………………… 52
　　三、文化产业特征 ……………………………………………… 56
第二节　文化产业融资 ……………………………………………… 59
　　一、文化产业融资定义 ………………………………………… 59
　　二、文化产业融资平台 ………………………………………… 60
　　三、文化产业融资平台类型 …………………………………… 61

四、文化产业融资特征 ……………………………… 64

第三节　文化产业融资理论基础 ……………………………… 65
　　一、企业融资理论 …………………………………… 65
　　二、金融成长周期理论 ……………………………… 69
　　三、创新理论 ………………………………………… 70

第四章　供给侧背景下天津市文化产业发展　74

第一节　天津市文化产业基本发展情况 ……………………… 76
　　一、机构人员发展情况 ……………………………… 76
　　二、报刊、图书类发展情况 ………………………… 78
　　三、影音广播发展情况 ……………………………… 81
　　四、档案机构和人员基本情况 ……………………… 84
　　五、图书馆和博物馆基本情况 ……………………… 87
　　六、群众文化事业和艺术演出基本情况 …………… 89

第二节　天津市文化产业的特点 ……………………………… 91
　　一、历史悠久、延绵不断 …………………………… 91
　　二、与时俱进、开拓创新 …………………………… 92
　　三、亲水和市民主体性 ……………………………… 92

第三节　天津市文化产业发展最新项目、产业园区及主要代表企业 …… 93
　　一、2017年天津市重点文化项目 …………………… 93
　　二、主要产业园区 …………………………………… 101
　　三、主要代表企业 …………………………………… 105

第四节　天津市文化产业发展的基础 ………………………… 111
　　一、悠久城市发展历史 ……………………………… 111
　　二、历史建筑遗留丰富 ……………………………… 113
　　三、历史文化名人的奠基 …………………………… 114
　　四、持续增长的经济 ………………………………… 115
　　五、良好的市场环境 ………………………………… 116
　　六、强有力的政策支持 ……………………………… 118

第五节　天津市文化产业发展存在的问题 …………………… 119
　　一、优势资源开发不足 ……………………………… 120
　　二、缺乏优势引领企业 ……………………………… 120

三、文化产业意识不强 ……………………………………………… 121
　　四、市场体制不灵活、政策不充分 ………………………………… 121
　　五、自主创新能力不强、竞争力低 ………………………………… 122
　　六、文化产品有效供给不足、居民文化消费偏低 ………………… 122
　　七、企业规模小、行业集聚差 ……………………………………… 122

第五章 供给侧背景下天津市文化产业融资平台 …………………… 124

第一节 融资平台现状 …………………………………………… 124
　　一、政府财政支持 …………………………………………………… 124
　　二、银行业金融机构支持 …………………………………………… 127

第二节 融资平台建设的优势与不足 …………………………… 129
　　一、融资平台建设优势 ……………………………………………… 129
　　二、融资平台建设的不足与存在的问题 …………………………… 132

第三节 融资平台建设问题产生的原因 ………………………… 140
　　一、体制原因 ………………………………………………………… 140
　　二、文化产业与政策原因 …………………………………………… 141
　　三、金融市场原因 …………………………………………………… 141
　　四、文化企业原因 …………………………………………………… 142
　　五、文化产业壁垒原因 ……………………………………………… 142

第六章 发展文化产业及配套融资平台 ……………………………… 143

第一节 全国文化产业形势大好 ………………………………… 143
　　一、优秀作品不断涌现，影视市场日益繁荣 ……………………… 143
　　二、讲好中国故事，中国出版"走出去"步伐加快 ……………… 144
　　三、借力现代表达，传统文化焕发新生机 ………………………… 145

第二节 文化产业供需水平不断提高 …………………………… 146
　　一、天津市文化产业生产供给能力加强 …………………………… 146
　　二、天津市文化产业需求消费能力提高 …………………………… 148

第三节 文化产业融资能力相对落后 …………………………… 150

第四节 文化产业是提高经济质量和国家实力的重要方式 …… 151
　　一、文化产业是转变发展方式的重要手段 ………………………… 151
　　二、文化产业是缓解就业压力的重要方式 ………………………… 152

三、文化产业是缓解经济下行压力的重要途径 …………… 152

　　四、文化产业是提升国家软实力的重要舞台 …………… 153

第七章　国外文化产业融资平台供给侧建设经验借鉴　154

第一节　美国文化产业融资平台建设 ………………………… 154

　　一、美国文化产业发展概况 ………………………………… 154

　　二、美国文化产业融资的政策支持体系 …………………… 157

　　三、美国文化产业融资平台建设现状 ……………………… 159

第二节　韩国文化产业融资平台建设 ………………………… 164

　　一、韩国文化产业发展概况 ………………………………… 164

　　二、韩国文化产业融资的政策支持体系 …………………… 166

　　三、韩国文化产业融资平台建设现状 ……………………… 169

第三节　韩美两国文化产业融资平台建设的经验借鉴 ……… 171

　　一、我国文化产业融资平台建设存在的问题 ……………… 172

　　二、文化产业融资平台建设经验借鉴 ……………………… 175

第八章　天津市文化产业融资平台供给侧建设的对策　178

第一节　加强政府融资平台建设 ……………………………… 178

　　一、加强财政支持，发挥引导作用 ………………………… 179

　　二、完善税收优惠制度 ……………………………………… 181

　　三、加强文化产权评估体系建设，强化知识产权保护 …… 184

　　四、完善投资市场、促进投资多元化 ……………………… 184

第二节　完善金融机构融资平台建设 ………………………… 185

　　一、银行金融机构 …………………………………………… 185

　　二、非银行金融机构 ………………………………………… 187

第三节　提升企业融资能力 …………………………………… 188

　　一、加强自身积累，提高综合实力 ………………………… 188

　　二、债券融资和创业板上市 ………………………………… 189

第九章　结论与展望 …………………………………… 191

第一节　天津市文化产业融资平台供给侧建设 ……………… 192

第二节　天津市文化产业发展展望 …………………………… 198

  一、结合当地特色，天津市文化产业未来发展方向 …………… 199
  二、结合新时代文化战略，天津市文化主要创新方向 ………… 206
  三、结合区位优势，京津冀协同发展 …………………………… 209
  四、深化对外开放，推动文化国际交流 ………………………… 210
 第三节 天津市文化产业融资平台发展展望 ……………………… 212
  一、投融资体系多元化发展，非公资本作用日渐显著 ………… 212
  二、文化产业变革与互联网金融革命进一步融合 ……………… 214
  三、京津冀合作融资与突出滨海新区特色共同发展 …………… 214

附录一 天津市 2017 年文化广播影视工作总结 …………………… 216

附录二 天津市 2018 年文化广播影视工作要点 …………………… 233

附录三 天津市文化广播影视"十三五"规划 ……………………… 245

参考文献 …………………………………………………………………… 263

第一章

导 论

第一节 研究背景与意义

一、研究背景

21世纪是由传统资源经济向知识经济转变的时代。随着世界资源的不断消耗和环境不断恶化，使得过去以资源、土地、资本为主要生产要素的传统产业已逐渐丧失其竞争力，各国纷纷寻求新的经济增长方式。21世纪以来，知识经济的不断发展，各国遭遇的生产瓶颈，使得具有低成本、高技术和高附加值的各类产业开始受到各国的重视，其中以知识创意为主要生产要素的文化产业便是知识经济发展过程中的优势产业。从文化产业的特征来看，文化产业具有很多产业所具有的优势特征：首先，文化产业属于知识密集型产业，对资源的消耗低、环境污染小，有利于减轻资源与环境的压力；其次，文化产业附加值高，并且易于其他产业渗透融合，有利于在较长时间内带动其他产业的发展；再次，文化产业进入门槛低，能吸引较多的劳动力；最后，文化产业作为一种精神支柱，通过发展文化产业可以提升社会公众的精神境界，促进人民精神素质的提高，从而有利于缓解社会矛盾，促进社会和谐稳定。

文化产业具有独特的产业优势，是世界各国认定的21世纪的朝阳产业。各国在经济发展过程中也逐渐注意到文化产业的独特优势，纷纷将经济发展的重心转向文化产业发展，在全球经济结构的转型中，文化产业占比日益增大，并逐渐发展成为各国对外贸易的主导产业和经济发展的国家战略。现在，文化产业的发展水平已成为衡量一个国家国际竞争力和综合国力的重要标志。

20世纪以来，世界各国纷纷采取措施发展文化产业，从而提升国家的文化"软实力"。从整体上看，发达国家文化产业的发展情况明显优于发展中国家。在发达国家，文化产业对国民经济增长的贡献已经高于10%，已发展成为发达国家的支柱型产业。而发展中国家文化产业起步较晚，各项制度并不完善，从而导致文化产业在国民经济中所占的比重相对较小，但随着经济的不断发展以及传统产业发展遇到瓶颈期，发展中国家借鉴发达国家经济转型经验，也逐渐认识到文化产业的重要性。近几年来，发展中国家通过制定各项文化产业发展政策也极大促进了文化产业的快速发展。

此外，文化和文化产业也随着经济全球化、区域一体化的加强，正逐步成为21世纪经济学的重要组成部分。世界正由经济金融竞争逐步变为文化竞争。在《2000年大趋势》中约翰·奈斯比特和帕特里夏·阿伯丁就曾预言：文化的经济意义将远远超过人们的预料，"艺术既是文化财产，同时又是经济源泉。投资艺术将对一个地方的整体经济产生影响，它有着乘数效益，艺术将使旅游业大受裨益，从而推动工业的发展，提高不动产的价值"。经验表明约翰·奈斯比特和帕特里夏·阿伯丁的预言已发展成为现实。

在我国经济社会日益趋向平衡性、包容性、可持续性发展，中国梦和社会主义核心价值观更加深入人心的时代背景下，文化产业也得到了国家及政府的极度重视。从2011年召开的十七届六中全会做出明确部署："要使文化产业成为我国新的经济增长点、经济结构战略性调整的重要支点和转变经济发展方式的重要着力点"[1]，到习近平总书记在建党95周年庆祝大会的重要讲话中指出"文化自信，是更基础、更广泛、更深厚的自信[2]"，再到党的十九大报告指出"没有高度的文化自信，没有文化的繁荣兴盛，就没有中华民族伟大复兴"[3]。可以看出党和国家越来越重视我国文化产业的发展，将文化产业发展为我国经济的支柱型产业已成为我国经济发展的重要战略方向。近年来，我国文化产业发展取得的成

---

[1] 中共中央关于深化文化体制改革推动社会主义文化大发展大繁荣若干重大问题的决定 [J]. 北京：人民出版社，2011.
[2] http://www.xinhuanet.com/politics/2016-07/01/c_1119150660.htm.
[3] 习近平. 决胜全面建成小康社会 夺取新时代中国特色社会主义伟大胜利——在中国共产党第十九次全国代表大会上的报告 [M]. 北京：人民出版社，2017.

就已受到国民的普遍关注。2015 年全国文化及相关产业增加值为 27235 亿元，比 2014 年增长 11%（未扣除价格因素），比同期 GDP 名义增速高 4.6 个百分点；占 GDP 的比重为 3.97%。2016 年全国文化及相关产业增加值为 30785 亿元，比 2015 年增长 13.0%（未扣除价格因素，下同），比同期 GDP 名义增速高 4.4 个百分点；占 GDP 的比重为 4.14%[①]。可以发现，近几年随着经济的发展以及国家对文化产业的越加重视，无论是文化产业增加值还是其占 GDP 的比重，每年均有所提高，说明我国推动文化产业发展的相关政策的制定已取得初步成效。虽然近几年我国文化产业平稳快速发展，但与发达国家相比文化产业占 GDP 的比重依旧较低，文化产业发展仍有较大前进空间。另外，不容忽视的是，伴随着文化产业的高速增长，与之相配套的文化市场体系尚未健全，从而导致我国文化市场的拓展能力较弱，区域之间发展严重不平衡，文化体制改革中凸显出许多问题也反映出文化管理体制较弱，文化市场与金融经济市场分离，使得文化产业资本相对稀缺。为促进文化产业与经济市场的紧密结合，文化产业融资平台建设势在必行。

天津市是环渤海经济中心，其城市定位是建设成为国际港口城市、北方经济中心和生态城市，因此发展文化产业便显得尤为重要，也具有比较优势。天津市作为历史文化名城具有 600 余年的建城历史，区位优势明显，文化底蕴深厚，五大道、意式风景区、古文化街、《雷雨》拍摄基地等文化古迹为人所熟知，具备发展文化产业的良好基础和条件。近年来天津市文化产业迎来了快速发展，天津市政府也积极地将天津市文化产业培育为国民经济的支柱产业作为政府目标。然而，与天津市的经济地位相比，天津市文化产业的总体规模、经济比重、发展水平和发展理念都表现出与其经济地位的明显不符。并且与其他省市区相比，天津市文化产业融资平台建设相对缓慢，成果不明显，从而抑制了天津市文化产业的投融资，无法将其文化产业与其经济金融发展良好融合。

二、研究意义

文化产业，已成为当今世界各国实力竞争的重要产业，也是世界各国适应经济结构转型的重要途径。随着依靠自然资源、土地、资本等传统生产要素的产业

---

① 国家统计局. 中国统计年鉴 2017 [M]. 北京：中国统计出版社，2017.

竞争优势的逐渐下降，发达国家纷纷发展"文化软实力"，试图寻求新的竞争优势。近几年来，发达国家文化产业的快速发展以及其对各国经济做出的巨大贡献，从实践中证明了文化产业发展的重要性。然而，我国文化产业发展起步较晚，虽然随着政府相关政策的制定近几年文化有关行业取得了很大成果，但与之相配套的文化市场体系尚未健全，从而导致我国文化市场的拓展能力较弱，区域之间发展严重不平衡。另外文化产业的资本密集型特征，意味着文化产业发展需要足够的资本支持，然而其"轻资产"性又导致其融资难度较大。鉴于文化产业这种自相矛盾属性，要想发展文化产业，文化产业融资问题是我国首先需要解决的问题，因此建立完善的文化产业融资平台，成为党和国家需要努力的方向。

天津市作为环渤海经济中心、国际港口城市、北方经济中心，经济发展迅速，经济实力排名靠前，然而天津市文化产业发展却相对滞后，还没有达到国民经济的支柱产业目标，天津市文化产业融资平台建设相对缓慢，天津市目前面临国际与国内的一个大的历史机遇，就是党中央提出的伟大号召——"文化兴国"和供给侧结构性改革。因此，本书通过对当前天津市文化产业的发展现状及其融资平台发展现状进行研究分析，从供给侧角度分析当前天津市文化产业发展的优势与不足，通过借鉴国外发达国家的经验，力求加快天津市文化产业融资平台的供给侧建设，解决当前天津经济与文化的发展不协调问题。

第二节　国内外研究现状

一、国内外供给侧研究现状

（一）国外供给侧改革研究与实践

1. 供给经济学的发展

供给经济学的理论基础可以追溯到古典经济学。古典经济学强调市场的作用，它认为市场的自动调节便可以使经济中的供给与需求达到稳定状态。亚当·斯密在其《国富论》中最早提出劳动与资本等供给方面的因素，对经济起着至关重要的作用。19世纪初法国经济学家萨伊在亚当·斯密理论的基础上提出著名的"萨伊定律"，该定律强调"供给可以自动创造需求"，因此要想推动一国经济的发展，仅需从供给方面入手，通过创造大量供给来推动国家经济的繁荣发展。"萨伊定律"的提出完善了古典供给经济学的理论体系，并且符合当时各国国情，被当时的世界各国所采纳。

20世纪30年代美国面临严重的经济大萧条，供给学派的供给管理政策在解决经济危机时并未起作用，这一时期凯恩斯经济学针对当时的国情提出需求管理政策并成功解决了当时的萧条危机，凯恩斯经济学的兴起对古典供给经济学的地位进行了挑战，撼动了古典经济学的统治地位。然而到了20世纪70年代，西方各国进入了经济停滞和通货膨胀共存的滞胀阶段，以凯恩斯经济学为基础的需求管理政策不再有效，各国统统回归供给管理，在这种情况下，供给学派和供给经济学理论重新回到大众视野，受到各国经济学家及各国政府政策制定者的再次关注。

供给经济学理论以及供给学派都强调供给方面要素对于宏观经济的影响作用，他们反对片面强调需求拉动经济增长的凯恩斯学派的观点。当前供给学派有"拉弗曲线"理论和"萨伊定律"理论两个理论分支，他们的主要思想具有一致性，都强调在解决宏观经济面临的不正常波动时，政策制定者应该着重分析经济社会的供给方面因素，从供给方面入手，通过制定相应的供给管理政策来解决宏观经济问题。

供给学派认为：宏观经济中的生产要素和供给制度不足造成了经济发展停滞，供给方面要素是经济增长的源泉，因此当经济面临萧条时，应用"供给管理"政策来调节经济。供给学派强调市场的作用，他们认为市场会使供给与需求自动达到稳定的状态，通过创造供给，经济中便会有适当的需求来适应供给的变化，无需市场干预。

蒙代尔、拉弗等是现代西方供给学派的主要代表人物。他们都主张从供给方面对宏观经济进行调控。蒙代尔主张通过减税和控制货币供应量来抑制通货膨胀。拉弗通过提出著名的拉弗曲线来解释税收与税率之间的关系，并以此作为减税政策的理论依据。他认为在一定范围内，税率与税收成正相关关系，高税率会产生高税收，而当税率超出上述范围，税率便会对税收收入产生抑制作用，不利于国民经济的发展。他认为税率对刺激经济主体进行经济活动，提供经济产品供给起着十分重要的作用。因此，拉弗主张通过减税来刺激经济中的产品与服务供给，从而刺激经济的稳定增长。在一定时期内，西方国家通过运用供给管理政策成功摆脱了国内的经济危机，从而也使供给学派的主张得到西方很多国家的认可。

2. 西方国家供给侧改革的实践

20世纪70年代，随着城市化建设的完成、"婴儿潮"的结束，美国劳动力人口增长逐渐减速，使得劳动力成本逐渐提高。另外，由于20世纪30年代以来，美国政府过分依赖于需求管理政策，造成美国政府财政赤字加剧，面临严峻的债务危机。经济逐渐走向停滞状态。祸不单行，70年代，美国爆发了严重的石油危机，巨大的供给冲击，造成了美国通货膨胀剧增，这时美国经济逐渐走向通货膨胀与经济停滞并存的滞胀之路。在滞胀的经济背景下，凯恩斯学派的需求管理政策不再有效，政府无法通过刺激需求来拉动经济的增长，面临复杂的经济形势，总统里根积极采纳供给学派观点，从供给侧出发，通过减税、减少政府财政支出、紧缩货币、减少政府干预等供给政策来试图激活美国经济。经过里根总统的供给侧改革，使得美国经济逐渐走向复苏，并激发出美国经济的新的增长活力。

第二次世界大战后，英国也难逃厄运，20世纪70年代以后，英国过度依赖于宽松的货币政策和财政政策，长期的宽松政策造成了英国经济面临严重的通货膨胀、政府面临严峻的债务问题以及劳动力失业率上升等问题，除此之外，英国由于国有企业过多还面临着政府过度干预，企业生产率低下等问题。随着经济的发展，各种问题的逐渐积累，最终导致英国面临严重的滞胀危机。撒切尔夫人上台后，通过采取紧缩货币、减少政府干预、取消垄断、鼓励竞争以及进行国有企业改革等供给管理政策，进行供给侧改革，最终通过供给管理，英国成功走出滞胀危机。

(二) 国内供给侧改革研究与实践

从英美两国供给侧改革经验发现，在对经济进行供给侧改革时都采取了减税、收缩货币、减少政府干预等供给措施，但由于两国经济背景不同，改革的侧重点也不相同。美国崇尚自由主义经济，拥有极为健全的市场经济体系，社保方面负担较轻，但劳动力成本较高，因此里根总统在进行供给侧改革时注重通过采取减税等优惠政策来降低企业生产成本，从而促进经济的发展。而英国国企较多，生产效率低下，企业缺少经济活力，并且社保负担较重，因而撒切尔政府的供给侧改革更注重于通过降低社会保障，减少政府管制，减少政府干预，提高国企竞争力来激活英国经济。从上述分析来看，不同国家面对不同的国情、不同的经济基础，在经济出现危机时所适用的管理政策也会不相同。总体来看，美英的供给侧改革主要解决的是滞胀问题。然而今天的中国经济的主要问题不是滞胀问题，而是进出口增速放缓，经济出现结构性问题。从而意味着我国的供给侧改革不同于以往西方国家的供给侧改革。

（1）我国供给侧改革背景。

从国际方面来看，自我国加入WTO以来，经济全球化趋势越发明显，各国经济、技术的相互依存促进了世界和平，为我国经济的快速发展提供了安全稳定的外部环境，我国也在追随经济全球化的趋势中，极大促进了我国进出口贸易的发展。但是，自2008年金融危机爆发以来，国际环境发生着深刻变化。世界整体经济不景气，中国经济也因此受到很多不良影响。2015年以来，发达国家自身影响力不断下降，世界主要发达经济体的经济状况分化明显，美欧经济复苏，日本经济仍处于长期滞胀状态，英国脱欧、特朗普上台，面临众多不确定因素，经济全球化趋势明显放缓，西方各国为保护本国利益，强化区域联盟，甚至企图联合出台贸易保护政策，各国逐渐加入"反全球化"的阵营。这种贸易保护趋势给我国产品出口和国际贸易造成了重大障碍。同时随着我国经济实力的增强，人口红利、资源优势逐渐消失，在同以越南、印度为代表的发展中国家竞争中面临着较大的竞争压力。

从国内方面来看，近年来我国出现居民大量海外购、海淘，而国内商场无人问津的现象，从而引起政府对于我国经济供给与需求不协调的重视。2011年开始，我国经济增长速度逐步放缓，经济从高速增长开始步入中高速增长的经济发展新常态。中国社科院的研究表明，结构性减速已经成为当前我国经济新常态的主要特征。在经济新常态下，中国经济面临很多结构性问题，部分行业产能过剩、有效供给不足、供需不匹配等严重阻碍了我国经济的健康发展。当前，仅仅依靠宽松的货币政策和财政政策等需求刺激政策，已经不能激发经济活力，促使经济回到正常运行轨道。面临经济的众多结构性问题，我国经济也应转变政策方向，从重视需求调整转变为重视供给侧结构调整，通过增加有效供给，减少无效供给，使经济中供给与需求相协调，从而推动经济的新一轮增长。

（2）我国供给侧改革理论的发展。

供给侧结构性改革的概念是习近平总书记在2015年11月10日的第十一次

中央财经小组会议上首次提出的,供给侧结构性改革是中国特有的一种改革方式,并经常出现在各种政府的研究报告当中。由于供给侧改革的概念是中国近两年才提出来的,因此当前对国内对我国供给侧改革的研究较多,而国外对其研究则较少。当前我国学者对供给侧改革的研究主要包括以下几个方面:

第一,对供给侧结构性改革的定义和性质的研究。王红艳(2015)认为,所谓供给侧改革就是从供给方面出发,用改革的方法促进行业结构调整,从而调节当前经济中所面临的产能过剩、供需错配等问题。黄群慧(2016)对工业方面的供给侧改革进行了研究,他认为工业领域的供给侧改革方向是解决工业领域的产能过程、创新能力不足等问题。改革的目的是通过供给侧改革推进我国工业产业的转型升级,实现我国工业产业由要素密集型向技术密集型发展方式转变。

第二,对为什么进行供给侧改革的研究,姚文栋(2015)对我国进行供给侧改革的原因进行了探究,他认为政府极力推进供给侧改革是因为过去主要依靠投资、消费、进出口"三驾马车"拉动经济增长的需求端改革已陷入瓶颈;通过借贷资金发放来调节经济日常波动的杠杆效应越发明显,不利于金融经济的健康运行,极易产生金融危机。刘铮、陈二厚(2016)指出,政府从供给端着手解决工业产业问题是党和国家坚持问题导向,科学分析的典范,只有认识到问题的根本,对症下药才能真正解决当前我国面临的各种供需矛盾。

第三,对怎样进行供给侧改革的研究。徐李伯、钞小静、苏德金(2016)提出供给侧改革需从构建微观动力机制、建设新型政府、转变政府职能、化解产能过剩等方面来进行,以供给侧改革为主导并不断调解需求端的内部结构,推动供需协调发展。贾康(2016)认为,应以有效的制度供给支持结构优化,激活社会的全要素生产率。

二、国内外文化产业研究现状

(一)国外文化产业的研究

1. 国外文化产业定义与分类的研究

在国际社会中,不同国家由于国情不同、文化背景不同,从而其对文化产业的理解也不尽相同，各国在对文化产业的范围以及分类进行界定时，也往往会基于本国国情制定不同的标准。

（1）联合国教科文组织文化产业定义与分类。联合国教科文组织将文化产业定义为："文化产业是按照工业标准，生产、再生产、储存以及分配文化产品和服务的一系列活动"。根据定义，联合国教科文组织将文化产业分为：印刷、出版、唱片、多媒体、工艺设计、视听等行业。但随后为方便世界各国对文化产业的数据统计，联合国教科文组织又将文化产业范围进行了补充，当前联合国教科文组织将文化产业划分为文化遗产、出版印刷业、视觉艺术、表演艺术、著作文献、环境和自然、音乐体育和游戏、音频媒体、视听媒体、社会文化活动等十类。联合国教科文组织作为世界性文化组织，其对文化产业的定义和分类，为各国文化产业的定义与分类提供了较为统一的标准，有利于国际范围内文化产业数据的统计与比较。但是由于各国国情文化背景的不同，各国之间对文化产业的定义与分类仍有些许差距。

（2）世界主要国家对文化产业的定义与分类。为适应经济全球化趋势，各国对文化产业的定义与分类主要以联合国教科文组织的定义与分类为基础，通过结合本国国情对文化产业进行具体分类。当前世界各国主要将文化产业称为创意产业、版权产业和文化产业等。在美国，文化产业主要由版权产业构成，因此外界也将版权产业视为美国的文化产业。

美国将版权产业定义为与知识密切相关的行业，主要包括出版、商业软件、电影、音像录制及电影发行等方面。版权产业根据其不同特点又可具体分为四类：一是"核心版权产业"，主要包括广播影视业、录音录像业、图书、报刊出版业、戏剧创作业、广告业、计算机软件和数据处理业等，其基本特征是研制、生产和传播享有版权的作品或受版权保护的产品。二是"部分产权产业"，产业内的部分物品享有版权保护，较典型的如纺织、玩具制造和建筑业等。三是"发行类版权产业"，主要是以批发和零售方式向消费者传输和发行有版权的作品，如书店、音像制品连锁店、图书馆、电影院线和相关的运输服务业等。四是"版权关联产业"，其所生产和发行的产品完全或主要与版权物品配合使用，如计算机、收音机、电视机、录像机、游戏机和音响设备等产业[①]。另外，1994年7月26日美国预算管理办公室（OMB）宣布，美国同墨西哥、加拿大联合建立北美产业分类系统，将文化产业划分为娱乐业与电子传媒业、印刷业与出版业、旅游

---

① 霍步刚. 国外文化产业发展比较研究 [D]. 东北财经大学博士学位论文, 2009.

与旅游产业三类产业。

欧洲各国则将文化产业具体分为：音乐艺术产业、文化艺术品产业、表演艺术产业、音像产业、出版业、彩票业、网络服务业、体育产业、旅游业、电影业、传媒产业等十二个产业。

1999年2月韩国在发布的《文化产业振兴基本法》中，将文化产业定义为，"与文化商品的生产、流通、消费有关的产业。主要包括影视、音像、广播、游戏、动画、演出、卡通形象、文物、广告、出版印刷、美术、创意性设计、传统工艺品、传统食品、传统服装、多媒体影像软件、网络以及与其相关的产业。此外，还有根据国家总统令指定的产业"[1]。另外在韩国文化产业统计方面，韩国统计厅将文化产业中的音像、游戏、出版印刷、电影、广播、摄影、创意性设计、广告、新闻、演出及其他文化产业建筑、图书馆、博物馆、艺术文化教育、工艺品及民族服装等作为文化产业的统计指标。

日本则将文化产业分为音乐、戏剧、电影、展览等文化艺术业，电视、网络等信息传播业，体育，博彩和观光旅游，等等。

澳大利亚在《澳大利亚文化和娱乐分类》中，将文化产业分为行业分类、产品分类和职业分类三大块。在行业分类里，澳大利亚的文化和娱乐产业又被具体划分为遗产类、艺术类、体育和健身娱乐类、其他文化娱乐类四大类。

2. 国外文化产业理论的研究

国外对文化产业的认知较早，理论研究较为深入，涉及的范围也比较广泛，并且针对文化产业的理论研究的观点不同形成了法兰克福学派、英国文化学派和美国文化学派。通过对各国学者文化产业的研究进行梳理发现，当前学者对文化产业的研究具有以下几个特点：

第一，注重文化产业基本理论研究，研究成果逐渐系统化。大卫·索斯比（2008）为研究文化产业的同心圆模式，收集了澳大利亚、新西兰、加拿大、美国以及英国的数据，对各国文化产业数据进行了实证分析，结果表明文化内容的输出符合同心圆模式[2]。劳伦斯·T. B. 和菲利普斯（2002）对文化产业生产和销售的意义进行了界定，并对艺术与商业之间的紧张关系进行分析，提出了文化

---

[1] 孙安民. 文化产业理论与实践 [M]. 北京：北京出版社，2005.
[2] David Throsby. The concentric circles model of the cultural industries [J]. Cultural Trends, 2008, 17 (3): 147 – 164.

产业管理人员未来可能面临的各种挑战①。大卫·赫斯蒙德夫的著作《文化产业》是近几年来关于文化产业的最系统研究，作者在书中不仅研究了文化产业的定义、文化产业特征、文化产业发展的重要性等基本问题，他还研究了文化产业评估、文化产业管理以及文化产业中新兴的新媒体、数字化等问题，为文化产业的研究建立了一个极为系统的理论框架②。

第二，注重文化产业的相关性研究，研究日益多元化。马克·布莱斯（2001）对文化创意产业进行了系统分类，并且论证了文化创意产业具有可用于社会整合、城市再生以及反映创意部门的成产成本等作用③。杰夫·达纳赫（2007）通过对文化创意产业的研究发现，创意产业的发展可以促进社会就业，并对当代西方的经济生活产生巨大影响④。凯夫斯（2004）对创意产业的各种组织形式进行研究，并用契约理论和产业经济学理论解释了"为何交易和合约可通过特殊的方式联系起来"⑤。巴哈加特（2002）认为，创意产业作为一种新兴的产业集群与传统文化产业具有本质上的区别，两者在发展过程中需要不同的政策环境和经济环境⑥。

总体来看，国外对于文化产业的研究范围十分广泛，研究内容也比较深入，为文化产业的发展提供了很多显著成果。另外，众多学者对文化产业的各个方面进行研究，使国家和公众对文化产业的特征及作用更为了解，有利于推动文化产业的健康发展。国外学者在对文化产业进行研究时不断拓宽研究领域，推动研究角度更加多元化、研究方法向实证化发展。例如，近年来国外学者逐渐对文化产业从经济学、统计学、管理学、法学等经济学角度进行研究，在不断丰富文化产业的研究渠道的同时，促进了文化产业与经济学的完美融合，对推动文化产业的经济学研究具有重要意义。

---

① T. B. Lawrence, N. Phillips. Understanding Cultural Industries [J]. Journal of Management Inquiry, 2002, 11 (4): 430 – 441.
② 大卫·赫斯蒙德夫. 文化产业 [M]. 北京：中国人民大学出版社，2016.
③ Mark Blythe. The Work of Art in the Age of Digital Reproduction: The Significance of the Creative Industries [R]. JADE 20. 2cNSEAD 2001.
④ G. Danaher. The region as performance space: A distinctive take on the creative industries [R]. Studies in Learning, Evaluation Innovation and Development. https://my.cqu.edu.au/documents/103286559/103291019/SLEID – 2007 – 166. pdf/7
⑤ 凯夫斯. 创意产业经济学——艺术的商业之道 [M]. 北京：新华出版社，2004.
⑥ Richard L. Florida The Rise of the Creative Class: And How It's Transforming Work, Leisure, Community and Everyday Life By Richard Florida [J]. Canadian Public Policy, 2002, 29 (3): 90 – 91.

（二）国内文化产业的研究

我国对文化产业的定义是在国家统计局于2004年发布的《文化及其相关产业分类》中明确规定的。我国的文化产业被定义为：为社会提供文化、娱乐产品和服务的活动，以及与这些活动有关联的活动的集合。从外延上看，文化产业可分为六个部分，包括文化产品制作和销售活动、文化休闲娱乐服务、文化传播服务、文化用品生产和销售活动、文化设备生产和销售活动以及相关文化产品制作和销售活动。具体包括9大类、24中类和80小类。

2000年10月中共第十五届五中全会上首次明确提出"文化产业"这一概念，在此之前，"文化产业"这一概念在国内鲜有涉及。所以，同国外文化产业发展的时间相比，我国对文化产业起步较晚，研究层次相对较浅。不管是对大众文化的探究还是对文化经济、文化市场等相关理论的探讨均处于起步阶段。当前，我国学者对文化产业的研究主要涉及以下几个方面。

1. 对文化产业的基础研究

我国学者主要从文化产业国内外发展经验、对文化产业的内涵及外延以及对文化产业竞争力发展等方面对文化产业的基本理论进行研究。

从国内外发展经验来看，谭红梅、柯妍（2009）研究了韩国"文化兴国"战略，通过对韩国文化产业战略的深入研究，他们认为政府对文化产业的大力支持是韩国文化蓬勃发展的主要原因[①]。吴志华（2007）在对巴西文化产业发展与政府的关系进行研究时发现，政府支持对巴西文化产业的发展起着极为重要的作用[②]。甘旭峰、一诺（2010）对日本文化产业的发展进行研究，并从中总结出推动我国文化产业发展的日本经验[③]。

从探讨概念和内涵方面来看，胡惠林对文化产业、文化事业、创意产业以及文化工业等相关概念进行辨析，分析了这些相关术语之间的联系与区别。他认为文化产业是与文化事业相对应的产业。与其他产业的定义相比，文化产业的定义权可能关系着一国的文化安全，各国都应重视本国的文化定义权。因此，国家统

---

① 谭红梅，柯妍. 韩国文化产业发展经验及对我国的启示［J］. 经济纵横，2009（6）：113-115.
② 吴志华. 巴西文化产业政策初析［J］. 拉丁美洲研究，2007（8）：10-15.
③ 甘旭峰，一诺. 日本文化产业发展经验对我国文化产业振兴规划实施的启示［J］. 当代财经，2010（6）：85-91.

计局对文化产业的具体定义对我国文化产业的发展具有重要意义。李小牧、李嘉珊（2011）研究了国际社会对文化产业的界定，他们认为对文化产业内涵的深入理解有助于推动我国文化产业的快速发展[①]。

从文化产业竞争力发展方面来看，李艳春、刘小青、张娟（2010）对改革开放以来我国文化产业的发展历程进行了全面回顾得出传统的观念制约、文化产业人才短缺、相关制度的缺失以及文化产业的规模较小等因素是阻碍我国经济发展为国民经济支柱产业的重要原因[②]。赵彦云、余毅、马文涛（2006）通过采用7个主要素、27个子要素和106个指标所构成的评估体系对我国36个省份的文化产业进行了竞争力评价，并在此基础上从五个方面对我国文化产业的健康发展提出对策建议[③]。顾杰善（2009）在文化产业科学发展十大关系论纲中按照国务院《文化产业振兴规划》的要求，从十种角度指出文化产业科学发展必须与时俱进地不断适应十种新变化，必须确立十种新观念，必须统筹兼顾地正确处理十大关系[④]。

2. 对文化产业政策的研究

文化产业政策研究在2002年之前很少有学者关注，自从2002年11月十六大报告中明确指出要"积极发展文化事业和文化产业，完善文化政策，支持文化产业发展"之后社会各界人士才开始对文化产业政策的研究提起重视。文化产业从以前的文化事业中逐渐脱颖而出的过程正是国家层面制度转型的结果。

对文化产业政策的研究，祁述裕（2005）等在对文化产业政策进行研究时认为影响我国文化产业发展的首要原因在于政府层面，政府的管理政策、产业政策、财政政策、税收政策等都会对文化产业的发展产生直接影响[⑤]。杨吉华认为我国文化产业政策存在"缺、弱、变、散、乱、粗"六方面问题[⑥]。向勇和喻文益认为文化产业政策设计是管理文化产业与文化事业的指挥棒，文化产业政策的

---

① 李小牧，李嘉珊. 首都文化贸易发展报告（2010）[M]. 北京：中国人民大学出版社，2011.
② 李艳春，刘小青，张娟. 关于我国文化产业发展问题的几点思考[J]. 改革与战略，2010（4）：105 - 107.
③ 赵彦云，余毅，马文涛. 中国文化产业竞争力评价和分析[J]. 中国人民大学学报，2006（4）：72 - 82.
④ 顾杰善. 文化产业科学发展十大关系论纲[J]. 学习与探索，2009（6）：128 - 132.
⑤ 祁述裕. 中国和欧盟国家文化体、文化政策比较分析[J]. 中国特色社会主义研究，2005（4）：57 - 62.
⑥ 杨吉华. 中国共产党文化政策面临的当代课题及其思考[J]. 中共石家庄市委党校学报，2012（3）：32 - 36.

设计决定着文化产业及文化事业未来发展的成败[1]。蔡尚伟和刘锐对新中国成立以来我国的文化产业政策进行了全面梳理并指出,我国文化产业政策的经历了由政府计划性管制到由政府为主导与市场相结合的演变过程[2]。张皓通过对我国现有的税务制度以及文化产业发展要求进行研究发现,当前我国的税收体系不能适应我国文化产业的发展要求,提出政府需要制定合适的税收优惠政策来促进文化产业的发展[3]。

3. 对区域性文化产业发展的研究

我国幅员辽阔,各地区之间由于经济发展水平、文化背景的不同造成了不同地区之间文化产业发展水平不同。对区域性文化产业的研究有助于各地区因地制宜,对症下药,避免盲目追求普遍性发展规律而忘记自身优势与劣势,为真正促进区域文化发展提供了可能。从内容上看,我国学者对文化产业发展的区域性研究可分为区域性竞争力研究和区域性发展政策研究。

从文化产业发展的区域性竞争力研究方面,王毅采用整体创新能力、成本控制能力、市场拓展能力和可持续发展能力作为评估指标,构建文化产业竞争力评估模型,并利用此模型对湖南省文化产业竞争力进行了评估,在得出结论的同时还对湖南省文化产业的发展提出政策建议[4]。邹志勇基于齐鲁文化产业竞争力的内涵、构成要素,进行了量表开发,提出了区域文化产业竞争力综合量化指数[5]。黄娟、王玉帅通过对国内外创意指数的特点进行分析,利用系统的方法构建了北京创意指数的具体指标[6]。

从区域性发展对策研究方面,楼文高、宋红艳、杨立东(2007)指出,上海市作为全国经济金融中心,应优先发展旅游业、传媒业、视觉产业等文化产业,通过培育文化支柱产业来提高上海市文化产业的核心竞争力[7]。刘玉堂、袁北星(2012)等通过对湖北省文化产业发展现状进行研究,认为湖北省应从推进产业

---

[1] 向勇,喻文益. 公共文化服务绩效评估的模型研究与政策建议 [J]. 现代经济探讨,2008(1):21-24.
[2] 蔡尚伟,刘锐. 论新中国文化经济及文化产业政策的演变 [J]. 思想战线,2009(3):113-117.
[3] 张皓. 支持文化体制改革和文化产业发展的财税政策分析 [J]. 税务研究,2010(7):34-36.
[4] 王毅. 文化产业竞争力评价方法与测度分析 [J]. 求索,2007(2):39-41.
[5] 邹志勇. 齐鲁文化产业竞争力量化指数研究 [J]. 山东社会科学,2010(7):110-112.
[6] 黄娟,王玉帅. 北京创意指数指标体系构建探析 [J]. 特区经济,2010(9):66-68.
[7] 楼文高,宋红艳,杨立东. 上海发展文化产业面临的挑战、机遇及对策 [J]. 学术交流,2007(1):181-184.

创新发展工程等八个方面来促进湖北省文化产业的发展①。惠吉星认为应将人文精神建设与文化产业发展相结合，以促进河北省文化产业发展②。

三、供给侧背景下文化产业融资国内外研究现状

（一）国外文化产业融资研究

1. 国外文化产业融资理论研究

文化产业属于资本密集型产业，其发展离不开资金的支持，从20世纪90年代开始，欧美等发达国家提高了对文化产业的重视，为促进和引导文化产业的健康发展，发达国家开始对文化产业融资问题进行研究。系统总结国外文化产业融资的研究成果，可以发现当前国外对文化产业融资的研究具有以下三个特点：

第一，对文化产业中的某些具体行业的融资问题研究较多，尤其是对电影行业和电视剧版权行业的融资问题研究。Lange A. 与 Westcott T.（2004）调查了欧洲电影的资金来源，他认为与美国好莱坞电影资金主要来源于市场资金的投入不同，欧洲电影产业中的资金主要来源于政府投入③。Norbert Morawetz（2008）将大数定律用于分析文化产业融资的风险分析，他们运用大数定律对分析了近十五年来全球电影产业中的共同融资合拍电影的现象，结果表明共同融资可以分散投资风险，增强电影投资的保险系数④。Mark Lorenzen、F. A. Taeube（2007）对印度宝莱坞电影进行了研究，他们认为政府对印度宝莱坞电影地位的确认极大地促进了印度电影行业的快速发展⑤。

---

① 刘玉堂，袁北星. 推动湖北文化产业跨越式发展的路径选择［J］. 湖北大学学报，2012（11）：24-30.

② 惠吉星. 河北文化产业发展与河北人文精神建设的辩证思考［J］. 河北学刊，2009（6）：206-210，21.

③ Lange A., Westcott T. Public Funding for Film and Audiovisual Works in Europe: A Comparative Approach. Council of Europe, 2004.

④ Norbert Morawetz. The Rise of Co-productions in the Film Industry. Hertfordshire: University of Hertfordshire, 2008.

⑤ M. Lorenzen, F. A. Taeube. Breakout from Bollywood? Internationalization of Indian Film Industry ［R］. Druid Working Papers, 2007.

第二，基于本国或者本地区的文化产业发展现状，提出文化产业融资建议。Lidia Varbanova（2003）认为当前东南欧各国的文化产业融资表现出明显的区域化和分散化趋势，建议东南欧各国可采用发行文化彩票建立国家或地区的文化基金、发展借贷工具等新的融资方式来扩宽文化产业融资渠道。Laura Clayton 和 Huge Mason（2006）深入调研与分析了英国中小型文化创意产业融资的基本情况，他发现26.9%的中小型文化创意产业企业资金使用过度，造成透支。8.2%使用设备租赁，13%使用股权融资，9.8%使用银行贷款等融资问题。结果发现，中小型企业融资渠道多元化，不同企业因企业规模、部门类型以及在产业链中的位置不同，企业资金来源具有差异性。最后作者提出政府应重点扶持那些成立时间较短，处于上升阶段需要资金支持的中小型文化创意企业，从而实现企业的快速发展。Oliver Rivers 和 Martin Deboo（2007）对文化产业的价值从三个方面进行分析，他们认为风险较高是造成文化产业融资较难的主要原因，因此为提高文化产业投资吸引力，各国应该对本国的文化产业从需求风险、商业模式选择风险、时间风险三类风险进行控制[1]。

第三，对政府促进文化产业进行融资的研究较多。Nadiri（1993）研究了文化产业的投资回报率问题，他发现文化产业具有20%~30%的投资回报率。世界银行（2005）也指出，对文化产业的投资将影响一国经济的发展[2]。卡西（2005）认为，投资文化产业能够促进经济增长的有效增长，文化产业的发展将为国民提供更多的就业机会，推动经济增长。在未来的发展中，文化产业将成为支撑一国经济增长的支柱型产业，而不是仅仅作为传统产业的辅助部门存在。在文化产业的发展过程中，政府应该加强对文化产业的管理，发挥政府对文化产业的扶持作用[3]。Choi YoungHo（2001）指出，各国政府都应该学习韩国的文化产业发展模式。在韩国，政府和相关企业对文化产业的投资以每年35%的速度增加，韩国文化产业的发展也因此吸引了很多国家，如美国、欧洲、日本以及中国的投资[4]。

2. 世界主要国家的文化产业融资模式分析

随着经济的发展，现阶段，世界主要发达国家都已经将文化产业发展成为其

---

[1] 赵佳. 中国少数民族文化产业融资支持问题研究 [D]. 中央民族大学博士学位论文，2017.
[2] 世界银行. 世界文化产业发展大势思考 [C]. 世界银行产业发展报告，2005：99-100.
[3] 卡西·布里克伍德. 产业投资与文化产业发展 [M]. 上海：上海译文出版社，2005：193-194.
[4] Choi YoungHo. 韩国文化产业走势 [M]. 上海：上海译文出版社，2005：89-90.

支撑国民经济发展的支柱型产业。虽然各国对文化产业的重视程度一致,但是各国由于国情不同、文化背景不同,因此在推动文化产业发展时所采用的融资模式也不尽相同。总体来看,文化产业的融资模式主要分为政府主导型、市场主导型以及政府与市场结合型。其中,美国、英国、日本、韩国的融资模式比较具有代表性。

(1)美国:自由的市场主导模式。美国具有十分发达的文化产业,其文化产业产值对 GDP 的贡献达到 20% 左右,总体竞争力居世界首位。在美国,文化产业与金融集团之间的介入性很强,它们通过相互参股、控股来建立可靠的伙伴关系,从而实现双方共赢。因此,美国大部分的文化产业集团都能建立比较完备的融资体系。由于美国高度市场化的经济环境,在美国,文化产业形成了以市场为主导的融资模式,市场化的民间金融机构是文化产业融资的主要资金来源。政府并没有发展文化产业的项目融资计划,只是由美国中小企业管理局(SBA)为中小文化企业提供保证,但民间成立的中小企业投资公司则对此类企业直接投资。同时,通过创新金融产品,文化企业可以通过贷款、发行股票和债券等多种融资方式吸引私募基金、养老资金和保险资金等社会资本进入文化产业,建立方式多样、渠道多元的融资体系。此外,美国政府还依靠开放的市场环境和较高的文化产业投资回报率,鼓励国外资金对美国文化产业进行投资,从而实现吸引外资的目的。

(2)英国:政府引导模式。在英国,对文化企业的投资模式也可称为"政府陪同资助",当企业对文化事业进行资助时,政府会根据企业资助资金按不同比例对文化事业进行陪同资助。这种"政府陪同资助"模式为文化产业的发展成果和发展质量提供了双重保险。此外,英国政府十分支持新投入,当企业对文化产业进行第一次资助时,英国政府会按与企业相同的投入来陪同资助。如果企业进行再次资助,那么政府将对按企业多出上次资助部分的 1∶2 的比例来陪同资助。这种陪同资助的模式,为文化产业的高质量和大规模生产提供了重要的资金支持。事实证明,英国的这种政府投资模式极大促进了社会各企业对文化事业的投资热情。据统计,英国资助文化事业的企业高达三千余家,为文化事业资助了近亿英镑。

(3)日本:政府与市场结合的融资模式。日本政府采取的是在政府推动文化产业融资的基础上,由政府和民间金融机构共同介入文化产业融资的融资模式。为推进文化创新产业的发展,日本政府在技术开发的"行政指导"方面、财政补贴、信贷、税收优惠等方面给予文化企业等创新企业更多的政策倾斜和扶持。例如，创新企业可获低息贷款，而且如果企业研发失败则可以免除利息。另外，日本政府还开展了旨在资助具有发展前景的创新企业的"e. Japan 计划"，该计划推动经费高达 2 兆亿日元（约合 1700 亿美元）。2013 年，日本政府决定出资 400 亿日元并募集民间资金，设立专项基金推进日本书化产业，基金将向出口日本饮食、时尚文化、动漫产品等"酷日本"文化的企业进行投资。

由于日本书化产业融资采用政府与市场相结合的融资模式，通过政府的正确引导和市场的自由运行为文化产业提供了多样化、顺畅的投融资渠道，极大地促进了文化产业融资。此外，日本民间投资也通过各种途径积极加入到文化产业融资。近年来，日本金融业开始允许企业或个人以无形资产为担保在金融机构进行融资，金融机构再通过金融工具创新，如将无形资产在资本市场中进行证券化来吸引其他投资者投资等。

（4）韩国：政府主导型融资模式。为保证韩国文化产业具备较好的信用支持体系，发展海外市场，韩国由政府主导建立扶植文化产业发展的机构，完成包括融资、资产评估、完工保证、技术评价和其他相关服务。韩国政府为发展新兴产业，以非市场的政府资源设立各种融资机构，直接投资或间接融资于高科技产业和文化产业。同时，具有无形资产的文化产业从业者所发行的公司债券已逐渐为市场所接受。韩国的 KOTEC 也对以知识产权做抵押而发行的抵押债权证券提供信用保证。

（二）国内文化产业融资研究

1. 国内文化产业融资理论研究

基于我国国情，当前我国学者对我国文化产业融资的研究主要涉及以下几个方面：

（1）对文化产业融资现状及存在问题的研究。当前，我国很多学者研究了我国文化产业的融资现状，分析了发展文化产业融资的重要性及其存在的问题。从整体上来看，我国学者对文化产业的现状及问题研究的观点具有一致性。魏鹏举（2014）对我国文化产业投融资进行研究，并总结出当前我国文化产业投融资所具有的政府投入带动社会资本进入、新兴文化金融业态大量涌现以及文化产业资本运作活跃三个特点[1]。乐祥海（2013）通过对我国文化产业发展现状进行研究，他认为，虽然近几年来我国文化产业发展取得了显著成果，但是在产业融资方面仍具有较大问题，融资渠道较少，投资主体对财政支持过分依赖，融资服务保障机制不健全等[2]。

（2）对文化产业融资出现问题原因的研究。陆岷峰、张惠（2012）认为，文化产业融资难的原因是产业发展水平的原因，当前我国文化产业的发展水平、群体特征难以符合各机构的融资要求[3]。魏鹏举（2010）对我国文化产业体制不健全、资本投资体制不成熟以及融资制度不完善等方面对当前我国文化产业面临的系统性困难进行研究，他认为我国文化产业融资的政治、经济和金融环境是当前我国文化产业融资难的原因[4]。

（3）解决对文化产业融资难问题的策略研究。我国学者在研究文化产业融资难问题的策略时，主要通过对国外国家文化产业的融资实践进行研究，取其精华去其糟粕，通过将国外成功的文化产业融资经验与我国国情相结合，力图探究出一种适合我国文化产业融资的中国模式。张龙安（2011）通过对英国文化创意产业融资进行研究，认为我国文化产业发展应学习英国文化创意产业在政府扶持、彩票基金、多元化融资渠道、私人投资、专业部门协作五个方面的融资经验[5]。王欣（2015）在对韩国文化创意产业的融资现状进行系统描述的基础上，又通过定性和定量的方法对中韩两国文化产业融资的相关政策进行了系统对比[6]。

（4）财政支持文化产业融资的研究。李季（2013）对我国文化产业财税政策进行研究，揭示了政府对文化产业发展新型支持的必要性和理论依据，在文章中他运用了公共产品、外部性、可持续发展和新经济增长等理论进行阐述。另外，笔者为验证其观点，又对世界几个主要发达国家的文化产业财税体系进行了对比分析。最后，笔者认为，我国要促进文化产业融资，需要在政府的支持下建立健全文化产业财税政策体系[7]。王宇红等（2014）通过对文化产业知识产权公共服务的基本理论进行阐述提出，我国应该构建以政府、企业、第三部门为主体

---

[1] 魏鹏举. 中国文化产业投融资的现状与趋势 [J]. 前线, 2014 (10): 43-46.
[2] 乐祥海. 文化产业投资影响因素测量指标体系研究 [J]. 求索, 2012 (10): 29-31.
[3] 陆岷峰, 张惠. 文化产业大发展的金融支持系统研究 [J]. 江西财经大学学报, 2012 (2): 26-34.
[4] 魏鹏举. 我国文化产业的融资环境与模式分析 [J]. 同济大学学报（社会科学版）, 2010, 5 (5): 45-51.
[5] 张龙安. 英国发展文化创意产业的融资经验及启示 [J]. 贵州农村金融, 2011 (12): 14.
[6] 王欣. 中韩文化创意产业融资比较研究 [D]. 哈尔滨理工大学硕士学位论文, 2015.
[7] 李季. 我国文化产业财税政策研究 [D]. 东北财经大学博士学位论文, 2013.

的知识产权公共服务模式①。

（5）对不同地区、不同行业的文化产业融资研究。鉴于我国文化产业发展具有区域性特征，当前我国学者开始对文化产业进行分区域、分行业的融资问题，主要从融资多元化机制、投融资效率、公司融资模式、各省文化产业投融资现状等方面进行研究。如秦智、谢杰（2013）研究了西部地区文化产业融资创新问题②。黄韵竹（2013）在对欠发达地区的文化产业发展进行研究时发现，经济欠发达地区的文化产业发展模式以及投融资模式与发达地区相比存在很多不足，为促进其文化产业发展需要积极借鉴国内外文化产业发展及融资经验③。

2. 我国文化产业融资模式特点与问题

近年来，文化产业融资在我国逐渐发展起来，总体来看具有如下特点：以风险投资等直接投资为主的文化企业呈现增多趋势；大多数文化企业选择上市募集资金；政府投资对文化产业融资愈加重视，政府对文化产业的投资资金也进一步增多；银行等金融机构针对文化产业发展特点而开发的金融产品逐步增加；融资范围、风险等均有所增加。文化企业之间互相并购现象也在增加。

除了具有上述特点外，我国文化产业融资仍存在一些问题值得关注：第一，与文化产业发达国家相比，我国政府对文化产业的投资资金占整个财政资金的比例非常小，当前政府对文化产业融资给予的支持远远不够，这会在很大程度上限制文化产业发展。第二，当前我国对文化产业资产评估体系不是很完善。由于文化作为一种没有实物形态的轻资产，属于无形资产，因此在对其进行价值评估时会存在很大的不确定性。企业如何把无形资产资本化，是我国文化产业发展进程中的一项挑战。第三，当前我国融资渠道较少。相比于国外发达国家多元化的投融资渠道，我国文化产业投融资渠道仍比较单一，从表面上看，当前我国投融资主体虽有风险投资、政府投资、金融机构融资、资本市场融资、债券融资、私募股权融资等多种形式的投资渠道，但是由于长期以来，我国文化产业市场准入门槛较高，具有轻资产、高风险的特点，从而使得社会上的闲散资金及海外资金很难进入我国文化市场，基础设施建设不完善，缺乏投资资金。另外我国文化产业主要以中小企业为主，融资能力有限，市场信息的不对称也抑制了其向银行和政

---

① 王宇红，马玥琳，倪玉莎. 西安市文化创意产业发展的知识产权公共服务体系构建研究［J］. 科技管理研究，2014（12）：135－141.

② 秦智，谢杰. 西部文化产业投融资创新策略［J］. 开放导报，2013（2）：87－89.

③ 黄韵竹. 欠发达地区文化产业投融资模式探索［J］. 青海金融，2013（11）：34－36.

府等传统部门的融资。第四，法治建设相对滞后，当前我国文化产业的法制建设并不完善，从而使得在文化产业融资方面所存在的各种问题，如产权界定、资产评估、资本流转、风险补偿等，很难得到合理公正的解决。从而抑制了各投融资主体的投融资意愿。第五，我国资本市场体系不完善，当前我国主板市场上市的条件是面向业绩优、经营好、规模大的企业。而我国文化产业主要以中小企业为主，大多数文化企业达不到上市的条件。而对于创业板，由于文化产业具有轻资产、高风险的特性，面对创业板严格的审查程序也是望而却步。另外，由于我国金融市场起步较晚，近几年虽有高速发展，但是金融创新能力依旧不足，金融机构缺少与文化产业相关的金融产品，也使得文化产业融资非常困难。

第三节 研究内容及研究方法

一、研究内容

本书通过立足供给侧背景下，对天津市文化产业融资平台的建设进行研究，研究内容主要分为以下几个部分：

第一章：导论。通过介绍本书的研究背景、研究意义和对当前本书相关知识的国内外研究现状进行分析，最后提出本书的研究内容与研究方法。

第二章：供给侧改革。通过对当前我国供给侧的概念及内容进行梳理，提出本书的背景基础。

第三章：文化产业融资。详细介绍了当前学界对文化产业融资的认识，包括文化产业概念与特征、文化产业融资概念与特征及对文化产业融资平台的介绍，最后介绍文化产业融资的理论基础，这为本书对天津市文化产业融资平台的供给侧建设研究提供了坚实的理论基础。

第四章：供给侧背景下天津市文化产业发展。详细介绍了天津市文化产业发展现状。通过对其现状描述，深入分析了当前天津市文化产业发展及存在的问题，结合现存问题，作者深入分析其存在这些问题的原因，为解决天津市文化的供给侧建设问题提供充分的现实条件。

第五章：供给侧背景下天津市文化产业融资平台。结合供给侧背景，深入探究天津市文化产业融资平台的建设现状，通过分析、探究天津市文化产业融资平台建设的优势与不足之处，并对融资平台建设问题产生的原因进行探究，得出合理的解决方案。

第六章：发展文化产业及配套融资平台。通过理论与实践相结合的方式，对于文化产业在国民经济中的重要作用以及配套融资平台建设对于促进文化产业的发展，进行了相关分析。

第七章：国外文化产业融资平台供给侧建设经验借鉴。通过对美国、韩国两国文化产业融资平台建设进行深入研究，结合我国国情和文化背景，总结归纳美国、韩国实践对天津市文化产业融资平台建设的启示，力图将其成功的文化产业融资平台建设经验进行借鉴，为今后天津市文化产业融资平台的供给侧建设方向提供宝贵的路径参考。

第八章：天津市文化产业融资平台供给侧建设的对策。从政府层面、金融机构层面、文化产业自身层面，分析当前各个方面的优势与不足，对当前供给侧背景下的天津市文化产业融资平台建设提出建议与应对策略，为天津市文化产业融资平台建设提供理论参考。

第九章：结论与展望。通过对天津市文化产业融资平台建设的研究进行总结，提出对天津市文化产业发展和天津市文化产业融资平台供给侧建设的展望。

二、研究方法

（一）文献研究法

通过对近年来国内外学者关于"文化产业""文化产业融资""供给侧建设"等相关内容的研究结果进行梳理与总结，对当前我国文化产业融资现状和文化产业融资平台现状进行深入分析，全面掌握关于本书研究课题的相关资料，丰富了本书的研究内容。

（二）数据分析法

通过大量的数据收集，力图从实际角度对天津市文化产业融资平台建设的必要性进行具体分析。不仅丰富了本书的研究方法，而且提供了实证支持。

（三）对比分析法

本书作者通过对国外文化产业融资平台建设的经验分析，对比天津市文化产业融资平台发展现状，总结国内外经验，力图将其成功的文化产业融资平台建设经验进行借鉴，为今后天津市文化产业融资平台的供给侧建设方向提供宝贵的路径参考。

三、本书创新点

第一，供给侧改革是2015年我国政府新提出的改革方案，当前天津市文化产业融资平台建设鲜有学者从供给侧角度进行分析，本书立足于供给侧背景下，抓住党和国家的重大改革机遇，对天津市文化产业融资平台建设从供给侧进行分析，并为其发展提出宝贵经验。

第二，文化产业融资平台在天津市的建设相对落后，本书立足于天津市文化产业发展现状，对天津市文化产业各项数据进行分析，从实证角度证实天津市文化产业融资平台建设的重要性，并立足于天津市文化实情，提出天津市文化产业融资平台供给侧建设的宝贵经验。

第 二 章

供给侧改革

第一节　与供给侧改革相关的概念

为更好地理解供给侧改革理论与实践，我们首先对与供给侧改革相关的概念进行辨析。

一、供给

（一）供给的基本定义

供给是指在一定时期内、在各种可能的价格水平上生产者愿意并且能够提供的商品和服务的数量。这里的供给是有效供给。供给显示了在其他因素不变的情况下，随着价格的变动，生产者愿意且能够生产的商品或服务数量。一般来说商品的价格越高，生产者提供的产品数量越多。

卡尔·马克思在《资本论》中说明，社会生产力发展水平对供给的范围和水平具有决定性影响。一般来说，影响社会生产总量的因素也会影响供给量。但是生产量与供给量并不等同，生产量中除了生产者生产出用于供给的产品外，还有一部分会用于自己的消费或进行出口、储备。而供给量除了本国厂商的产品供给外往往还包括进口商品或动用储备商品的部分。马克思认为，用于市场交换的产品不仅应具有使用价值，还应该具有社会必要劳动时间价值。因此，供给从政治经济学角度来看，不仅是提供使用价值的行为，还是一种实现自身价值量的行为。

（二）影响供给的因素

1. 产品价格

在其他条件不变的情况下，某种产品自身的价格和其供给的变动呈正方向变化。

2. 生产成本

在其他条件不变的情况下，某种产品自身的成本和其供给的变动呈反方向变化。

3. 生产技术

技术水平在一定程度上决定着生产成本并进而影响供给。

4. 预期

当生产者预期市场对于某产品有较高需求时，会增加该产品的生产。

5. 相关产品的价格

相关商品包括替代品和互补品。当替代品价格增加时，生产者会减少该产品的生产转而生产其替代品；当互补品价格增加时，该产品的价格也会提高，生产者会增加该商品的供给。

6. 其他因素

包括生产要素的价格以及国家政策等。

二、需求

(一) 需求的基本定义

需求是指在一定的时期、在各种可能价格水平下,消费者愿意并且能够购买的商品数量。需求显示了在其他条件一定时,随着价格水平的变动,消费者愿意并能支付购买的商品数量情况。消费者愿意并能支付得起的商品数量称为需求量。需求反映的是需求量与价格的关系。

(二) 影响需求的因素

1. 商品本身价格

对于普通商品,商品价格与需求呈反方向变动。价格越高,需求越低。

2. 替代品的价格

替代品的价格与商品需求呈正方向变动关系,替代品价格越高,该商品的相对价格就会变低,从而商品需求增加。

3. 互补品的价格

互补品的价格与替代品价格的影响方向相反,互补品价格对商品需求呈反方向变动,互补品价格增加,该商品的价格也会上升,导致该商品需求下降。

4. 消费者的收入水平

除劣等品外,消费者收入水平越高,对商品的需求量越大。

5. 消费者的偏好

消费者对某种商品的偏好越强,对该商品的需求量就会增加。

6. 消费者的预期（对未来商品的价格以及对自己未来收入的预期）

消费者如果预期商品价格上升，则会增加现阶段对该商品的购买，从而增加需求。反之，如果消费者预期商品价格会下降，则会减少现阶段对商品的购买，从而减少需求。另外，如果消费者预期自己收入上升，则会增加对商品的购买，从而增加需求，反之，则会降低对该商品的需求。

7. 消费者规模

当消费者的数量增加时，需求随之增加，反之则少。

三、供给侧结构性改革相关概念辨析

影响国民经济发展的因素可分为供给侧因素和需求侧因素，供给与需求的相对平衡决定了国民经济的持续稳定发展。供给侧是相对于需求侧提出的，涉及供给的各个方面，一般来说，供给侧的主要影响因素有劳动力、土地、资本、创新四大要素。

"供给侧结构性改革"是指从供给、生产端方面入手推进经济结构改革。过去，我国经济主要进行的是需求侧改革，即主要依靠投资、消费、进出口"三驾马车"拉动我国经济的增长，但当前随着人们生活水平的不断提高，人们的需求要求也逐渐提高，但当前经济中的供需不匹配现象使我们注意到供给侧因素逐渐成为制约我国经济转型的重要因素。因此，通过供给侧改革，一方面改善供给的有效性，为经济社会提供更多高质量的产品或服务，另一方面从供给侧出发，从根本上激发企业的生产活力和创新能力，通过创造更多的有效供给适应社会中的各种需求，从而推动我国经济结构调整和转型。

"结构性改革"是针对当前我国经济中存在的结构性矛盾而进行的改革，在我国，结构性改革有两方面的含义。一方面，在进行经济改革过程中，由于经济本身的复杂性，必须要明确改革的过程，对"先改什么，后改什么"需要事先做出结构性安排，以保证未来的改革平稳、有序进行。另一方面，在长期的问题积累中，我国经济面临着众多矛盾，形成了结构性问题，这些问题的解决需要党和国家对经济进行针对性的结构性改革。

"供给侧管理"是指通过调节总供给来实现宏观经济目标。影响总供给的因素有劳动力、工资、价格、产量等，通过对其影响因素进行管理，使这些因素作用于总供给，从而实现对总供给的调节。当前我国供给侧改革中提出的"去产能、去库存、去杠杆、降成本、补短板"等改革目标便属于供给管理的范畴。

"需求侧管理"与"供给侧管理"相对应，主要是指通过对影响需求的因素进行管理，通过调节总需求来推进宏观经济目标的实现。影响需求的因素主要有投资、消费、进出口"三驾马车"。

"供给政策"是指为推进供给侧改革和进行供给管理而制定的相应政策措施。常见的供给政策有宏观政策要稳、产业政策要准、改革政策要实、微观政策要活、社会政策要托底等。

区分与供给侧改革有关的概念非常重要，这些概念看似类似，但意义并不相同，既需要相互配合，也需要相互区分。例如，从供给侧入手并不能完全解决结构性问题，结构性问题从本质上来说是资源配置问题；另外，结构性改革也并非只针对供给侧，需求侧的结构调整也可称为结构性改革；供给侧改革并不是完全放弃需求侧管理，而是由过去单纯依靠需求拉动转变为需求与供给并重，变被动的外部依赖模式为主动的内生增长模式。只进行供给管理和供给政策改革并不是真正的供给侧改革，供给侧改革除涉及制度性改革外，往往还需要对产业结构、产品结构等进行调整。

第二节　我国供给侧改革的提出背景

2015年11月10日，中央财经领导小组第十一次会议召开，习近平总书记在会议中提出："在适度扩大总需求的同时，着力加强供给侧结构性改革，着力提高供给体系质量和效率，增强经济持续增长动力，推动我国社会生产力水平实现总体跃升。"同年11月18日，习近平在亚太经合组织工商领导人峰会发表演讲时提到："要解决世界经济深层次问题，单纯靠货币刺激政策是不够的，必须下决心在推进经济结构性改革方面做更大的努力，使供给体系更适应需求结构的变化。"

2016年3月5日，李克强总理在第十二次全国人民代表大会第四次会议上又强调："在适度扩大总需求的同时，突出抓好供给侧结构性改革，既做减法，又做加法，减少无效和低端供给，扩大有效和中高端供给，增加公共产品和公共服务供给，使供给和需求协同促进经济发展。"此后，李克强总理和习近平总书记在各大会议中又多次强调。可见，供给侧改革是我国当前经济结构改革的重点。

从国际环境来看，当前全球各国经济增长出现分化趋势：美国经济发展复苏后增长强劲，英国退欧后经济受到冲击，日本经济依旧停滞，欧元区各国经济逐渐复苏，大部分新兴市场国家经济形势严峻，经济下行压力巨大。从全球来看，各国经济发展步伐的不一致，使得世界经济发展不平衡加剧。世界主要发达国家逐渐开始有"反全球化"趋势，贸易保护、反移民潮等加剧。我国作为当前发展最快的发展中国家，在当前的国际环境下面临着众多挑战。

从国内方面来看，当前我国经济正在从过去的高速增长转变为中高速增长，从传统的过度追求 GDP 增长的经济模式转变为 GDP 稳健增长的"新常态"。当前背景下，我国从人口总数、市场规模和经济增长潜力来看，仍然属于超大经济体，总经济体量大。虽然总体来看我国经济仍有巨大的发展空间，但是近年来我国经济发展不平衡、不协调、不可持续问题逐渐凸显，供求之间矛盾突出。当前我国经济正处于外部全球竞争和内部"三期（增长速度换档期、结构调整阵痛期、前期刺激政策消化期）叠加"之下，在这种形势下可能面临各类矛盾和风险，这也是我国供给侧结构性改革急需关注的问题。

目前，我国国内经济发展面临的供给方面的主要问题如下。

一、人口红利下降，劳动力成本上升

人口红利是改革开放 40 年以来支持我国经济增长的重要原因之一，劳动力成本低，劳动资源丰富，吸引了大量外资企业来我国办公设厂。现阶段，虽然我国人口总量仍居世界首位，但是，经学界测算，我国在 2012 年已经出现了"刘易斯拐点"，表现为 2012 年后我国劳动适龄人口呈现出以每年数百万人的速度减少的趋势，劳动力工资水平明显上升，过去以低廉劳动力供给和劳动适龄人口充裕甚至过剩为特征的劳动力状况（简称"人口红利"）已经逐渐消失。并且，伴随"人口红利"的消失，我国人口老龄化趋势越发明显，甚至有专家提出，在未来的 10 年内，我国便会步入老龄化社会。从国家人口和国家经济的关系来看，人口基数对一国经济的发展起着至关重要的作用，人口结构及人口政策均有待调整。2016 年开始，我国已全面放开二胎政策便是一项重要的调整举措。但房价、儿童抚养费、教育费等各种家庭压力，使得政策效果并未达到预期效果，人口结构性改革仍需继续。

二、土地制度僵化落后，自然资源粗放、低效耗用

近年来，为推进我国城镇化发展，各大城市将其城市范围向周边蔓延，大量邻近城市的农村用地通过各种形式被开发为城市建设用地，按理来说，这是城市化进程中的必然之路，但是，由于我国现行土地制度的僵化和不健全，在社会中引发了各种社会冲突和群体事件。最常见的现象是，"钉子户"现象和农民因房价压力均迫切期待通过开发商的城镇化开发利用农村宅基地换取可能一生都买不起的城市楼房，以至于很多农村大量占用耕地建设房屋，促使耕地面积大量减少。除土地方面外，我国其他类型的自然资源，也存在较为严重的价格扭曲、粗放型开发和低效使用等。过去30多年，我国大量资源在改革开放的高消耗、低效率的使用中消耗殆尽，我国资源大国的地位明显下降，并且引发了一系列污染问题。随着人们生活水平的不断提高，人们对于生活环境的要求越来越高，高消耗、高污染、低效率的生产方式已经不再适合我国国情。改善资源、土地、大气、水体、空气等自然资源的使用状况，已成为我国今后发展中亟须关注的问题。

三、供需不匹配

从贫富差距来看，2015年我国国家统计局公布的基尼系数为0.462，而国际警戒线为0.4。基尼系数过高将对消费产生不利影响。根据消费倾向递减理论，随着收入的增加，边际消费占收入的比例会减少，也就是说，在贫富差距过大的社会环境中，富人支出比例会减少，有钱花不出，而穷人虽然消费倾向很高，但是由于收入的限制和对未来的不确定性，消费总量不大。因此，从总体上看，当前我国贫富差距过大的现象不利于我国消费的增长。

另外，近年来我国出现了国内消费增速不理想，而大量中国居民在日本、韩国、欧美等地疯狂扫货，随着互联网的发展，原来只有少数富人能海外购物，而现在不论是学生族、上班族或是妈妈族都能通过网络买到心仪的海外商品。从当前的消费情况来看，人们相对更加信任海外商品，尤其是海外名牌商品，而国内

此类商品缺乏或不被信任。从我国整体居民的消费总量来看，消费增速并未降低。因此，当前我国并不是消费不足，而是供给不足。供给与需求严重错位，促使我国经济增速减缓。为促进我国经济增长，2015年以来，中国人民银行多次实施降准降息的货币刺激政策，发改委也批准大量基建政策来促进投资，然而事实证明，当前需求刺激政策效果并不明显，根本问题在于供给与需求错位。因此从供给侧出发，对供给方面改革，以适应当前日益增长的物质文化需求。

四、企业成本上升

企业成本包括税费成本、劳动力成本、环境成本和技术成本等一系列成本。从税费成本来看，在我国，企业所得税是我国税收收入的主要来源，2013年数据显示，在所有税收收入中，我国企业所得税收入占税收收入总量的90%。企业税负过高导致企业成本增加，抑制了企业的创新和技术改革积极性。从劳动力成本来看，我国"人口红利"的消失和人口老龄化的加快，提高了企业的劳动力成本。从环境成本来看，由于我国化石资源过度使用，近几年雾霾天气增多，水污染加剧，政府对企业的环境责任要求增高，从而提高了企业的环境成本。在技术方面，我国仍是发展中国家，很多技术仍需引进国外发达国家经验或需投入大量资金研发，这些都将抬高企业的成本。

从经济总量来看，我国已经是世界第二大经济体，无论国内储蓄还是外汇储备在世界上都名列前茅。然而由于我国金融发展时间较短，金融领域发展不成熟，资本使用效率较低，我国金融支持对实体经济的支撑程度较低。首先，我国利率还未实现市场化。其次，我国金融市场主体分布不均，国有金融市场主体以及超级银行所占的比重远远大于民营外资等中小型机构在金融市场中所占的比重，不利于中小型金融机构的健康发展。最后，我国的资本市场结构主要以主板市场为主体，而创业板、新三板以及场外交易市场等具有较高创新能力的板块占比较小，造成了资本市场结构失调。另外，金融领域信息的隐蔽化造成了大量的设租寻租、金融腐败等现象。这些因素都将可能导致我国众多中小微企业在发展过程中，因各种限制得不到融资供给，实体经济与虚拟经济严重脱节等。这些均不利于我国实体经济的"更新换代"。

第三节　供给侧改革的主要内容

我国供给侧改革全称为供给侧结构性改革，我国供给侧改革的主要内容不同于西方国家的通过减税等方式刺激经济恢复的供给侧改革。因为西方的供给侧改革是在经济出现滞胀的大背景下，而当前我国经济面临的并不是滞胀问题，而是有效供给与有效需求不匹配带来的有效供给不足和无效产能过剩问题。目前，我国经济中出现的结构性矛盾已经导致我国社会供给不能适应我国进入中等收入国家阶段人民日益增长的生活需求。进入中等收入国家说明人们关注的不再是能填饱肚子的温饱需求，而是更加关注健康、安全、卫生和环境等方面的需求。而当前我国经济社会的供给却还停留在低收入阶段，企业一味追求供给数量而不重视质量。导致社会中存在大量的劣质产品囤积，而人们为追求更好的生活品质纷纷出国海购以至于形成了一种社会海购、海淘热潮。人们对国产产品失去信心势必导致国内消费需求不足，抑制我国经济的增长。在此背景下，我国提出的供给侧结构性改革是对症下药，专注解决当前我国供需不匹配造成的有效供给不足与无效供给过剩问题，从而解决无效供给过剩所造成严重的库存危机和产能过剩危机。我国供给侧结构性改革的主要目标可归结为"三去、一降、一补"。即针对无效产能过剩要"去产能、去库存"，针对金融债务过高的产业要去杠杆；针对有效供给不足要降成本、补短板。从供给侧结构性改革的长期目标入手，因此供给侧改革应从以下方面入手。

一、"去产能、去库存"消化无效供给

"去产能、去库存"的重点是解决中国的结构性产能过剩问题。在我国现阶段的行业发展过程中，钢铁行业、煤炭行业、水泥行业、房地产行业等行业中都存在大量的"僵尸企业"。为有效消化这些无效供给，一方面需要供给侧借助各种化解方式为过剩产能找到出路，这里的找出路是指为这些过剩产能寻求新的作用点，毕竟过剩的生产能力并不代表它们是无用的生产能力，积极地为其寻求新的去处，有利于在去产能的同时，减少资源浪费；另一方面需要从需求侧出发，

由市场的优胜劣汰机制进行筛选，淘汰无用的过剩产能。从总体上说，无效产能最终还是要通过需求侧来消化。相比于"去产能"，"去库存"则主要从需求侧入手，在经济发展中创造需求，创造需求不能仅仅依靠提高政府的公共服务需求，还要提高市场消费者的消费需求，例如，在房地产"去库存"方面可通过解决户籍问题、提高人口城镇化率、为农民进城买房提供优惠等方法提高市场需求，通过创造大量需求，提高库存产品需求量，从而消化过剩供给。综合来看，供给侧的去产能问题，既需要供给侧本身的调整，也需要需求侧的需求消化。

二、"补短板"解决有效供给

当前我国产品市场供给存在严重的问题，供给过剩和有效供给不足同时存在：一方面，供给产品和供给数量等供给结构不能适应消费者需求；另一方面，低端和无效产能占用大量资源，造成库存与积压。究其原因是我国供给体系的变化落后于人民日益增长的物质文化需求的变化。当前我国不是没有需求，而是需求与供给不适应。另外，由于长期的低端供给，我国供给体系生产的低质量早已深入民心，同等类型、同等价位的产品，国外产品一定会优于国内产品已形成所谓的"事实"。

因此，供给侧改革的关键是提升我国产品的供给能力，在当前的社会经济环境下，提高供给数量已不是关键，关键是提高供给质量和供给效率，通过建立供给的长效机制，提高供给结构的适应性和灵活性，重新赢得消费者。推动供给结构调整与优化，一方面解决现存的供给存量问题，通过"去库存"和"去产能"，决心关闭"高消耗、高污染、低收益"的僵尸企业，减少无效产能，降低低端供给存量，为有效供给生产腾出资源；另一方面推动我国产业结构升级，加大引入新技术、新工艺资本投入，推动产业结构调整，尤其重视市场产品结构的优化调整，为市场供给补短板。在体制上，应根据消费者需求趋势，解决市场供给的导向问题。例如，注重发展我国的名牌产品，提高我国产品的知名度，增强我国产品的国际竞争力。

三、"去杠杆"促进实体经济与虚拟经济的协调发展

"杠杆是一把双刃剑"，无论是企业的生产活动还是经济的发展过程，适度

的杠杆率有利于实体经济的发展，但杠杆率过高，债务增速过快，杠杆反而会拖累实体经济的发展。另外，杠杆过高也是经济中虚拟成分过高的体现。经济中"杠杆"的最优状态应该是保证实体经济与虚拟经济相协调。然而，当前我国政府和企业的杠杆率都远远超过经济的可承受水平，导致经济中负债率过高，宏观经济处于高杠杆状态，虚拟经济与实体经济严重脱节，表现为"实体不实、虚拟太虚"的特征。"实体不实"表现在既存在产能过剩、产品滞销、实体经济大多遭遇生存危机；又面临着技术创新不足、产品附加值过低，导致实体经济大而不强。"虚拟太虚"则表现在资产价格过高，尤其是以房地产为主体的相关资产价格在最近几年来连续翻倍，出现了资产价值与资产价格严重偏离的现象，从而使实体经济与虚拟经济严重脱节。为保证我国经济的持续稳定发展，防范区域性和系统性金融风险，针对经济中存在的实虚不和的状态，"去杠杆"已经势在必行、迫在眉睫。

四、"降成本"提高全要素生产率

在提出供给侧改革之前，我国对经济增长速度的转变一直解释为物质资源和"人口红利"的消失造成了供给推动力的衰退，从而抑制了经济的增长。因此，当时人们认为在供给推动作用的减弱下，只能通过需求拉动经济的增长，所以需求侧改革得到了高度重视，通过影响投资、消费、净出口"三驾马车"，极大促进了经济的发展。但是随着需求侧改革作用的极度发挥，其对经济的拉动作用已达到顶峰，另外过度发展需求侧使得供需方面的矛盾进一步加剧，并形成现在有效供给与有效需求无法匹配的尴尬格局。近几年来，随着对国家和各界学者对供给方面的研究发现，供给侧要素对经济的影响同样巨大。供给侧与需求侧是经济发展的两个方面，这两个方面不是相互敌对的关系，而应该相辅相成。当需求侧没有充分能力推动经济增长时，可以从供给侧出发推动经济增长，两个方面共同协作、相互匹配才能使市场经济发挥最大的作用。从西方经济学的角度来看，影响一国经济增长的供给要素主要有资本、劳动力、技术、制度、经济结构等。因此，进行供给侧改革需要从上述生产要素出发，矫正当前经济中不合理的要素配置，优化生产要素配置，提高全要素生产率。

2016年中央经济工作会议将"降成本"列入调整经济的重点工作，明确提出要帮助企业降低成本，这里的"降成本"应该既包括显性成本也包括隐形成本。会议中提到的社保成本、制度性交易成本、融资成本、税费成本、电力成本和物流成本六类属于显性成本，隐形成本主要包括核心生产要素错配造成的生产效率降低所引起的成本提高。"降成本"和提高生产效率实际上是一个问题的两个方面，提高全要素生产率的实质是合理配置要素，提高生产效率，降低成本。针对当前经济中所存在的生产要素配置扭曲、生产效率低下的问题，在未来的工作中，提高全要素生产率，降低生产成本，提高企业的竞争优势迫在眉睫。

第四节　开展供给侧改革可能带来的风险

供给侧改革为我国经济提供了众多发展机遇。从供给侧出发提高各要素的使用效率，在市场的作用下促进生产要素的自由流动，推动我国经济由要素驱动向效率驱动和创新驱动的转变。第一，在我国人口红利逐渐降低的今天，通过供给侧改革，培养人力资本，提高劳动率生产效率，推动我国由劳动力大国向劳动力强国转变；第二，通过大力鼓励创新创业，为经济发展培养新的动力引擎；第三，规范我国金融市场，提升资本使用效率，充分发挥金融资本在企业发展中的重要作用；第四，针对当前我国遗留的城乡二元化问题，积极推进城乡户籍改革；第五，推动土地制度改革，逐步建立统一的城乡土地流转制度。另外，在生产端，供给侧改革为中小微企业的发展提供支持，促进小微企业的快速发展，为我国经济增加更多主力军；促使国有企业改革，使国有资本充分发挥资源优势，向重点行业、关键领域和优势企业集中。

虽然供给侧改革蕴含着众多机遇，但是任何事情都有其两面性，风险与机遇同在。当前，供给侧结构性改革带来的潜在风险主要表现在以下几个方面。

一、财政收支矛盾加剧

供给侧改革的目标"去杠杆""降成本"，在短期内将减少财政收入。具体来看，2008年经济危机以来，为保证经济的增长速度，当前我国财政部门积累了很多严重的债务问题，由于政府债务具有杠杆率高和增长速度较快等特点，这导致我国政府部门债务风险不断提高,过高的债务风险会引起一国的债务危机,不利于国家经济的稳定发展。由于债务杠杆率与各地方经济增长率密切相关,各地方政府在"去杠杆"的过程中,必然会带来经济的紧缩,这将在一定期间内导致政府收入的减少。另外,"降成本"要求财政降低纳税人的税收负担和费用负担,即我们日常所了解的减税降费。在我国,税收收入占到财政收入的85%左右,税收收入的降低将严重影响我国财政收入的数量。如表2-1所示,2010~2016年我国财政收入和税收收入虽然在绝对量上逐年增加,但增幅在2012年开始便表现出逐年降低的趋势。

表2-1 2010~2016年我国财政收入、税收收入增长情况

年份	财政收入 (万亿元)	同比增速 (%)	税收收入 (万亿元)	同比增速 (%)
2010	8.31	21.3	7.32	23
2011	10.37	24.8	8.97	22.6
2012	11.72	12.8	10.06	12.1
2013	12.91	10.1	11.05	9.8
2014	14.04	8.6	11.92	7.8
2015	15.22	8.4	12.49	4.8
2016	15.96	4.9	13.04	4.4

然而,财政支出却恰好相反。供给侧改革目标"补短板"要求对公共服务提高支出比率,来满足公众随着经济水平的不断提高逐渐增长的物质文化消费方面的需求。从近几年的数据(表2-2)也可以看出,无论是在财政支出的绝对值还是占GDP的比重上,总体呈现出逐年增长的趋势。另外,从财政支出的用途上来看,财政支出作为国家的公共支出,主要用于解决民生问题,大多属于刚性支出。并且,从现在我国的贫富差距来看,该项支出在未来的几年只增不减。虽然,我国经济一直存在财政赤字状态,但供给侧改革的各项政策实施无疑会导致这一矛盾更加突出。

二、短期经济压力加剧

从2012年开始,我国经济增速一路下行,截止到2017年我国经济已经连续

表2-2 2010~2016年财政支出情况

年份	2010	2011	2012	2013	2014	2015	2016
财政支出（万亿元）	8.99	10.92	12.60	14.02	15.18	17.59	18.78
同比增速（%）	17.8	21.4	15.3	1.3	8.3	15.9	6.8
占GDP比重（%）	21.8	22.3	23.3	23.6	23.5	25.5	25.2

27个季度下滑，2017年前三季度经济增速6.9%，虽有稳中向好态势，但底部尚不明确。造成我国经济下滑的原因，既有结构性因素，也有周期性因素。但从各界分析来看，现阶段，我国经济中的结构性问题相对比较突出，例如：钢铁、建材、水泥等行业由于过去几年投资过度，造成严重的产能过剩；大面积的污染，导致我国生产、生活环境已不堪重负；人口老龄化和人口红利逐渐消失；金融市场发展不健全，存在大量投机行为，促使实体经济与虚拟经济严重脱轨。为解决上述问题，我国政府提出"三去、一降、一补"的供给侧结构性改革的目标。然而，其中的去产能目标在实施过程中涉及的行业众多，并且大多数都是劳动密集型产业。将这些行业的过剩产能去掉，从当前政府的实施措施来看，往往会导致企业减产、重组甚至破产。因此"去产能"不仅需要考虑各行业产出水平下降对经济的影响，还需要考虑"去产能"带来的大规模失业导致的社会负担等问题。供给侧改革相比于需求侧来说，需要调整的时间较长，从长期来看，供给侧改革对我国经济调整、增加优质供给都具有积极影响。但是，从短期来看，供给侧结构性改革，可能会对投资、生产或消费需求造成抑制作用，对短期经济造成较大压力及社会负担。

三、触发金融风险

债务风险的主体部门可分为居民、企业、政府和金融机构。在供给侧改革的背景下，相对来说企业和政府蕴含的风险较大。供给侧改革的第一个目标"去产能"涉及了很多产能过剩、库存积压资本密集型和劳动密集型行业。例如，房地产、钢铁、水泥、煤炭和船舶制造等企业都需要大量的资本投入，涉及的借贷资金较多，因此这些企业的杠杆率都非常高。高杠杆率意味着在经济繁荣时会促进企业的增长，而在经济下行期间则会引发财务风险。上述分析可知，"去产能"在短期内将导致经济增速下降，经济会面临下行压力，这意味着高杠杆率会产生反向作用，企业的财务风险可能会集中暴露。据测算，过剩行业负债中银行债权占比最大。目前，包括煤炭、钢铁、有色和水泥在内的四大产能过剩行业存量有息负债高达5.4万亿元，其中，银行贷款2.8万亿元、债券1.6万亿元、信托等非标准化债权资产约1万亿元，债券绝大部分由银行持有，非标信托中也有相当部分由银行发起。从行业来看，煤炭行业贷款余额约为1.2万亿元，钢铁行业贷款余额约1万亿元，合计贷款余额预计2.2万亿元左右，占产能过剩行业贷款的比重在80%以上[①]。过剩行业负债率高，银行资产质量面临压力。据统计，钢铁行业平均资产负债率已经超过70%，位列所有产能过剩行业之首。截至2015年第三季度，24家钢铁上市公司中，仅有7家资产负债率指标优于行业均值，有14家上市公司资产负债率处于60%~80%；煤炭行业平均资产负债率也已经达到67.7%，处于近年来最高水平。在我国，虽然第三产业快速发展，但第二产业仍是推动我国经济发展的重要源泉。第二产业的资本密集性特点要求其与金融行业紧密联合，形成了较为完整的供应链金融，然而处于供应链核心位置的企业一旦发生问题，它所涉及的不仅仅是企业本身的经营困境，必将会引起整个产业链及金融部门的腥风血雨。

除了企业部门外，我国资产负债率较高的另一个部门则是我们的政府部门，根据财政部公布的《2016年和2017年中央财政国债余额情况表》可知，2016年国债余额是12万亿元；国家提供信用担保的政府支持机构债（主要包括中铁债、铁道债等）和政策性银行债（主要包括国家开发银行债、进出口银行债和农业发展银行债）可以在Wind系统里获得，2016年底总余额是12.11万亿元，所以2016年底中央政府债券余额是24.11万亿元。根据财政部公布的《关于2016年中央和地方预算执行情况与2017年中央和地方预算草案的报告》得知，2016年全国地方政府债务余额是15.32万亿元。根据当前常用的政府杠杆率的计算公式：政府部门杠杆率=（国债+政府支持机构债+政策性银行债+地方政府负有偿还责任的债务+地方政府或有债务）/GDP，联讯证券计算了2006~2016年政府杠杆率的变动情况，如图2-1所示。

从图2-1可以看出，2006年以来我国政府部门杠杆率一直保持上升的态势，十年间增长了一倍左右。2016年由于供给侧结构性改革，地方政府债务余额相比于过去几年略有下降，但中央政府债务余额呈现出大幅增加，相比于2015年提高了将近一倍。尽管从数值上看，我国政府债务负债率并不是很高，但地方政

---

① 以绿色金融为抓手在去产能过程中实现产能绿化 [EB/OL]. http://www.sohu.com/a/84352447_119663.

府债务规模测算分歧较大且不透明，从而我们应该未雨绸缪，引起重视。

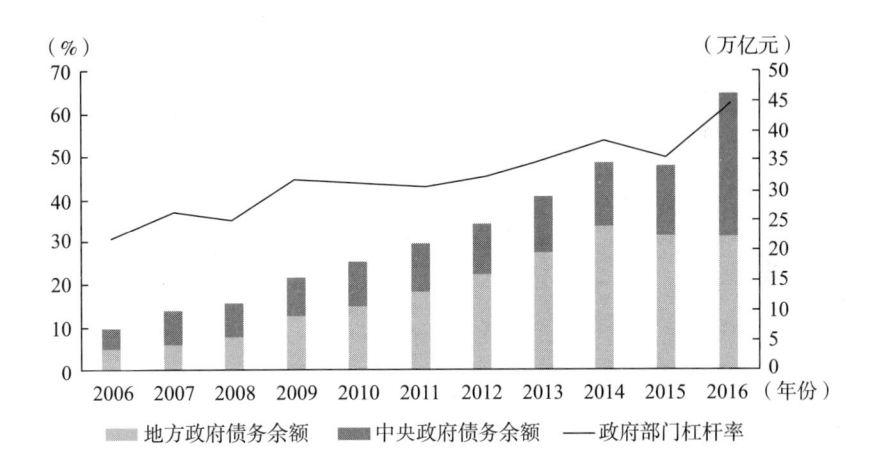

图 2-1 2006~2016 年政府杠杆率的变动情况

资料来源：联讯证券，Wind，财政部，中国人民银行。

近几年来地方政府融资平台发展泛滥导致了地方政府务负债率不断上升，地方政府为达到所谓的绩效要求，不惜高额融资、兴建房地产等。虽然这些行为在一定时期内促进了地方的经济发展，但是也不得不承认，这些融资平台的过度发展给各地方积累了巨大的金融风险。当出现经济下行、财政减收等情形时，债务杠杆的反向作用不容忽视。

四、政府干预过度风险

2013 年中共十八届三中全会提出要充分发挥市场在资源配置中的决定性作用。因此，进行供给侧结构性改革，也需要明确政府与市场的关系。无论在经济的运行过程中还是在政策的改革、调控过程中，市场利用"无形之手"配置要素资源与政府利用"有形之手"进行宏观调控应该是互为补充的。然而在实际的执行过程中，政府往往会干预过度，造成市场定价不合理，这将会为企业提供错误的市场信息，最终造成资源错误配置，不利于经济的健康稳定发展。由于我国改革开放之前实行了较长时间的计划经济，改革开放后，政府在实行干预的时候有时会过度。我国现阶段出现产能过剩、库存积压等供给侧矛盾的原因，很大一部分是因为在实行"四万亿元"计划的时候，在确定战略发展产业、投资方向和财税支持对象等方面单纯遵循政府的意向，没有尊重市场的选择。由于政府对市场信息、消费者需求、市场饱和度等各方面市场因素均不敏感，因此，由政府主导的改革在一定程度上造成资源的错误配置，最终导致现阶段的供需矛盾。既然现阶段的供需矛盾是由于政府的过度干预而形成的，那么现在的供给侧结构性改革，如果依旧采用过去的干预方式，依靠其主观的思维确定减产目标，确定减产行业，无目的、无方向地强力推崇创新创业，并大力给予财政支持等，这样无异于"以毒攻毒"，最后仍会造成新一轮供需矛盾。因此，在进行供给侧改革时，一定要正确处理市场与政府的关系，尊重市场的选择，让市场在改革中发挥主要作用。

第五节　开展供给侧改革的意义

供给侧结构性改革作为国家重要的战略举措，是适应和引领经济新常态的必然要求。当前，我国已经从经济高速增长进入经济中低速平稳增长的新常态。在这一阶段，经济高速增长过程中积累的结构性矛盾也逐渐显现，以"结构性产能过剩"为特征的"供给失灵"是当前经济新常态的显著特征。但国家和政府已站在战略的高度正确审视了当前我国经济增速下降的深层次问题：近几年来，经济增速显著下降，从表面上看是由于"需求不足"引起的，而实际上却是因为供给结构不能满足消费者的需求造成的"供需失衡"。一方面，以钢铁为代表的传统产业，低端产能过剩，高端产能供给不足，造成资源配置低下；另一方面，居民的需求随着生活水平的提高而不断提高，但国内生产却没有跟上经济发展的步伐，造成国内消费与国内生产的脱节，大量资本、消费外流。面对当前经济中存在的"供需结构性问题"，国家提出供给侧改革无论是对国民经济和社会的长远发展还是对微观企业与个体都具有重要的意义。首先，从国家层面上看，供给侧改革是适应经济新常态的主要选择；其次，从企业层面，供给侧结构性改革是解决当前诸多问题的有效途径；最后，从个体层面，供给侧改革为居民和个人提供有效的稳定预期。

一、供给侧改革是适应和引领经济新常态的主动抉择

当前我国经济处于新旧动能的转换时期，经济中面临较大阻力，着力推进供给侧改革给转型下的中国提供了一个"标本兼治"的药方。从国内的经济形势来看，当前我国经济已由过去的高速增长向中高速增长转变，新形势下过去依靠要素投入来拉动经济增长的模式作用已经不再明显。因此急需转变经济的发展方式，从经济中存在的根本问题出发，推进结构性改革，将过去主要依靠增加物质资源的投入来拉动经济增长的方式转向依靠技术创新、劳动者素质的提升等方面上来。从全球经济的发展趋势来看，随着我国人口红利的消失，一些在华代工厂已经不能继续获取廉价劳动力，随着我国劳动力成本优势的减弱，这些国家正逐渐将工厂转向当前人口红利充足的印度、越南等国家。在高端技术方面，美、德等发达国家早已或者正在部署高端制造业，而中国在这些方面与这些发达国家却相距较远。未来的世界是知识的竞争，是技术的竞争。作为世界上第一人口大国，要想提升综合国力，必须积极参与到世界各国的技术竞争中。因此，中国必须转变当前高消费、高污染的粗放型经济模式，注重通过知识创新、技术创新、人才培养等方式推动我国经济的快速发展。知识创新、技术创新与人才培养均归属于供给侧方面。追本溯源，供给侧改革正是我国政府在正视自己所存在问题的情况下，积极适应和引领经济新常态的主动抉择。

二、供给侧改革是解决当前众多问题的有效途径

企业作为经济中最重要的主体，它们的发展直接影响一个国家经济的发展，然而我国企业当前存在众多问题。例如，在产能过剩方面，存在传统产业与部分新兴产业产能过剩；在"去库存"方面，尤为突出的是房地产产业，房地产产业是一个关联度较高的产业，不仅影响房地产自身还会对上游的钢铁、水泥，下游的装修、家具甚至对金融业都会产生影响。因此，房地产的"去库存"问题对企业将会产生重大影响；在企业成本方面，企业成本偏高不仅表现在劳动力、原材料成本，还表现在融资成本、销售成本、流通成本等长期成本方面。企业面临的问题都是供给侧改革需要解决的问题。2015年中央提出供给侧结构性改革

的五大任务"去产能、去库存、去杠杆、降成本、补短板"。这五大任务一方面说明了当前我国经济中存在的主要矛盾,另一方面也反映了当前我国企业面临的诸多问题。企业作为经济活动中最重要的组成单位,其存在的问题不容小觑。供给侧改革从供给侧出发力图深入挖掘其问题产生的根本,对企业中存在的问题逐项解决,试图从根本上为企业及整个经济环境存在的问题提供最有效的解决途径。

三、供给侧改革是稳定个人预期的重要方式

个人作为经济活动的参与者,起初往往是处于食物链最底层的劳动者,是市场价格的接受者。因此对于个人来讲,其最关心的是物价与收入。当物价降低,收入增多时,个人的消费能力就会提高,促进经济发展。反之,消费能力降低。虽然单个个体对于经济的发展微不足道,但是国家是由众多这样的个体组成的集合,社会、政府存在的目的也是"为人民服务",当个体满意程度提高时,国家才真正称得上国力的提升。然而,近几年来,随着房价的疯涨、空气的严重污染,人们对于生活的满意程度逐渐降低。2015年供给侧结构性改革提出通过创新和提高效率来解决当前经济中存在的问题。国家通过制定各项政策及时公布各个解决方案,并通过新闻、网络向公众传播,使人们对供给侧改革具有较大信心,人们对未来的国家发展以及自己的发展方向也有了合理的预期。

四、供给侧改革是顺应我国城镇化发展的客观要求

"城乡二元化"问题一直是我国经济发展中的巨大阻力,随着我国人口红利的下降,城乡一体化和城镇化已经成为当前政策的必然选择。然而,长达几十年的户籍制度使城镇化的发展步履维艰。供给侧改革是我国经济结构性转变的根本推动力,它将从供给侧和需求侧两个方面来影响中国经济的增长。从供给侧来讲,城镇化的过程就是劳动力供给结构发生转变的过程。劳动力作为供给方面的基本因素,供给侧改革必然会对其予以重视并对其结构进行重新配置,这符合当前我国城镇化发展的方向。而城镇化的发展,也需要供给侧改革提高劳动资本素质和使用效率,为城镇化的发展提供劳动支持。从需求角度来看,城镇化的快速

发展不仅能产生巨大的投资需求,也能提高居民的消费水平,从而对经济产生巨大的拉动作用。

五、供给侧改革是转变经济增长方式的必然要求

当前在推动我国经济增长的要素中,政府投资仍然占了很大的比重,远远高于发达国家;个人投资参与率则比较小,个人的剩余资本大多用于储蓄。从经济增长核算来看,经济增长是资本积累、劳动投入和全要素生产率增长共同作用的结果。从资本积累来看,我国国民储蓄率一直维持在50%左右,是世界上储蓄率最高的国家之一。高储蓄率意味着低投资率,投资、消费、进出口是拉动经济增长的"三驾马车"。低投资率会阻碍经济的增长,因此,未来如何将高储蓄率转变为高增长率,一方面在于人们投资意识的转变,另一方面则在于投资效率的提高。从短期来看,投资是属于需求侧因素,但它对于经济的长期影响则属于供给侧,它决定了经济增长的可持续性。从供给侧出发,提高居民投资效率,需要规范我国金融体系,提高企业以及居民的投资意识,从而在社会中形成投资风气,提高资本使用效率。因而,资本市场的效率决定了储蓄能否能够转化为有效资本,进而促进有效供给。

第六节 开展供给侧改革的对策建议

供给侧改革与需求侧改革不同,供给侧强调长期的政策效果,改革效果较慢,是一项长期而又艰巨的任务。在这一改革过程中,风险与机遇同在,我们既要抓住机遇又要正视风险,只有正确认识改革的风险,才能有意识、有针对性地规避和化解风险。通过前文分析,我们已经了解了供给侧改革将会面临的风险,因此下文的分析中将对上述风险的解决提出政策性建议,从而推进供给侧改革的顺利进行。

一、多渠道筹集资金，为供给侧改革提供资金支持

供给侧改革会造成财政收支矛盾的加剧，减税降费以及降杠杆都会影响财政收入的增加，而"去产能、去库存"以及推进城镇化建设等政策目标都需要巨大的财政支出，因此为解决因供给侧改革而扩大的财政收支矛盾，需要政府扩大融资渠道，为供给侧改革提供资金支持。多渠道筹集资金可以从以下几个方面入手：

（一）适当发行国债

提高居民转储蓄为投资的意识，将居民的高储蓄率转变为高投资率，既为政府提供融资渠道又能为经济增长方式转型提供支持。当然，不是发行的国债越多越好，过度的政府赤字和债务规模将会阻碍经济的长远发展，因此在保证我国经济能平稳运行的前提下，以国际警戒线（3%，60%）为底线适当扩大政府财政赤字率和债务规模。

（二）盘活财政沉淀资金

我国现阶段存在因财政赤字而举债和财政资金盈余并存的矛盾现象。对于财政沉淀资金[①]，早在2013年7月的国务院常务会议上，李克强总理就明确提出"要进一步盘活存量，把闲置、沉淀的财政资金用好"。当时，"盘活存量"的表述首次在常务会层面进入公众视野。财政资金沉淀大概有以下五个原因：一是制定预算宽松，造成年终财政资金用不完。二是监管加强，有钱也不能任性地花。三是追加追减不够严格。追加预算多于追减预算。追减预算也是各级人大的一项任务。四是"人情钱""关系钱"，没有谁愿意轻易与财政局（部、厅）长"结仇"的。五是代编预算。2014年广州市财政部门代编资金超过总预算一半，没

[①] 资金沉淀：常见于银行和企业的说法，指的是在日常的资金流入流出过程中，账户中总留有一定数量的资金，这部分资金数量比较稳定，所以叫资金沉淀，是个形象的说法。就好像河里的泥沙，有被冲走的，也有刚刚从上游冲来的，但河底总有一部分作为沉淀留在河底。对于银行来说比较明显，有的人存钱，有的人取钱，由于很多人的不同行为造成了银行的账户中经常会留有一部分资金可供运用。

有放到各部门预算支出中去，这就造成财政部门在执行过程中出现自由裁量权过大的问题，如某些资金，名义上是支出了，实际上并没有支出。因此，要把"财政沉淀资金统筹使用"当作一项"整治财政秩序"与财政成为"巩固国家治理基础和重要支柱"的系统工程来做。"十三五"期间，如何改革和完善财政资金管理，盘活沉淀的存量资金统筹用于发展急需的重点领域和薄弱环节，仍然是一项极为关键的任务。因此，建议通过科学合理的安排，加强监督审计等方式，把多余的财政沉淀资金用于急需领域，尤其是用于因供给侧改革造成的产能过剩企业淘汰补贴和失业人口失业保障等急需情况。

（三）加快政府与民间资本的合作

通过政府的政策支持，促进中小企业、民间资本进入市场，为我国经济市场营造良好的投资环境，鼓励私人企业进行公共服务建设，从而减少政府的财政支出压力。

二、厘清政府在供给侧改革中的作用边界

供给侧改革的主旨是要尊重市场在资源配置中的决定性作用和政府的辅助作用。因此，在供给侧改革过程中，需要完善市场机制，充分发挥市场的资源配置和优胜劣汰机制，从而使有效供给脱颖而出，无效供给逐步淘汰。有效的市场机制从理论上来讲能够充分发挥市场的主体作用，使经济中的供给与需求相匹配。然而，市场并不是万能的，它的内部也会出现市场失灵等问题，加上当前我国市场结构并不完善，旧体制的惯性很大，市场竞争不充分，所以出现市场失灵的可能性就会更大，这时需要政府的辅助与监管作用。需要注意的是，政府必须明确自己在供给侧改革中扮演的角色，恪守自己的本分，不应权利越界。例如，在市场能发挥作用的领域，市场竞争比较充分的领域，政府则无需介入。减少政府行政审批事项，制定好自己的"权力清单"和"责任清单"，充分发挥自己的调控、管理等职能。在任何情况下，度的掌握可能都是最难的，政府的主导与调节功能的发挥也是很难区分的。因此，政府必须从开始就明确自己的权力。吴敬琏（2016）曾建议：第一，政府不应该直接用行政手段调结构，而是推动改革，建立能激励创新和创业的体制；第二，政府在利益结构的调整中用社会政策"托

底"；第三，一个需要解决的问题是政府怎样有效地支持创新创业。在我国当前进行的供给侧改革过程中，"去产能""去库存"等强调去掉无效供给，创造有效供给，在这一过程中，政府必须作为一个旁观监控者，切勿用行政力量代替市场法则，否则只会是重蹈覆辙。当前我国经济正值转型时期，经济的增长缓慢也是新常态的正常表现，政府及有关部门不能因为急于求成，则不顾长期经济后果而大肆刺激经济。充分发挥市场的自我调节机制，才能真正做到去除无效供给、创造有效供给。

三、建立完善金融体系的风险评估与防范机制

我国金融体系的发展受政府政策的影响较大，近年来，供给侧结构性改革"去产能、去杠杆"等改革目标，会造成金融体系的风险加大。然而如何有效地监控和化解金融风险，是金融体系在未来发展过程中的首要问题。对于金融体系的完善需要从政府及金融机构自身来进行调整。在政府方面，2018年"两会"中国务院机构改革方案将银监会和保监会合并组建中国银行保险监督管理委员会，中国金融监管体制形成"一委一行两会"新格局。全面深化改革委员会主任习近平在2018年3月28日下午主持召开中央全面深化改革委员会第一次会议，并在发表重要讲话中表示会议通过《关于加强非金融企业投资金融机构监督的指导意见》。会议强调，加强非金融企业投资金融机构监管，要坚持问题导向，补齐监管短板，明确企业投资金融机构服务实体经济的目标，强化股东资质、股权结构、投资资金、公司治理和关联交易监管，加强企业与金融业的风险隔离，防范风险跨机构、跨业态传递。2018年以来，政府针对金融体系的潜在风险，相继制定了各项监管措施，有助于金融体系的合理运行。从金融机构自身角度来看，金融机构需服务于实体经济，以实体经济为基点，推动金融机构的健康、有序发展。优化支持实体经济的金融体系需要从以下几个方面入手：第一，金融机构需要通过加强基础设施建设，增强自身服务于市场的能力，通过与其他行业合作，完善金融机构与其他行业利益共享、风险共担的经营机制。第二，金融机构以需求者需求为中心，通过技术进步与服务创新推出个性化服务方案和身份审查制度，提升服务实体经济的质量。第三，金融机构在服务实体经济的同时，还要承担起积极支持国家各项重大产业发展的责任，如支持现代服务业、先进制造业、战略性新兴产业的发展，这些产业在发展初期往往需要大量的资金支持。另

外，中小微企业的发展、"三农"经济的发展，对实现我国产业结构的优化升级发挥着重要作用，但是这些企业以及"三农"的发展往往面临着融资慢、融资难的问题，这将阻碍企业的发展。因此，为实现产业结构的优化升级，也要支持普惠金融的发展。最后，为防范供给侧改革可能带来的金融风险，政府和金融机构都应积极建立有关供给侧改革中金融市场风险的监测和预警机制，加强信息透明度，对于监控或评估的金融风险应及时予以披露，引导企业和金融机构以合理的方式来处理银行信贷风险、债务资产风险和不良资产中的违约风险。对于金融风险的化解可以通过债转股、资产证券化等方式来解决。但是需要预防金融资产过度衍生带来的风险积累。

四、以供给侧改革为主，辅以适当的需求侧调控进行经济调节

我国实行的供给侧改革，说明当前我国经济面临的主要矛盾在于供给方面，需要从供给侧对影响经济长期稳定发展的要素进行改革。然而供给侧改革并不意味着需求方面不存在问题，并不意味着要完全放弃需求方面的调控。供给和需求是一个问题的两个方面，忽略任何一方都将导致经济的不合理运行。一方面，供给侧改革是一个长期的过程，政策效果短期内并不明显，需求侧调控能够保持经济在短期内的活跃程度，为供给侧改革的长期进行提供一定的宏观景气度。否则，经济的短期萧条，会影响政府以及居民对国家经济的不良预期和财政收支的大量逆差，使政府失去继续改革的动力与决心。因此，在经济萧条时，通过实行扩张性的财政政策和货币政策促进经济的上行以缓解供给侧改革带来的经济下行压力。另一方面，2008年全球金融危机爆发以来，我国多采用的是需求端刺激的宏观政策，而在拉动经济增长的"三驾马车"投资、消费、进出口中则主要依赖于政府投资和进出口，消费和个人投资方面规模较小。过去这种大量依靠政府基础建设投资，进出口顺差进行经济刺激的方式，已经导致经济的不健康运行。在现阶段，需求端依旧存在类似问题，因此在以供给侧改革为主进行经济调整的同时，辅之必要的需求侧调整对于供给侧改革的顺利进行也十分重要。

第三章

文化产业融资

第一节 文化产业概念及特征

一、文化产业定义

文化最早作为一种意识形态，在人类社会形成时就已经产生了，从原始人类祖先的图腾文化，到春秋战国时期的百家争鸣，再到近代社会的文学研究，以及我们今天的社会主义文化，文化的发展和演变经历了一个漫长的过程，但对文化及文化产业的阐述，不同时代有着不同的理解。

(一) 文化概念

汉字的"文化"由"文"和"化"组成。先说说"文"。《说文解字》里有："文，错画也，象交文。凡文之属皆从文。"这是文最初始的意思，即纹理，花纹和纹路，这与甲骨文的产生有一定关系。《论语·雍也》里有："子曰：质胜文则野，文胜质则史。文质彬彬，然后君子。"这里的"质"大概指最自然的，天然去雕饰的事物本来面目、初始形态。而"文"则指后天经社会环境影响，主客观因素共同作用下的加以掩饰的面貌。也就是说此时的"文"已经开始有了较为深层次的概念，开始上升到人的意识观念和社会影响。《尚书·序》："由是文籍生焉。"，此处指文字。《荀子·礼论》："文之至也。"《论语·子罕》："文王既没，文不在兹乎？"此二处均主要指礼法制度。《尚书·大禹谟》："文命敷于四海。"此处主要指教化文德。即此时"文"已经进入更加深入的理解，内涵更加丰富，层次更加深化。

接下来谈谈"化"。《礼记·学记》："就贤体远，足以动众，未足以化民。君子如欲化民。"《素问·五常政大论》："化不可代，时不可违。成俗，其必由学乎！"《管子·七法》："渐也，顺也，靡也，久也，服也，习也，谓之化。"这两处的"化"基本都指开化，使之明德、向礼、求善。《素问·五常政大论》："化不可代，时不可违。"《周易·系辞》："天地氤氲，万物化醇。"这两处所指都与自然之力密切相关，强调自然的力量，再生之力，再造之德。与此相似，《礼记·乐记》："和，故百物皆化。"郑注："化，犹生也"。都指化生的静态全过程或所造之物即结果。

古代中国，"文化"有文德、教化、开化之意。《周易》有："观乎人文，以化成天下。"即通过文明、德、开化百姓，教化社会。对比西方，"文化"一词应该可以诉诸至拉丁文"Culutra"，意为耕种，劳作，即单纯对耕地的利用，对农作物的栽培。只是经过后来的不断补充和发展，才由对无生命的植物转为对有思想、有灵魂的人的栽培和教育。尤其经过法国思想家伏尔泰的使用——将"文化"用作培育思想、沉淀心智后，"文化"逐渐用于代表接受过教育，有一定思想信念的人的伟大成就，或指艺术文化以及科学领域等的优秀代表。

19世纪中后期以后，随着部分学者陆续对"文化"这一特殊现象进行或大的或小的专门性研究，并从社会学、历史学和人文学等多个角度出发，出现了很多不一样又各具相关性的"文化"定义。根据美国人类学家克罗伯和克拉克洪统计，1871年至1957年的80年间，关于文化的定义有164种！其中，英国文化人类学学家爱德华·泰勒（E. B. Taylor，1832—1917）提出：文化是一个包含知识、道德、法律、习俗、信仰、艺术以及于社会生活中习得的习惯和本领汇聚一体的综合体。这种说法将文化作为一个复杂体或者说一个庞杂的具有高度统一性的集合概念，在当时崭露头角，获得了不少赞同。然而，此种说法有一个致命缺陷，那就是缺少了物质内涵。因此，之后有美国一些社会学家提出补充，重新定义"文化"概念为：文化是一个包含物质、知识、道德、法律、习俗、信仰、艺术以及于社会生活中习得的习惯和本领汇聚一体的综合体。这之后的民族学家、社会学家以及人类学家等仍旧对文化定义也提出了自己的见解，尽管如此，也难逃"综合体"这一复杂整体范围。

现如今，根据联合国教科文组织定义，我们大致可以将文化定义为：不同于一个社会群体的特殊物质、精神和知识层面特征，囊括文学艺术创作、基本人权、价值体系、生活风尚和传统文化及信仰。

（二）文化产业与文化事业

说到文化产业，常常不得不提另一个极容易也的确经常被混淆的概念"文化事业"。基本可以这样说，政府主导下的，提供无差别的公共文化产品以及文化方面相关服务，面向人民大众的精神文化需求事业称为文化事业。与之相对，在市场力量主导下，以文化企业为基本载体，生产相关物质、精神文化产品的产业称为文化产业。两者的区别可以从以下方面来看：第一，文化事业主要经国家强制力量发展，文化产业则是文化企业在国家宏观相关政策制度和法律规范范畴内，以价格为杠杆进行发展，即处于国家间接监控与管理下运行。第二，文化产业基本与现代公司管理有共通性，即采用企业管理模式，而文化企业则是在公共管理体制下进行发展。第三，明显区别的一点是，文化产业资本来源大部分是民间组织或个人分散的资金，文化事业则大不相同，由于自身的特殊性，必须由政府提供主要的资金。

从作用上来看，文化事业起着响应国家相关政策与价值号召，带动社会、个人树立良好价值观念，推动形成先进思想潮流的重要作用。作为重要补充，文化产业对文化事业涉及不到的方面可以发挥其独特作用。文化产业对激发文化市场活力，注入鲜活血液增强活力，满足人们多样化的精神、物质文化产品需求有着不可替代也是必不可少的作用。总之，文化事业与文化产业之间既存在着明显的本质区别，又关系紧密，相辅相成。从党的十八大报告中确立文化事业与文化产业分别由政府和市场主导，到十九大习近平总书记号召"坚定文化自信，推动社会主义文化繁荣"这一历史使命的强调重申，不难得出"文化强国"这一伟大目标的实现必须让"文化事业""文化产业"并驾齐驱，发挥它们的共同作用，协同发展。

单看文化产业，需要注意其以下两个特性。其一，认识到文化产业的经济效益。把握并利用好它的经济属性，在大力发展文化产业的同时着重提高其对经济增长的拉动力作用，利用当今的国际局势，即各主要经济强国于科技创新和文化领域的竞争愈加激烈，不断加强文化输出的大国际背景下，注重我国的文化软实力提升。其二，在遵循社会主义精神文明建设规律与社会主义市场经济规律运行法则下，在提高经济效益的同时不忽视社会效益。即政府应提供鼓励政策，出台相关优惠措施，引导市场的力量参与文化产业的建设，同时，也应看到市场的局限性，加强监管，引导文化产业主体兼顾社会效益与经济效益，并把社会效益置于首位。

（三）文化产业与文化创意产业

首先谈谈创意产业。根据我国的政府工作报告以及《国家"十二五"时期文化改革发展规划纲要》等资料，我国对文化产业和创意产业并未加以严格区分，概念差异不十分明确，但普遍使用的是"文化产业"这一说法。实际上，两者还是有区别的，不能模糊文化产业与文化创意产业之间的概念，不可以对这两者的差异置之不理。至少创意只是文化产业发展的源泉，同时也是文化产业发展完善强大的主要途径。

英国最早提出"创意产业"（Creative Industries）的概念。20世纪末，英国政府成立"创意产业特别工作组"，旨在发展文化创意产业形成英国经济发展新的增长点。世界创意产业之父约翰·霍金斯认为，创意产业和创意经济概念较为广泛，主要包括专利申请、版权保护和艺术设计等。在这一过程中，有创造力和创新力的人起着重要作用。

根据联合国教科文组织相关定义，物质文化产品与服务、知识产权是创意产业关键内容。它对创意、科技、文化三个因素的高度集中、融合，以及进而形成的高端新兴产业集群是它与文化产业的最大不同。

创意产业又与文化产业有着高度的联系性。从一定程度上，甚至可以这样理解，文化创意产业是对文化产业的继承与突破，源于又精于文化产业。我国台湾地区最早提出"文化创意产业"概念，而具体明确文化创意产业定义标准的是我国大陆，它主要从文化产业价值链角度切入，将创意产业的特征描述为以创新为根本途径，同时将其作为基本要素，强调文化的创意创新价值以及文化基本内涵，与此同时，在文化产品或文化服务的消费环节过程中体现创意的价值，或者说让知识产权得以实现。

文化创意产业具体可总结为以下几个特征：其一，以创意为核心。即首先从内容包括形式方面进行创新，带动新兴文化产业的出现、壮大。其二，以文化为源泉和基础。即并非所有创意产业都可以称为文化创意产业。就算从文化的广义定义出发，也难以将文化创意产业完全等价于创意产业。只有从文化领域进行创新发展的文化产业才可以称为文化创意产业，其中的创意必须来源于文化元素，以文化为载体，借助传统手段，同时依托现代先进科学技术进行创新。其三，借助市场力量，逐步实现文化产品与服务的产业化。一般来说，一定类型的产业要想发展完善壮大，在竞争激烈的市场经济中赢得一席之地，基本需要通过延长产业链扩大规模实现规模效益，并利用正常合法手段实现利益最大化，文化创意产业也不例外。可以这样说，文化创意产业以文化作为基本元素主要资源，以创意为根本途径，但实现产业化是最终归宿。

下面具体来看文化产业和文化创意产业的区别。文化产业主要最大化满足人们的精神文化需求，即从文化单一方面着手，不追求市场效益，刻意寻求市场手段。文化创意产业则相反，力求经济效益最大化和附加值的提升。在满足正常文化产品与服务的同时，不断优化产业结构，延长产业链。并通过知识产权保护制度和最大化合理利用市场经济发展规律等手段创造财富，呈现出知识集中、高智能化特点。

二、国内外文化产业概念与分类

由于地理环境、经济政治文化制度以及各国相关政策存在一定差异，所以长期以来，人们对文化产业分类未达成一个统一意见，对其内涵和具体分类体系意见不一致。但一般来说，文化产业从组织结构看可以有以下三种分类形式。像生产与销售图书、报刊、影视、音像制品等行业可以归为第一类。这些产业大多生产具有实物形态的文化产品。像戏剧舞蹈演出、体育、娱乐、策划、经纪业等产业可以归为第二类，这些产业主要以出售劳务劳动直接或间接形式提供精神形态文化服务产品。像装潢、装饰、形象设计、信息咨询、文化旅游等产业由于基本上是为其他行业增加附加值，进而提高其经济价值或者说市场效益的产业可以归为第三类。但由于客观上文化产业发展的需要，或者说国际经济竞争的推动，各国也随着文化产业的蓬勃发展逐渐衍生出了各自不尽相同的分类体系。

1985年，《人民日报》第一次引入了"文化产业"概念。我国政府部门第一次明确文化产业的"产业"特点体现于1992年国务院办公厅司编纂的《重大战略决策——加快发展第三产业的决定》，里面使用了"文化产业"概念。之后的1998年文化部成立了"文化产业司"，更加体现了国家对文化产业的重视。文化产业上升至国家战略见于2000年党的十五届五中全会，会议提出"完善文化产业政策"。2002年，十六大报告也提出大力发展文化事业和文化产业。2004年4月，国家统计局与中共中央宣传部以及国务院有关部门出台了《文化及相关产业分类》标准（国统字〔2004〕24号），将文化和其相关产业界定为：为社会公众提供文化、娱乐产品和服务的活动，以及与这些活动有关联的活动的集合。

这些活动主要包括：①文化产品制造和销售活动，如书籍、报纸、杂志、音像制品、电子出版物、游戏软件等的出版制作发行；②文化传播服务，如广播电视服务、电影服务、文艺表演服务、博物馆展览服务、网络服务等；③文化休闲娱乐活动，如网吧、游乐园、室内娱乐、休闲健身娱乐等；④文化用品生产和销售活动，如影碟机、音响设备、文具、玩具、纸张、磁带、光盘等生产经营活动；⑤文化设备生产和销售活动，如广播电视设备、电影设备、电视机、收录机、乐器、游艺器材等生产经营活动；⑥相关文化产品制作和销售活动，如工艺美术、设计活动等。

为反映党中央关于文化建设和文化梯次改革的要求，《文化及相关产业分类》还可组合出文化产业的核心层、外围层和相关层，见表3-1。

表3-1 文化产业层次划分

核心层	新闻服务、出版发行和版权服务、广播电视电影服务、文化艺术服务四个行业大类，包括新闻、书报刊、音像和电子出版物、广播、电视、电影、文艺表演、文化演出场馆、文物及文化保护、博物馆及文化设施、群众文化服务、文化研究等
外围层	网络文化服务、文化休闲娱乐服务、其他文化服务三个行业大类，包括互联网、网吧、旅行社服务、游览景区文化、室内娱乐、游乐园、休闲健身娱乐、文化中介代理、文化社团、广告、会展服务等
相关服务层	文化用品设备及相关文化产品的生产、文化用品设备及相关文化产品的销售两个行业大类，包括文具、照相器材、乐器、玩具、游艺器材、纸张、胶片胶卷、空白磁带、空白光盘、印刷设备、家用视听设备、工艺品、摄影等的生产和销售

同时还要注意到，文化产业的主要部分就是其核心层以及外围层，这也是文化产业的重点发展部分，而其相对补充部分才是相关服务层。

2005年1月6日，国家统计局、文化部、广电总局、新闻出版总署等部门制定《文化及相关产业指标体系框架》（以下简称《框架》）正式开始实施，该文件主要从财务情况、相关业务活动、从业对象和补充性指标四大元素对产业进行阐述。根据该《框架》，文化产业这一概念被界定为："为社会公共提供文化、娱乐产品和服务的活动，以及与这些活动有关联的活动的集合。"

为贯彻落实党的十七届六中全会关于深化文化体制改革、推动社会主义文化大发展大繁荣的要求，进一步改进和完善文化产业统计工作，规范文化及相关产业的口径、范围，国家统计局于2012年7月颁布了新修订的《文化相关产业分类（2012）》标准。明确了文化产业的定义，本分类规定的文化及相关产业是指：为社会公众提供文化产品和文化相关产品的生产活动的集合。

根据以上定义，我国文化产业及相关产业的范围包括：①以文化为核心内容，为直接满足人们的精神需要而进行的创作、制造、传播、展示等文化产品（包括货物和服务）的生产活动；②为实现文化产品生产所必需的辅助生产活动；③作为文化产品实物载体或制作（使用、传播、展示）工作的文化用品的生产活动（包括制作和销售）；④为实现文化产品生产所需专用设备的生产活动（包括制造和销售）。

《文化及相关产业分类（2012）》是以新的《国民经济行为分类》为基础制定的，兼顾部门管理需要和可操作性，并与联合国教科文组织《文化统计框架》相衔接。在修订中，延续了原有的分类方法，调整了类别结构，增加了与文化生产活动相关的创意、新业态、软件设计服务等内容和部分行业小类，减少了少量不符合文化及相关产业定义的活动类别。分类将我国文化及相关产业分五层：

第一层分为"文化产品的生产"和"文化相关产品的生产"两部分。

第二层根据管理需要和文化生产活动自身特点分为10个大类，即"新闻出版发行服务""广播电视电影服务""文化艺术服务""文化信息传输服务""文化创意和设计服务""文化休闲娱乐服务""工艺美术品的生产""文化产品生产的辅助生产""文化用品的生产""文化专用设备的生产"。

第三层是依照文化生产活动相近性分为50个中类。

第四层是具体活动类别，共计120个小类。

第五层是对于含有部分文化生产活动的小类设置延伸层，共计29个分类标准的实施，这一分类法对提升保证相关统计数据的可靠权威性同时保障政府统计的公信度有不可忽视的作用，当然也对中国特色社会主义经济文化发展繁荣有重要的意义。习近平总书记在十九大报告中指出，我国的社会主义文化事业文化产业自十八大以来已经取得了很大成就，文学艺术性创作发展同样欣欣向荣。在这之前，习总书记针对中国传统问题也发表了一系列精辟阐述。习近平强调"要处理好继承和创造性发展的关系，重点做好创造性转化和创新性发展"。即对待传统文化要推陈出新，革故鼎新，对传统文化做好创新性发展。习近平总书记在谈及优秀中国传统文化时经常使用"文化基因""精神基因"等词语，将"文化基因"这一概念作为基础，让优秀中国传统文化"创造性转化和创新性发展"。这一观点同时还为我国建设建设新一代数字化、智能化文化基础设施做了一个大的方向性把握。

另外，我国北京、香港和台湾地区以及世界其他部分国家对文化产业的概念界定与分类，见表3-2。

表3-2 世界部分国家文化产业概念及分类

国家或地区	相关概念	大致分类
美国	美国国际知识产权联盟（IIPA）于1990年用"版权产业"来定义，主要有"核心产权产业"（开发、生产与传播的作品受版权保护）；"部分产权产业"（部分产品享有版权保护）；"发行类版权产业"（主要以零售批发提供有版权的作品）；"版权关联产业"（生产、发行物品需与版权物品搭配使用）	"核心版权产业"：广播影视业，录音录像业，广告业，计算机软件和数据处理业，图书、报刊出版业，戏剧创作业等 "部分产权产业"：建筑业、玩具制造、纺织业等 "发行类版权产业"：书店、图书馆、音像制品连锁店、电影院线和相关运输服务业等 "版权关联产业"：计算机、收音机、电视机、音响设备和游戏机等产业
英国	源自个人创意、技能与才干，通过知识产权的开发与利用，有潜力生产财富和产生就业机会的产业	广告、建筑、古董及文物交易、工艺品、设计、时装与时尚、电影与录像带、互动性软件游戏、音乐、表演艺术、出版、计算机软件与计算机服务业、电视广播业等
加拿大	加拿大统计局把文化部门定义为以艺术创作表达、遗产古迹为基础产生的各种活动和产出	传统艺术与文化行业：创作和出版、电影、广播、声音录制和音乐出版、表演艺术等 现代艺术活动：建筑、设计、摄影、广告 遗产古迹：博物馆和画廊、图书馆和档案馆、自然保护区（公园、植物园、历史古迹、天文台等） 辅助设施：艺术和文化教育、政府活动、对应设备、专业协会、中介机构等

续表

国家或地区	相关概念	大致分类
日本	文化与时尚是感性产业基础，通过高新技术和创意打造的内容产业、体验类休闲时尚产业均可归为感性产业	文化艺术业：戏剧、音乐、电影、展览等 信息传播业：电视、网络业等 其他：体育、博彩以及观光旅游等
韩国	和文化商品制造、流通推广有关的产业	出版印刷、音像、游戏、电影、广播、演出及其他文化产业（建筑、摄影、创意性设计、广告、新闻、图书馆、博物馆、工艺品及民族服饰、艺术文化教育等）
新加坡	为个人或集体拥有的创意、技术通过知识产权制度保障成为有一定经济价值的产业	艺术与文化、设计和传媒等产业
中国香港	集文化艺术创意与文化产品生产于一体的经济群体，开发利用技能、知识产权从事生产分配有社会文化意义的商品或服务并从中获得财富与就业机会	文化艺术产业、电子媒体产业、设计类产业等
中国台湾	进行一定程度的文化、创意积累，通过知识财产的利用挖掘创造财富和就业机会，同时提高整体社会福利水平的行业	视觉艺术产业、音乐与表演艺术产业、文化展演设施产业、工艺产业、电影产业、广播电视产业、出版产业、广告产业、设计产业、数字休闲娱乐产业、设计品牌时尚产品产业、创意生活产业、建筑设计产业
中国北京	通过创造、创作与创新，围绕文化内容和文化成果，表现为知识产权的价值实现或消费，为社会生产具有文化体验的商品或服务的相关联行业群	文化艺术、新闻出版、广播、电视、电影，软件、网络及计算机服务，广告会展，艺术品交易，设计服务，旅游，休闲娱乐和其他辅助服务

三、文化产业特征

（一）文化特征

文化产业必须包含"文化"这一要素，这也是文化产业区别于其他产业的重要特征。文化产业是依附在一定意义或者一定程度上的文化要素、具有或可以产生经济效益的产业，因此文化产业与文化要素有着不可分割的联系。可以这样理解，文化要素是文化产业的基础与内容，是其重要的文化载体、发展基石。甚至这种程度上的文化要素，其中蕴含的文化意义要比其潜在的经济价值更加重要，因为它一般可以直接决定文化产业的性质与发展方向、前景。另外，尽管在市场经济机制下，经济效益的追求、经济利益的最优是无可厚非的目标，但这也绝不能牺牲社会效益。因为人是社会的主体，应把大多数人的利益即社会效益始终置于首位，即应该让文化产业的发展促进社会整体福利水平的提高，实现社会的全面、整体进步。只有文化产业在遵循其自身发展内在规律以及在保证社会效益前提下，其提供的文化产品与服务才可能有利于社会整体素质与思想道德修养的逐步提高。

（二）经济特征

文化产业毕竟是一项产业，单纯具有文化要素肯定是不够的，还必须具有潜在的经济价值，能够经过一定过程、加工等方式创造物质财富，增加经济利益，这也同时是文化产业的一个重要方面。另外，商人逐利自古如此，文化产业供应商一般也是出于经济利益才会考虑发展一定的文化产业，这是最原始也是最强大的动力与动机。文化产业是由一定的生产提供某一主要文化产品或服务产品的核心产业以及由此衍生的一系列文化产业群。它们采用现代企业制度，运用科学的企业内部管理机制、运营体系，并在市场化的生产、流通、消费等必要环节中整合成一个完备的产业体系。通过产权制度约束，面向社会大众需求，并在与国民经济发展的适应中进行集约化、规模化、联合化经营，且提供以本业为主同时多样化的文化产品或服务，获取经济效益。同时，遵守市场规律，合格化、法治化实现社会化经营。在合理合法范围内，规范经营并实现经济利益最大化。

在经济效益视角下我们还应注意到文化产业的高附加值性，即文化产业不仅可以带来可能的经济利益，而且在一定方式下还可以实现其高附加值性。因为文化产业不是一般的产业，其内在的文化价值可以产生"独特性"，这种特性一旦符合广大消费者市场需求，又生产了恰好成为少数"颇具特点"的产品，为当下十分缺少，那么至少一定时间内其可能带来巨大的经济利益。当下，在一部分国内以及国际文化产业发展中，高度重视高新技术，大量投入到产品研发制造中，这种行为实际上是为文化产业下一个巨大的"赌注"。当然，通过科学的预测和管理，是可以降低"赌注"风险的。因此一旦成功投入市场，甚至形成一整条产业链，或者一定程度的"垄断"，将有可能带来巨额收益。

（三）创新特征

文化要素并不能直接或者完全赋予相关物品以经济效益，甚至很多情况下只能一文不值，因此如何挖掘这些文化要素的经济效益，也就是怎样使这一看似无价值的无形东西转化成有形或者可以作为商品被消费者发现并消费显得尤为重要。那么，这一具有关键意义的转换过程必然需要一定的创新性。创意需要人的想象力和创造力。文化产品生产商需要结合潜在消费者可能需求，立足实际，将具有可行性的创意巧妙融合于其目标产品。包括产品或服务的开发、生产制造、流通方式的选择等，这些在很大程度上决定了文化产品的功能、质量和最重要的经济价值，甚至成败。同时，在不断更新文化产品或服务的过程中同样需要创意，否则该产品只能被淘汰，不再具有经济价值，至少不再有吸引力和竞争力。总之，在文化产品、文化服务的生产、制造、销售等全套过程被赋予了以市场需求为基础的创意下，才有可能实现文化价值，同时得到经济价值。

（四）知识产权特征

因为文化产业需要通过合适的方式注入文化要素，这一过程在要求想象力、创造力的同时，也需要一定专业知识的凝聚。没有了知识产权保护制度，文化产业创新将毫无意义，生产者也将失去动力，因为若他们的成果得不到保护也就没必要进行创新。不仅如此，知识产权制度的存在也是社会财富生产与就业机会创造的重要前提。知识产权一旦失去强有力的支撑，整个市场经济和社会将陷入一片混乱。从这个意义上讲，知识产权保护甚至是文化产业存在、发展的必要措施。

（五）发展特征

随着经济的迅猛发展和社会的日新月异，文化产业的内涵与外延必须不断扩大。由于文化自身被赋予了更加广泛的内涵，以及当下的人们越来越重视文化传统并不断引入新的创新性文化元素，因此一些相关产业也进入了文化产业群，使文化产业外延一步步扩大。从这个层面讲,"文化产业"概念自身具有发展的特征。正如前文谈论的,各国由于经济发展历史进程与社会现状等国情的差异,对文化产业有着不同的定义及界定标准。也就是说,谈及文化产业时不能割断历史与现实国情。进而,正是由于各国在进行经济、政治体制改革的过程中,科技不断发展,社会不断进步,使产业结构也经历着变化,文化产业概念与分类自然也就处于发展变化的阶段。另外,要维持一定的开放程度,也就是说文化产业的内涵标准会随着经济政治社会的发展而逐步完善。这不是说放松标准,呆板扩充文化产业边界,而是相应地迎合社会需要与发展趋势让文化产业更具有代表性及更大的视野。即相应地增删文化产业内容,发挥其促进社会发展、进步的重要推动作用。最后要尽可能细化、具体化文化产业界定和分类。完善相应细节,更改、淘汰陈旧的不符合当前发展趋势的定义,同时在符合我国国情条件下尽量贴近国际轨道,这也是发展"文化强国",让中国文化走向世界的要求。

第二节 文化产业融资

一、文化产业融资定义

《新帕尔格雷夫经济学大辞典》对"融资"是这样阐述的:融资是指为支付超过现金购货款而采取的货币交易手段,或为取得资产而集资所采取的货币手段。与融资不相同的是,投资(Investment)一般来说就是指资本的产生,这里的资本主要包括有形资本、无形资本及人力资本。大体上融资有广义和狭义之分。狭义的融资主要指融资者运用传统手段,牺牲一部分经济利益给资金提供方,从而获取所需资金的经济表现。不同于狭义层面,广义意义上的融资其实就是我们常使用的"金融"这一概念,也就是指市场上货币的流通。融资按照分类方式的不同,也可分为不同的融资方式,既可分为直接融资、间接融资,也可分为内源融资、外源融资,在当代,更多地采用了债券融资和股权融资的融资方式。同时,多样的融资手段也帮助了企业融通资金。

文化产业融资可以定义为文化产业内经营产品或服务的企业、团体，依据自身经济发展需要，企业日常运作需要，当然还有为了企业的发展前景和发展规划所需从而以一定金融机构、企业或者个人为对象，融入资金的经济行为。企业进行文化产业融资，主要是为了增强满足人们精神文明需求的能力，这一点同时也是文化产业融资相对其他类型产业融资一个最大的不同。生产文化产品与服务的企业必须把握这一原则，即在国家既定的法律和道德标准前提下适应消费者的多样化偏好，完善自身产业的发展与健康成长。文化产业生产者只有预先做好相应的融资计划，明确自身具体状况，准确定位，通过不断完善自身，提高产品服务质量和发展规划吸引资金，保障相关的融资类经济活动成功、顺利展开。

当今很多人认为文化产业融资模式等同于文化产业融资方式。但事实上，两者有一定的区别。文化产业融资模式是文化产业融资方式的延伸，且更具有内涵。融资模式与融资主体的经营结构有密切联系，这一密切联系体现在融资者选择不同资本结构和承担不同融资成本会产生对应不同的预期融资风险。另外融资方式、融资结构、融资模式这三者之间也存在着一定的关系，即它们不是等价的，而是严格意义上的层层推进关系。具体来说，融资主体由于自身具体的相关条件、需求以及风险承受能力等的差异可能会组合选择最适合自己的或者说最贴近实际的融资方式，这些融资方式整体就是该融资者的融资结构，不一样的融资方式又组成了一定的融资模式。当然，需要注意的是，仅靠融资方式的简单堆砌叠加是不能称为融资模式的，而是要考虑文化产业自身在不同阶段所呈现的特点和具体市场状况，只有在这个基础上才可以选择或者说形成符合自身发展的融资模式，同时尽可能在有限的条件下向融资模式多元化发展，实现风险最小化与收益最大化。同时，这样做还可以反映出文化企业于不同成长周期的不同资金需求，当然也很明显看出其不同发展阶段下融资方式的偏向，明确企业的发展动态和不同时间段的需求。

二、文化产业融资平台

资金是任何一个企业成功经营的关键所在，也是一个决定性因素。对于文化产业来说，资金的来源则更为重要。但融资问题始终制约着文化产业的发展，据相关调查结果显示，融资难题是我国绝大部分文化产业停滞不前的重要因素。

随着金融体制的不断深化，资本市场在不同地域、不同产业、不同文化领域形成了相对稳定的渗透渠道、运行机制及制约机制，为我国丰富的文化资源产业主体提供了更多的融资方式及更大的选择空间。而作为文化创意产业发展和壮大的一大要素，资本市场在解决文化创意产业融资难题中发挥的作用越来越大，逐渐成为了企业融资的重要渠道，是众多文化产业壮大、发展的重要根源。缺少了资本市场的支持，文化很难成为一个集聚的、市场化的产业。文化创意企业也很难抵抗市场波动，难以维系其自身正常的经营运转。因此，文化创意产业的发展需要大量的资金，而这些资金则需要以融资的方式进行筹集。

在融资理论中，按照资金来源的不同，分内源融资和外源融资；按融资对象的不同，有政府融资和社会融资两种方式。目前，我国文化产业的资金来源主要有外源融资的财政融资和银行信贷，投融资渠道单一化。我国2011年财政最终落实到位的文化部专项资金部门预算达到38.78亿元，与2010年相比增加了5.78亿元，增幅高达18%。同时，中央财政补助地方的专项资金落实金额为35.97亿元，其中18.22万元作为以全国美术馆、公共图书馆、文化馆（站）免费开放为主要方式的基层公共文化服务体系保障经费。对文化产业发展支持力度仅次于财政融资的就是银行信贷。尤其是近年来伴随着银行业的改革和新的信贷产品的开发，银行信贷对文化产业的资金支持更是不遗余力。2010年1月8日，建设银行、光大银行以及民生银行三大行向广东省国有经营性文化资产监督管理办公室分别提供了100亿元、80亿元及30亿元不等金额的贷款，这极大地促进了文化企业和银行机构之间的联系与沟通。以中国银行为例，中国银行对文化产业的贷款余额2008年底为58.96亿元，截止到2011年10月底，贷款余额已达到255.79亿元，在短短不到3年的时间，贷款余额增长了60%。与此同时，中国银行对文化产业的不良贷款率也由5.30%下降到了1.60%。

三、文化产业融资平台类型

（一）国内文化产业融资平台

我国积极探索文化创意产业投融资体系，在文化创意产业投融资模式上不断寻求创新，主要采取的融资渠道有以下几种：

一是内源融资。内源融资作为企业首选的融资方式，内源融资主要有留存收益和折旧等，其优势在于企业的自主性高、融资成本较低、不会稀释原有股东的每股收益和控制权，可以使股东获得税收上的好处等，而劣势主要在于该融资渠道融资规模有限。

二是外源融资。外源融资主要包括银行信贷、企业债券、风险投资、股权融资和互联网融资等多种融资方式。外源融资的优势在于资金来源渠道广泛、资金供给量大、使用方便灵活，但其缺点也极为明显，如成本较高、风险较大。

另外，银行信贷是最传统、最普通的融资方式，但银行信贷的发放首先考虑的问题是本金回收风险，因此，文化创意企业需有可供抵押的固定资产或无形资产才能实现融资。而银行出于还贷风险的考虑，一般会对资质较好的文化创意企业给予优先的信贷支持，而处于成长期、经营效益难以确定的文化创意企业较难获得银行的信贷支持。

风险投资是具有较大成长空间的文化创意企业融资的主要渠道之一，对于创意产品，风险投资的投融资效率较高，往往能够带来高收益，但与高收益相伴随的是高风险。为了降低投资风险，风险投资一般要求文化创意企业能保持较高的增长率和具备一定的经济规模，如苹果公司、微软公司自创办以来已获得了数十倍的爆发性增长，这种增长速度保障了投资的高收益，且让许多人看到了这两家公司承担风险的能力，因而备受青睐。

企业债券作为我国文化创意企业的主要融资方式之一，还款来源主要是公司的经营利润，具有风险较大、收益较高的特点，但发行条件较高，目前只有一部分文化创意企业符合该融资方式的条件。

股权融资主要包括上市、私募和并购等，其中，上市是目前股权融资的主要方式，包括企业海外上市和创业板上市。外资是企业海外上市的推手，与我国的创业板相比，海外市场的政策相对宽松，对企业的限制也不会过高。企业不一定只有盈利才能上市，在上市后，企业可能会具备一定的盈利能力，飞速发展。同时，随着文化创意产业政策环境和经营环境的不断改善，在创业板上市是越来越多企业的选择。私募是指向小规模数量的投资者出售股票，组织形式主要有公司式、契约式、虚拟式、组合式、有限合伙式和信托式等。并购主要是指兼并和收购，主要有横向并购、纵向并购和混合并购等。

互联网融资作为当今时代文化创意产业一种全新的融资模式，主要采用的是众筹融资方式，即在众筹平台上发布文化创意项目，通过项目展示吸引投资者的关注，项目成功后投资者可以获得相应产品或相应股权。目前，越来越多的文化创意企业采用众筹融资方式进行融资，未来众筹融资将为文化创意产业注入更多发展活力。

(二) 国外文化产业融资平台

作为世界上最早发展文化创意产业的国家之一,英国将其从服务业中独立出来,采取了很多有效的融资措施,这些融资措施对全世界文化创意产业的发展影响深远。英国主要采取三种融资措施:一是拓宽中小企业融资渠道,在政府资金支持和基金会资金支持上为那些有创新能力的个人或企业提供融资便利;二是国家彩票基金模式,即以国家彩票的部分收入加大政府对文化创意产业投资的力度,培养优秀文化人才;三是实施"政府陪同资助",即政府陪同企业投资于某一文化创意产业,为投资打上"双保险",充分提高了企业投资的信心和积极性。

作为创意经济量最大的国家,美国为文化创意产业的发展创造了一个完善的投融资环境。美国主要采取民间融资、引进外来投资和其他资金来源等,其中,民间资本作为美国文化创意产业良性发展的重要资金来源,在提供差异化的文化产品供给和满足人们多样化的文化消费需求方面起到了举足轻重的作用。与此同时,美国积极利用国际资本市场为美国文化创意产业的生存与发展引来更多的资金。此外,美国联邦政府还建立了各种基金会并辅以财政补贴、税收减免等优惠措施。在资金的大力支持下,美国文化创意产业发展迅猛。

日本是亚洲国家发展文化创意产业中的佼佼者,在政府资金投入和文化体制改革的大背景下,民间资本和融资机构的投资不断壮大。资金支持下的日本文化创意产业发展迅速,尤其是日本动漫已成功地打入了国际市场,风靡全球。在民间资本融资方面,日本政府鼓励民间资本和境外资金合力投资文化创意产业,使资金来源渠道更为广泛;在建立专业化金融机构方面,通过合并重组成立日本政策投资银行,并在日本企业界和商业银行的合作中,进行新型融资实践,在扩大资金支持力度的同时有效规避了风险。

在韩国,文化创意产业作为拉动韩国经济新的增长点,已经成为韩国经济的重要支柱产业之一,如今韩国最为知名的当数娱乐产业,各国均刮起一股"韩流风",韩国政府在发展文化创意产业方面给予的高度重视是其繁荣发展的一大关键。一方面,韩国政府增加对文化创意产业的预算,加大对文化事业的资金支持,并对中小企业在内的创新企业给予税收优惠,吸纳社会各界资金对文化创意企业的投资。此外,韩国提倡多元融资方式,设立文化产业振兴资金、专项资金等。另一方面,韩国设立专门的文化创意产业部门,为国家文化创意产业的政策走向出谋划策，并制定了相关的管理体制和运行机制，促进了韩国文化创意产业的长足发展。

四、文化产业融资特征

为了结合商业文化产业有关理论，并与此同时让文化产业融资模式发挥其商业价值，需要以文化元素为载体，在注入文化内涵的同时以创意手段发展文化产业，获取商业价值。整体而言，企业进行文化产业融资需要结合具体资金使用多少不同，在一定文化产业区域范围内，为自己的经济活动和经营的文化产品与服务向个体、企业或金融机构筹集资金。相比其他产业的融资模式，文化产业融资由于需要使经营生产的文化产品实现经济价值最大化，具有以下几个大的特征。

（一）高时效性

高时效性一般主要指融资的周期和获取收益的时限这两个要素。当今市场竞争激烈，参与者众多，企业要想成功获利，必须参与挑战、"与狼共舞"、抓住机遇，迎合市场有效需求。一旦错过，即无力回天，因此必须在有效时期内行动，及时抢占市场先机。具备这一优势必会对文化产业的发展产生巨大的作用。

（二）高回报性

消费结构的改变自然是紧跟经济发展改变的。当今社会，文化产品越来越受消费者青睐，更多的人选择文化产品，从无形到有形，从高端到低端，文化产品的消费占比逐渐见长。文化产品在世界商品贸易中的比例也越来越大。同时，随着人们生活水平逐渐提高，服务型的文化产业消费也已占据较大的比例，这也体现了人们在逐渐追求精神世界的满足。企业如能跟随市场风向，及时实现文化产业产出，这势必会为企业带来高额的回报。

（三）高投入性

经济是基础，决定着政治文化，但政治文化又可以反作用于经济。因此文化产业的发展可以说决定于经济的发展程度，同时也对经济建设有一定的反作用。文化产业利用一些无形资产，诸如产品品牌和荣誉等，依靠这些获取社会关注度、认可度，即通过这种方式作用于经济效益。经济的发展为文化产业的建设打下了良好的基础，而从无形资产中不断积蓄的优秀文化产业将会反馈社会经济。

（四）高风险性

必须意识到，融资是有风险的，文化产业融资更不例外。因为文化产业融资的成功意味着最终形成了初具规模的产业链，与此同时，还要靠生产具有创造力和有价值的文化产品，来适应消费者的多样化需求，然而要想保证所有文化产业融资都有这种效果是有难度的，即有风险的。因此，融资企业必须充分做好市场调研，了解市场消费者真实有效的需求，并以此作为文化产品生产导向，及时更改调整。

第三节　文化产业融资理论基础

一、企业融资理论

当代市场拥有发达的市场经济条件，同时企业具有多种多样的融资方式。融资也成为大量企业发展的基础，备受关注。在如今这个时代，融资行为和融资决策成为重要因素。企业若想拥有成功的决策体系，必须将融资决策放到极重要的位置上，不论是企业的资金来源，还是多种多样的融资方式，在一定程度上都会影响企业的生存及其发展。融资问题成为绝大多数企业亟须解决的一大问题。

经济学上所称的现代融资理论是，在企业确定投资机会时，企业可以通过比较各种融资方式下的资本成本、净收益、税收以及债权人对企业所有权的认可程度等多方面所存在的差异，再根据企业自身的利润目标函数和收益成本约束来选择合适的融资方式，确定企业最优资本结构，最终实现企业价值最大化的目标。

从有关文献上分析，本书将会在三大融资理论上做出具体阐述：一是现代资本结构中最为常用的 MM 理论。二是平衡债务带来的收益与风险成本的权衡理论。三是通过成本最小化原则采用最优融资方式的优序融资理论。

（一）MM 定理

企业融资理论中颇具代表性的融资理论即 MM 理论，MM 理论的出现推动了西方资本主义经济结构的变革，同时也推进了资本结构融资理论的发展。最初的 MM 理论，即由美国的莫迪利亚尼和米勒（Modigliani & Miller，1958）（简称 MM）发表在《美国经济评论》上的论文，即《资本结构、公司财务与资本》一文中所阐述的基本思想。两人根据自己的姓名对该理论进行了命名，即 MM 理论。MM 理论的成立需要一定的假设条件：①企业的经营风险可衡量，处于同一风险等级的企业拥有相同经营风险；②完善的证券市场下，交易成本不存在；③现在和将来的投资者对企业未来的 EBIT 估计完全相同，即投资者对企业未来的营业收益及收益获取随之产生的风险是一样的；④投资者获得借款的利率与公司借款利率一致；⑤无论借债多少，公司及个人的负债均无风险，故负债利率为无风险利率，不受借款数额的限制；⑥投资者预期的 EBIT 不变，假设企业增长率为零，从而所有现金流量都是年金；⑦公司股利政策的变化与自身价值无关，公司自身价值与公司是否发行新债无关。

MM 理论认为，在不考虑公司所得税的前提下，经营所带来的风险相同，但融资方式不同时，公司通过融资方式转变的资本结构与公司的市场价值无关。企业自身的债务比发生显著变化时，企业的市场价值并不会随其发生变化。即企业价值与企业的债务比率无关，企业的市场价值与自身的债务并无任何关系。在不存在交易成本的完全市场上，股东不会为增加负债的公司带来更多的回报，反而会选择更具风险的项目，从而产生一种"替代效应"，在这种替代效应的作用下，企业的价值不会与企业负债有关。按照当前的主流观点及大部分企业中工作的劳动者经验判断，企业融资结构与市场价值不存在联系。MM 理论在这个问题上，确切地宣告两者无关，这在学界引发了轰动。尽管 MM 理论的前提条件束缚颇多，但它为大部分人建立了一个研究融资结构的框图，使 MM 理论能够被大部分人所接受。

修正的 MM 理论（含企业所得税条件下的资本结构理论），是 1963 年美国的莫迪利亚尼和米勒发表的另一篇与资本结构相关论文的基本思想。在这篇论文中写道:"加入公司所得税的前提条件,负债的利息作为免税支出,可以降低综合资本的成本,增加企业的市场价值。"因此,公司可以通过财务杠杆的调整,降低财务成本、负债的增加,提升公司的市场价值。负债杠杆对企业价值和融资成本均产生了影响。若企业的债务比例达到百分之百,此时企业价值达到最大,融资成本最小,此时为最佳的资本结构。

最初的 MM 理论和修正的 MM 理论在资本结构理论中对负债配置问题有着截然不同的看法。MM 理论在理论领域中十分圆满,但其限制条件过多,且与现实严重不符,缺乏现实应用性。该理论对企业融资方式及企业市场价值做出的合理论证,为后世融资理论的方法研究打下了夯实的基础。

(二)权衡理论

权衡理论(Trade – off Theory)就是强调在平衡债务利息的抵税收益与财务困境成本的基础上,实现企业价值最大化时的最佳资本结构。此时所确定的债务比率是债务抵税收益的边际价值等于增加的财务困境成本的现值。其产生于20世纪70年代,它考虑了负债带来的合理收益,也考虑了随之带来的各种风险及费用,并对它们做出了合理的平衡,权衡理论认为,企业通过税收屏蔽,通过增加税务,降低财务成本,提升市场价值,但与此同时,企业债务的增加极可能使企业陷入财政危机的泥潭中。与此同时,大大增加了企业破产的概率及额外支出,降低企业的市场价值。根据权衡理论,负债企业的价值由无负债企业价值加上节税利益,减去预期财务困境成本的现值和代理成本的现值计算所得,即 $V(a) = Vu + TD(a) - C(a)$。因此,企业最佳融资结构应当保证负债价值最大化和债务上升随之带来的财政风险成本以及相关代理成本的平衡,此时企业价值最大。换句话说,这些存在的约束条件使完全债权融资结构不会实现,当然,破产也是其中的重要因素。

权衡理论通过放宽 MM 定理完全信息以外的各种假定,考虑在税收、财务风险成本、代理成本等相关条件下,讨论企业资本结构与企业市场价值的关联性。以此作为前提条件,讨论负债对企业市场价值所产生的影响具有两面性。在不同情况下,负债会对企业市场价值产生截然不同的影响。

负债对企业提升市场价值有积极的作用。这是因为:其一,公司所得税的税减作用。债务利息和股利支出的排序不同,世界各国所设立的税法基本上将利息支出作为成本在税前支出,股息则在税后支出。企业提高负债的比重减少税务支出，从而降低成本，提高企业的市场价值。其二，权益代理成本的降低。负债有利于激励员工工作，提升企业的生产效率、节约不必要的支出。更为关键的是，企业的现金流量会降低，从而避免了企业对无法回收成本的项目进行投资。

在权衡理论中，企业的市场价值随着负债的上升而降低。这是因为：其一，债务比重上升会增加企业的风险成本，包括破产风险的直接成本、间接成本及代理成本，企业在考虑这些成本后，融资成本随之上升，企业的市场价值下滑。其二，个人税对公司税的抵消作用，这部分可能完全抵消公司税的税减作用，即所谓的米勒模型。总之，随着负债比重的上升，企业的市场价值递增，但其边际收益是不断递减的；负债易产生破产威胁，其直接成本或间接成本等则会降低企业的市场价值，且其边际成本递增。这一理论是对MM理论的再修正，也是新的发展。

(三) 优序融资理论

优序融资理论是在将MM理论完全信息假定条件放宽的基础上，引入不对称信息理论，与此同时，将交易成本纳入参考范围。在优序融资理论观点看来，因为权益融资可能会有传递负面信息的缺点，并且因为是向外部融资，所以相对而言会需要更大的融资成本。这样一来，企业会由于这样的原因对内部融资有更大的倾向，或者更倾向于外部的债券性融资。这是大部分企业融资的基本观点。1984年，迈尔斯（S. C. Myers）与马吉洛夫（N. S. Majluf）二人在他们的一篇名为"企业知道投资者所不知道信息时的融资和投资决策"的文章中，在信号传递的原理基础上提出了融资"啄食顺序"理论，也被称为"优序融资理论"。这一理论是基于完全竞争的金融市场和信息不对称的前提条件。信息不对称主要有以下几个要素：其一，企业会由于自身利益或其他原因不选择发行普通股或其他风险证券对其项目进行投资；其二，企业会首先制定一个预期股利比率，以此保证其内部融资达到基本的正常的权益收益率；其三，一般企业会在确定一定的安全条件下，由于缺乏资金转而寻求外部融资，一般也都是从发行证券开始，这是因为发行证券承担的风险相对较小。

优序融资理论认为，企业融资依据成本最小化的原则选择最优的融资方式，企业一般会更倾向于无交易成本的内部融资；若资金不够，再选择交易成本较低的债务融资，最后才不得不采用交易成本较高的股权融资。此外，企业所有权与经营权的分离会导致信息不对称，信息不对称的弊端往往也会被体现出来。较之外部投资者，企业经营管理者更有优势，他们拥有更多的关于企业收益及项目风险的内部信息。而外部投资者只能根据企业管理者所传递的信息间接评价企业在市场上的价值。如果企业经营者代表了现有股东利益，只有当股价被过高估计时，新项目需要融资，企业经营者才会发行股票。但此时，信息不对称会导致外部投资者做出不同的选择，他们将公司发行新股视为坏消息，对现有股票和发行股票的市场估值较低，这时，股价便会受到影响，开始下跌。新项目的融资需求会驱使企业发行新的债权融资，而投资者一旦受到信息不对称的影响，便会导致股价过低。股价过低对项目的资金筹集会是一个巨大的障碍。

二、金融成长周期理论

韦斯顿和布里格姆（Weston & Brigham, 1998）基于企业在不同的发展阶段资金来源不一，提出了"企业金融成长周期理论"。根据韦斯顿和布里格姆的观点，企业从成长到发展成熟完善的不同阶段有着不一样的融资结构，而这主要受企业在不同周期的信息束缚因素、规模不一和资金需求的不同影响。他们二人还根据这一理论，将企业金融生命周期分为初期、成熟阶段和衰退阶段三个阶段。但随后，结合具体实际情况的变化，韦斯顿和布里格姆对这一理论做了补充完善，即把企业的金融生命周期分为创立期、成长第一阶段、成长第二阶段、成长第三阶段、成熟阶段和衰退阶段六个阶段（如表3-3所示）。该理论在分析企业各个融资阶段的不同资金来源之后，以长期的观点和动态的比较视角相对完整地阐释了企业资金来源结构的变化规律。

优序融资理论有一个致命缺点不容忽视：它旨在对一定约束条件下企业增加融资的行为解释，缺乏长远考虑，自然不能体现企业在发展成熟过程中的融资结构变化规律。或者说，未能体现企业的不同成长周期的融资特点，更无法看出企业的规模大小和信用程度的变化等因素。

相应地，从金融成长周期理论观点来看，在企业成长周期的不同阶段，由于信息伴随着企业成长周期而发生的信息束缚因素、规模不一和资金需求不一样，即影响企业融资结构变化的基本因素是变动的，这一解释弥补了之前的致命缺点（Berger & Udell, 1998）。企业刚开始成立时期，资产不足、规模不够，同时缺乏完善的业务登记和财务审计，因此企业的信息开放程度大大不足，企业只能在内部进行融资,因为它们几乎没有从外部融资的可能性;但是伴随着规模日渐增大,企业渐渐进入成长阶段,由于业务的扩张和提升产品价值占据更广大市场需要,企业的资金需求猛增,同时由于渐增的规模,企业可用于抵押的资产自然也会增加,并有了进一步的信息披露,伴随着信息透明度日渐提高,企业对金融机构的外源融资需求依赖度加深;最后,在企业的成熟阶段,生产稳定持续,企业信息披露和财务制度也比往日完善、合理了许多,甚至部分企业开始可以有发行有价证券的条件了。通过打通公开市场可持续性的融资渠道,同时降低金融中介债务性融资的占比,提高股权性融资,一些发展较好的中小企业逐渐成长为了大企业。

表 3-3 企业金融生命周期与融资来源

阶段	融资来源	潜在问题
创立初始期	创业者初始自有资金	资本化程度过低
成长第一阶段	以上来源+留存利润、商业信贷、银行短期贷款、租赁	存货太多、流动性风险
成长第二阶段	以上来源+金融机构的长期融资	金融缺口风险
成长第三阶段	以上来源+证券发行市场	分散控制权
成熟阶段	以上全部来源	投资回报保守
衰退阶段	金融资源撤出:企业并购、股票回购、清盘等	投资回报呈下降趋势

通过金融成长周期理论还可以看出,企业在不同的成长周期里,由于信息、资产规模等一系列因素的局限,其融资方式和融资结构也不会一成不变,自然会随之变化。而且这一变化的大致规律描述如下:如果企业发展还是处于早期,那么自然外部融资的束缚力更强,渠道也不多;反之则相反。由此可得出,如果企业想要发展顺利,那么由于企业在不同成长阶段有着不同的融资需求,就必不可少地要有一个多样化的金融体系来满足。

三、创新理论

当代经济社会高速发展,创意不仅是最重要的一大动力,更是当今时代的一大主旋律。而创意是一种产品、营销、管理、体制、机制等方面主张的突破。成功的创意会创造新的产品，开拓一个新市场。而新产品的销售则会反过来促进创意的爆发，从而形成良性循环，为社会带来巨大财富。从这一层意义上来讲，创意等同于创新。

(一) 熊彼特的创新理论

西方经济学界中最早将"创新"的概念引入经济学研究的是著名经济学家熊彼特（Joseph Alois Schumpeter），他将创新在经济发展过程中的作用进行了强调。熊彼特（1900）认为："现代经济发展的根本动力并非资本和劳动力，而是创新，在创新的过程中，知识和信息的生产、传播、使用是关键的重要因素。"他认为内生的研发及创新推动了经济发展和技术进步。他将创新概括为五种情况：①引进新产品；②采用新技术；③开拓新市场；④掠取或控制原材料新的供应来源；⑤实现企业新的组织形式。企业家的作用在熊彼特创新理论中得到了凸显，企业家通过将生产要素和生产条件不断组合，实现了创新，这种创新活动推动了经济发展与科技进步。熊彼特增长理论强调创新、知识的积累和研发在经济发展与技术进步中的重要作用，从而在学术领域中掀起了一股新浪潮。

熊彼特之后，由于诸多要素的局限，熊彼特的创新理论曾一度明珠蒙尘。直至20世纪50年代，工业革命的出现推动了科学技术的发展，熊彼特创新理论才得到了创新与发展。后来的熊彼特经济思想继承者将该理论发展为两个分支：以技术变革和技术推广为对象的技术创新经济学派和以制度变革和制度变动为对象的制度创新经济学派。前者将熊彼特的创新理论同新古典学派经济理论结合起来，提出了技术创新的周期理论、市场理论和创新政策体系，充分分析了资本主义经济的发展历程，后者将制度变革引入经济增长过程，认为组织形式和经济管理上的革新也会推动经济发展。两者被统称为新熊彼特主义。新熊彼特派从不同的角度对熊彼特理论进行解释和发展，从而为后来的创新经济理论打下了良好的基础。

随着创意经济的蓬勃发展，创意产业化成为了经济学的热点内容。思罗斯比（Throsby，1999）总结了创意和创新的关系，指出"只有创意是创新的起因，并因而成为技术进步的先兆之时，创意才能进入经济学的论述"。即只有当创意运用到生产生活中，才能被视作创新，创意是创新的基础。因此创新是创意产业生产化的过程。

(二) 罗默的新增长理论

罗默在《递增报酬和长期增长》一文中提出，知识是一种自身生产，具有报酬递减规律，而相反在产出中却有递增报酬规律的特殊生产要素。一方面，知识由于具有外部性，也就是某个企业在创造知识的同时，会给相关企业甚至整个行业带来正的外部性，让其他企业也受益；另一方面，经济增长的重要要素正是知识技术。罗默就此建立了两时期经济增长模型和无限水平的经济增长模型（即经济长期持续增长模型）。

上文已提，因为具有外部性的知识可以给非知识创造企业带来外部效益，所以企业应该也是有可能积极引进知识技术的。比方说企业与企业可以以相互告知转让知识或有偿"租用"知识，高价引进知识等方式在法律允许的范围内"模仿"生产或改进高技术产品，以一定专利使用费为代价，进行技术的使用及创新。企业通过这样的方式，一方面可以有效提高生产能力，另一方面还可以加速知识的流动，实现知识的使用效益最大化，促进社会经济的长期进步与更快发展。作为特殊生产要素的知识，其特殊性还体现在，它在自身形成递增报酬的同时作用于资本和劳动力等要素，让它们一样产生递增的报酬。这样一来，经济整体的发展都是报酬递增的。文化产业则更重视知识的流动性，通过大数据信息的传输，推动产业整体的发展。

(三) 创意经济理论

创意经济学（Economics of Creativity）这一概念是由澳大利亚学者思罗斯比最早提出并将其模型化。创意经济学研究了大量创意经济学企业或产业，阐述了创意的产生及揭示其发展的内在规律，将创意在文化产业不同行业和部门中转化为应用创新技术。如今，在文化产业的发展中，创意经济学得到了充分的继承与发展。

在市场经济高度发达的当今时代，通过创意商品化极大地促进了经济的发展，同时也保护了新创意的形成。在文化产业中，知识产权的重要性不断地彰显出来，知识产权及知识产权的交易，即将创意转化为实质性的商品是创意商品化的实质，同时，也是创意从理论变成实际的巨大转换。而创意经济活动，也正是将多种多样的创意要素放到市场中,对它们的价值进行价格的标识,通过知识产权交易,将好的创意派送到需要它的生产者手中,从而实现效率最大化。将"创意"融入到生产、交换、分配和消费的过程中,从而促进了文化产业的发展。

第四章

供给侧背景下天津市文化产业发展

作为四大直辖市之一,天津市是我国最古老的城市之一。随着改革开放和经济战略的进行,天津市逐渐成为改革开放先行区、北方国际航运核心区以及金融创新运营示范区,此外,它还有许多称号,如国家中心城市、环渤海地区经济中心、全国先进制造研发基地、中国中医药研发中心、亚太区域海洋仪器检测评价中心等。

在众多资源的汇集下,天津市的经济发展很稳定,增长速度也比较快。天津市 2010 年 GDP 为 9224.46 亿元,2015 年为 16538.19 亿元,平均每年增长 1462.75 亿元,约相当于 1999 年全市 GDP 规模,2011 年天津市 GDP 突破万亿元,总的来说,近年来天津经济发展还是很快的。国家战略"十二五"规划期间,天津市经济每年平均增长 12.4%,超过同期全国年均增速 4.6 个百分点,超过规划目标 0.4 个百分点,是全国经济发展最有活力、增长最快的地区之一。在人均 GDP 方面,2010 年,天津市人均 GDP 为 72994 元,2015 年为 107960 元,天津市 2015 年人均 GDP 折算成美元是 17337 美元,平均每年增长 8.2%,快于同期全国年均增速 0.9 个百分点,人均 GDP 增长在全国名列前茅。

以快速增长的经济为基础,天津市文化产业发展和文化惠民建设也取得了重大的成果。至 2015 年末,天津市共建成 66 个艺术表演团体,19 个文化馆,22 个博物馆,31 个公共图书馆,241 个街乡镇综合文化站,在文化服务和文化惠民方面取得重大成就,另外,天津市 2015 年全年共发行 6 万张"天津市文化惠民卡",让更多的普通市民参与文化活动,走入文艺剧场,欣赏高水平、低票价的惠民演出。在电影票房方面,天津市全年共摄制电影故事片 18 部,全市 64 家电影院放映电影场次达到 73.43 万场次,共有 2108 万人次观影,电影票房收入达到 6.8 亿元,增长 48%,此外,天津市共有 10 套广播节目,16 套市级电视节目。在图书出版方面，天津市 2015 年全年出版图书 5257.71 万册，期刊 3163.98 万册，报纸 6.57 亿份，在图书出版方面天津市也有很大的发展。

2015 年，天津市第三产业增加值为 8625.15 亿元，较 2014 年的 7795.18 亿元增长 10.65%，第三产业增加值占地区生产总值 52.15%，文化产业已成为经济发展的重要支柱产业，在促进天津市经济发展和加强城市形象建设方面发挥着重要的作用。

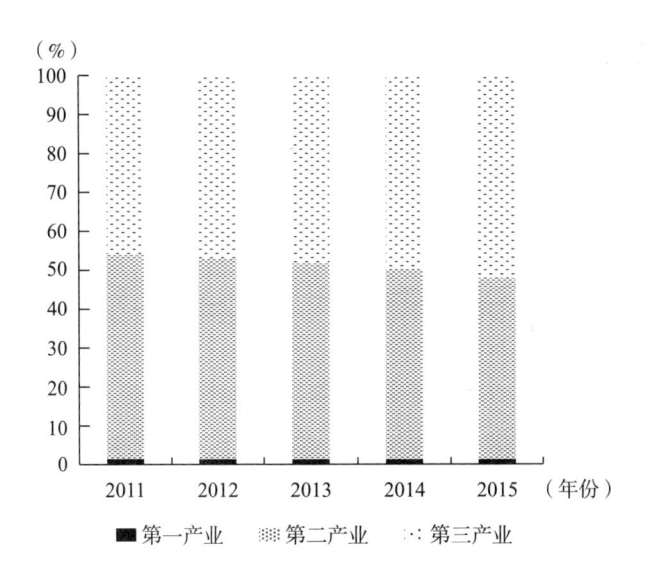

图 4-1 天津市三大产业比重变化

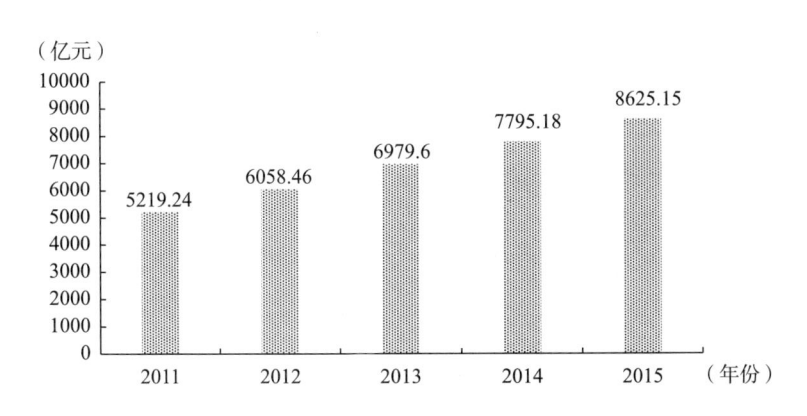

图 4-2 天津市第三产业增加值

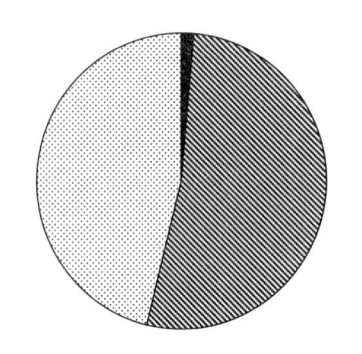

■第一产业　◎第二产业　☒第三产业

图4-3　2011年天津市三大产业比重

第一节　天津市文化产业基本发展情况

近年来,天津市文化产业蓬勃发展,取得了令人欣喜的成绩。以下将从天津市文化产业机构数与人员数、报纸期刊出版情况、图书出版情况、少年儿童读物和课本出版情况、录像和录音制品出版情况、广播电视事业发展情况、艺术事业基本情况、档案机构和人员情况、各级各类档案馆基本情况、机关事业单位档案室基本情况、企业单位档案室基本情况、公共图书馆情况、博物馆和文物保护单位基本情况、群众文化事业基本情况来介绍天津市文化产业的基本发展情况。

一、机构人员发展情况

2005~2015年,天津市文化产业机构数中艺术、公共图书馆、群众文化活动、文物保护单位、博物馆等机构数量变化不大,保持稳定;电影机构数增长较快,随着文化产业发展及人们文化消费水平的提高,电影机构数增加才能适应提高的文化消费水平;档案机构数有所下降,随着文化体制的改革,档案机构也在朝着精简机构、提高效率的方向转变,利用现代化的科技、高效的管理机制以及专业的管理人员,档案机构更加精简化。总体来说,无论是政府公共文化机构数,还是市场性文化机构数,天津市在机构方面还是有很大的发展,为文化产业发展奠定了基础。

表4-1 天津市文化产业机构数　　　　　　　　　　　单位:个

年份	艺术	电影	公共图书馆	档案机构	群众文化活动	文物保护单位	博物馆
2005	61	190	32	410	19	8	18
2006	61	190	32	329	19	8	19
2007	61	187	32	341	19	8	18
2008	46	181	32	386	19	8	18
2009	43	172	31	399	19	8	18
2010	44	243	31	361	19	8	18
2011	73	286	31	324	19	8	19
2012	51	295	31	310	19	8	20
2013	50	294	31	291	19	8	20
2014	44	316	31	217	19	8	22
2015	66	262	31	257	19	8	22

注:数据来源于《天津统计年鉴》。

表4-2 天津市文化产业人员数　　　　　　　　　　　单位:人

年份	艺术	电影	公共图书馆	档案机构	群众文化活动	文物保护单位	博物馆
2005	2663	1118	1057	913	710	133	679
2006	2686	842	1086	784	707	132	724
2007	2509	767	1074	553	679	130	728
2008	2276	767	1098	1154	681	137	711
2009	2287	1257	1087	1175	682	123	699
2010	2262	1738	1077	1180	656	119	719
2011	3547	2095	1051	911	643	108	698
2012	2462	2275	1272	911	626	102	717
2013	2511	2270	1248	968	646	112	669
2014	2322	2528	1217	946	612	115	747
2015	2836	2523	1189	887	588	131	783

注:数据来源于《天津统计年鉴》。

与机构数变化趋势基本一致，艺术、公共图书馆、群众文化活动、文物保护单位、博物馆等人员数量变化不大，保持稳定；电影人员随电影机构的增加而增加；档案机构人员数先增加后下降。文化产业的进步也需要大量高素质劳动力的支撑，供给侧改革背景下，作为供给方重要的生产要素，劳动力结构的改善、质量的提高也是文化产业供给侧改革的重要内容。

二、报刊、图书类发展情况

（一）报纸、期刊出版情况

与2014年相比，2015年报纸、期刊出版种类基本保持不变，总印数和总印张数有所下降。在报纸类别中，专业报和高校校报总印数和总印张数上升，综合报数量下降，表明报纸出版内容更加专业化、学术化，质量有所提高；在期刊类别中，少年儿童读物数量上升，可以看出期刊出版对少年儿童的学习生活及健康成长关注度提高。报纸、期刊是文化传播与知识普及的重要媒介，报纸、期刊的数量与质量直接反映一个地区文化环境的建设情况，在"去产能、提质量"的潮流下，降低报纸、期刊发行量，逐步撤销低质量刊物，能够提高整个市场的文化氛围，为文化产业发展提供良好环境。

表4-3 报纸、期刊出版情况

项目	种类（种）		总印数（万册、万份）		总印张（千印张）	
	2014年	2015年	2014年	2015年	2014年	2015年
报纸总计	40	40	76123	61893	3620912	2307150
综合报	6	5	63135	45309	3327544	1963582
专业报	18	19	12862	16449	292304	342402
高校校报	16	16	127	135	1064	1166
期刊总计	242	242	3833	3143	192011	166314
综合	3	3	21	21	1181	1238
哲学、社会科学	45	45	1025	999	48719	48673

续表

项目	种类（种）		总印数（万册、万份）		总印张（千印张）	
	2014 年	2015 年	2014 年	2015 年	2014 年	2015 年
自然科学、技术	139	139	1055	803	53744	45449
文化、教育	37	35	1033	678	41901	30498
文学、艺术	18	20	699	642	46467	40457
少年儿童读物	7	6	304	344	8609	9700

注：数据来源于《天津统计年鉴》。

（二）图书出版情况

与2014年相比，2015年图书出版情况无论是种类、总印数、总印张数都有所提高。其中，哲学、军事、生物科学、航空航天类图书出版情况有明显上升，可以看出高端科技和军事类书籍更受欢迎，也从侧面展现出我国综合国力、军事实力以及高端科技有较好的发展和进步。近年来，我国大国实力逐步展现，从整体宏观层面为经济和文化繁荣提供了保障，市场上图书的受欢迎程度也能够反映出人民对国家和社会的关注角度。

表4-4　图书出版情况

项目	种类（种）		总印数（万册、万份）		总印张（千印张）	
	2014 年	2015 年	2014 年	2015 年	2014 年	2015 年
总计	5745	6421	4560	5520	428521	484826
使用"中国标准书号"部分合计	5744	6421	4559	5520	428489	484826
马列主义、毛泽东思想	9	8	10	3	1145	403
哲学	102	124	62	165	9377	20877
社会科学总论	47	37	22	25	3259	3803
政治、法律	247	131	84	28	10738	4797
军事	3	13	1	5	182	717
经济	289	275	59	70	10836	11994

续表

项目	种类（种）		总印数（万册、万份）		总印张（千印张）	
	2014 年	2015 年	2014 年	2015 年	2014 年	2015 年
文化、科学、教育、体育	1271	1890	2221	2612	187589	207611
语言、文字	247	224	77	79	10203	9777
文学	1028	1189	1087	1450	93290	112883
艺术	973	910	451	434	29962	33084
历史、地理	187	221	86	94	16008	15499
自然科学总论	21	10	7	4	672	417
数理科学、化学	125	138	83	156	6382	5368
天文学、地球科学	25	29	7	9	811	783
生物科学	35	60	30	36	926	3339
医药、卫生	551	628	119	158	23277	28043
农业科学	39	32	5	6	721	803
工业技术	456	371	110	117	18767	17791
交通运输	42	27	13	6	2029	801
航空、航天	4	4	1	3	209	800
环境科学	23	22	15	36	940	1437
综合性图书	20	78	6	25	1167	4797
不使用"中国标准书号"部分统计	1		1		32	

注：数据来源于《天津统计年鉴》。

(三) 少年儿童读物和课本出版情况

2002~2015 年，少年儿童读物和课本出版情况发展十分迅速，图书种类、总印数、总印张数都有很大幅度的提高。一方面反映了我国儿童教育事业的迅猛发展，另一方面也反映了国家和社会对儿童教育的重视与支持。作为少儿教育的载体，同时也作为文化发展传播的媒介之一，少年儿童读物和课本出版反映了天津市少儿教育和文化的繁荣进步。

表4-5 少年儿童读物和课本出版情况

项目	种类（种）		总印数（万册）		总印张（千印张）	
	儿童读物	课本	儿童读物	课本	儿童读物	课本
2002年	239	814	250	3933	11376	289589
2003年	211	582	197	2351	9149	178873
2004年	253	608	334	2317	19792	167558
2005年	247	571	350	3366	24208	224128
2006年	208	566	252	2133	14366	166393
2007年	136	695	155	2066	7688	175036
2008年	192	562	235	1732	14773	143138
2009年	144	618	255	1535	20499	125343
2010年	219	639	462	247	29627	41272
2011年	412	418	675	1210	41061	101900
2012年	385	645	628	1480	42285	124501
2013年	652	667	804	1501	39889	117421
2014年	689	944	918	1143	54146	104494
2015年	993	763	1263	883	59607	82065

注：数据来源于《天津统计年鉴》。

三、影音广播发展情况

（一）录像和录音制品出版情况

与2014年相比，2015年天津市录音制品有较大的发展，而录像制品和电子出版物则发展稳定，变化不大。随着社会进步和人们对高质量文化产品的需求，光盘等老式存储设备正在逐步退出历史舞台，取而代之的是网络网盘、数码产品等新式高科技产品。

表4-6 录像和录音制品出版情况

项目	种类（种）		出版数量（万盒、万张）		发行数量（万盒、万张）	
	2014年	2015年	2014年	2015年	2014年	2015年
录音制品合计	37	50	9	52	7	38
录音带	4	30		46		
激光唱片	22	13	6	4		
高密度激光唱盘及其他	11	7	3	2		
录像制品合计	2	5		2	1	2
激光数码视盘						
高密度激光视盘	2	5		2		
电子出版物合计	82	42	26	14	24	12
只读光盘	21	23	8	6		
高密度制度光盘	54	10	16	4		
交互式光盘及其他	7	9	2	4		

注：数据来源于《天津统计年鉴》。

(二) 广播电视事业发展情况

在广播电视方面，天津市早已实现了广播电视的全覆盖，故广播电视的发展基本稳定，相较之下，电影发展十分迅速，无论是放映单位、放映场次以及观众人次都有大幅度的提高，电影票房更是从2012年的2.62亿元上升至2015年的6.8亿元，几乎是2012年的3倍。直观来讲，一个地区民众在电影市场的消费可以反映该地区人民生活水平和生活质量，较高的电影票房显示了天津市居民的较高消费水平和多样化的文化娱乐方式。

表4-7　广播电视事业发展情况

	指标	单位	2012年	2013年	2014年	2015年
广播	节目套数	套	22	22	22	22
	全年制作节目时间	万小时	7.6	8.1	8.2	8.2
	全年播出节目时间	万小时	14.4	15	15	14.7
	平均每日播音时间	时：分：秒	395：33：00	410：00：00	411：21：00	403：31：00
	广播覆盖率	%	100	100	100	100
电视	节目套数	套	37	29	29	29
	全年制作节目时间	万小时	2.5	2.8	2.9	3.3
	全年播出节目时间	万小时	17.8	16.9	16.6	16.9
	平均每周播出时间	时：分：秒	3415：49：00	3246：13：00	3194：42：00	3235：08：00
	电视覆盖率	%	100	100	100	100
有线电视	有线电视总户数	万户	278	292	313	344
	数字电视	万户	242	256	284	319
	有线电视入户率	%	80.37	83.22	88.95	93
	有限广播电视传输网络干线总长	公里	6731	6861	6474	6693
电影	电影放映单位	个	254	266	266	281
	电影放映队	个	192	192	192	192
	加入院线影院	个	42	54	54	69
	未加入院线影院	个	20	20	20	20
	拥有座席数	个	74131	85908	85908	71950
	放映场次	场次	505699	599009	661150	734465
	观众人次	万人次	1716	1450	1451	2107
	电影票房	亿元	2.62	3.28	4.69	6.8

注：数据来源于《天津统计年鉴》。

四、档案机构和人员基本情况

(一) 档案机构和人员基本情况

在档案机构和人员方面,机构数和人员都有不同程度的减少。各部门档案馆都在精简机构、减少人员、提高效率。党的十九大以来,去除冗余、提高效率是各类国家机关的主要发展方向,从中央机构到地方政府,从事业单位到文化管理,降低机构及人员数量,提高机构效率和人员素质,是行政事业单位未来一段时间发展目标之一。

表4-8 档案机构和人员情况

项目	2013年	2014年	2015年
机构数(个)	291	217	257
档案行政管理部门	17	17	17
国家综合档案馆	20	20	20
国家专门档案馆	2	2	2
部门档案馆	6	8	7
文化事业档案馆	5	5	5
企业档案馆	3	4	4
机关事业单位档案室	113	101	156
大型企业档案室	125	60	46
专职工作人员(人)	998	946	887
档案行政管理部门	518	530	507
国家专门档案馆	61	62	60
部门档案馆	77	95	65
文化事业档案馆	43	43	44
企业档案馆	20	20	17
机关事业单位档案室	99	114	80
大型企业档案室	180	82	114

续表

项目	2013 年	2014 年	2015 年
兼职工作人员（人）	1276	851	1068
机关事业单位档案室	600	600	654
大型企业档案室	676	251	414

注：数据来源于《天津统计年鉴》。

（二）各级各类档案馆基本情况

在档案馆方面，编研档案资料公开出版的字数有大幅度的提高，内部参考的字数有所下降，可以看出面向公众的档案资料更加开放。随着人民文化素质和知识体系的不断提高，对各类历史信息的知情度要求也越来越高，政府也在逐步适应这种发展趋势，开放更多的档案和资料，供人们研究和学习。

表 4-9 各级各类档案馆基本情况

	项目	2013 年	2014 年	2015 年
馆藏档案	全宗（个）	3444	3480	3573
	案卷（万卷）	773.68	815.73	797.1
	录音、录像、影片（万盘）	8.29	8.27	8.62
	照片（万张）	57.82	57.23	71.19
	底图（万张）	29.38	30.04	32.2
	微缩微胶片（卷片）（万幅）	618	618	616
	开放档案（万卷）	199.98	234.4	219.06
利用档案资料	利用人次（万人次）	7.52	10.3	8.2
	利用档案[万卷（件）次]	25.34	35.3	33.26
编研档案资料	公开出版（种）	14	8	12
	（万字）	730	340	1946
	内部参考（种）	68	31	50
	（万字）	584	515	367
	国家综合档案馆建筑面积（万平方米）	9.38	9.13	9.73

注：数据来源于《天津统计年鉴》。

（三）机关事业单位档案室基本情况

机关事业单位档案室的档案数量有所下降，但利用人次和利用数量有较大提升，说明机关事业单位档案室整体利用效率提高，人们对知识与信息的主动性与学习性都有所加强。

表4-10 机关事业单位档案室基本情况

项目		2013年	2014年	2015年
保存档案	全宗（个）	280	262	260
	以卷为保管单位档案（万卷）	98.5	98.95	41.77
	以件为保管单位档案（万件）	167.33	134.25	154.4
	底图（万张）	0.79	0.55	2.41
	微缩胶片（卷片）（万幅）	9.89	9.89	9.89
机读目录	案卷级（万条）	37.3	29	22.8
	文件级（万条）	146.44	167.06	156.26
利用档案	利用人次（万人次）	2	1.7	5.5
	利用数量[万卷（件）次]	7.35	8.73	9.055
编研档案资料	公开出版（种）	4	5	2
	（万字）	214	123	118
	内部参考（种）	398	104	124
	（万字）	725	553	460

注：数据来源于《天津统计年鉴》。

（四）企业单位档案室基本情况

同机关事业单位档案室一致，企业单位档案室的档案数量有所下降，但利用人次和利用数量有较大提升，说明企业单位档案室整体利用效率提高。

表 4-11 企业单位档案室基本情况

项目		2013 年	2014 年	2015 年
保存档案	全宗（个）	316	218	103
	以卷为保管单位档案（万卷）	79.8	44.3	70.1
	以件为保管单位档案（万件）	149.29	136.33	193.17
	底图（万张）	53.34	27.09	95.05
机读目录	案卷级（万条）	25.37	38.82	74.84
	文件级（万条）	135.91	158.44	102.7
利用档案	利用人次（万人次）	1.69	0.87	2.25
	利用数量［万卷（件）次］	5.77	3.14	7.18
编研档案资料	公开出版（种）			2
	（万字）			1
	内部参考（种）	84	84	214
	（万字）	254	276	314

注：数据来源于《天津统计年鉴》。

五、图书馆和博物馆基本情况

（一）公共图书馆基本情况

2012~2015 年，天津市公共图书馆的个数、人员及建筑面积基本保持稳定，藏书、外借人次和外界册次增多，可以看出市民利用公共图书馆进行学习的意识有所提高，有利于提高整体市民的知识水平。公共图书馆的建设是地区公共文化建设的重要内容，高质量、高效率的公共图书馆对推动市民知识文化体系建设，以及促进文化环境建设都有重大促进意义。

（二）博物馆和图书馆基本情况

2012~2015 年，天津市博物馆和文物保护单位各方面保持稳定，但参观的人数逐年递增，可以看出人们对博物馆和文物的了解程度加深，更愿意通过参观学习知识、了解历史。

表4-12 公共图书馆情况

项目	单位	2012年	2013年	2014年	2015年
公共图书馆	个	31	31	31	31
工作人员	人	1272	1248	1217	1189
藏书	万册	1469	1474	1598	1697
书刊文献外借人次	万人次	228	292	285	306
书刊文献外借册次	万册次	562	658	779	859
建筑面积	平方米	256751	247374	256917	259011
阅览室座席	个	12446	13526	14258	14500

注：数据来源于《天津统计年鉴》。

表4-13 博物馆和文物保护单位基本情况

	项目	单位	2012年	2013年	2014年	2015年
博物馆	单位数	个	20	20	22	22
	工作人员数	人	717	669	747	783
	文物藏品	万件	69	69	67	67
	举办陈列展览	次	142	110	150	157
	参观人次	万人次	494	546	926	1003
文物保护单位	单位数	个	8	8	8	8
	工作人员数	人	102	112	115	131
	藏品	件	3702	3702	2435	2246

注：数据来源于《天津统计年鉴》。

六、群众文化事业和艺术演出基本情况

(一) 群众文化事业基本情况

2012~2015 年，天津市群众文化事业有较好的发展，组织文艺活动次数、班次、结业人数都有很大的提升，可以看出天津市对群众文化事业的重视与支持。

表 4-14 群众文化事业基本情况

项目		单位	2012 年	2013 年	2014 年	2015 年
单位数		个	19	19	19	19
群众艺术馆		个	1	1	1	1
文化馆		个	18	18	18	18
工作人员数		人	626	646	612	588
文化活动情况	举办展览	次	214	163	215	252
	组织文艺活动次数	次	1271	1289	1927	1872
举办能力训练班	班次	次	1065	1342	1852	3887
	结业人数	人	142800	147349	141154	180980

注：数据来源于《天津统计年鉴》。

文化产业不仅包括以上各部分，还包括与文化产业相关的各类产业建设，如配套的基础设施、技术支持以及信息公开等方面。总的来说，天津市文化产业近年来发展较为迅速，在文化产业机构数与人员数、报纸期刊出版情况、图书出版情况、少年儿童读物和课本出版情况、录像和录音制品出版情况、广播电视事业发展情况、艺术事业基本情况、档案机构和人员情况、各级各类档案馆基本情况、机关事业单位档案室基本情况、企业单位档案室基本情况、公共图书馆情况、博物馆和文物保护单位基本情况、群众文化事业基本情况等方面都有较大的进步。在党的十九大召开后，"十三五"规划和乡村振兴战略展开，

借此契机，天津市文化产业在原有的基础上，推陈出新、革故鼎新，获得了更好的发展。

(二) 艺术事业基本情况

在艺术事业方面，艺术表演团体整体变化不大，2012~2015年，演出场次和观众人次增加了不少，尤其是到农村演出次数有大的提升，可以看出，天津市政府对农村艺术事业较重视。在艺术表演场所方面，演出场所和观众人次有大的提升。2018年，以习近平新时代中国特色社会主义思想为基础和指导，乡村振兴战略正式实施，农村相应的公共文化事业也将有新的发展，艺术表演等活动深入农村将是必然趋势。

表4-15 艺术事业基本情况

	项目	2012年	2013年	2014年	2015年
艺术表演团体	机构数（个）	16	16	16	16
	话剧团、儿童剧团	2	2	2	2
	歌舞剧团	1	1	1	1
	文工团、文宣队	1	1	1	1
	戏曲剧团	8	8	8	8
	京剧	2	2	2	2
	曲剧团、杂技团、木偶团	3	3	3	3
	乐团、合唱团	1	1	1	1
	工作人员数（人）	1914	2000	1976	1962
	演出场次（场）	3069	3180	3397	3818
	到农村演出（次）	465	550	661	672
	观众人次（万人次）	178	196	233	255

续表

	项目	2012 年	2013 年	2014 年	2015 年
艺术表演场所	机构数（个）	35	34	28	50
	剧场、影剧院	29	28	26	34
	书场、曲艺厅	1	1	1	2
	综合性、其他场所	4	4		13
	音乐厅	1	1	1	1
	座席数	26255	26264	15125	23438
	工作人员数（人）	512	511	346	874
	演出场次（场）	16062	14036	15991	24250
	观众人次（万人次）	148	148	153	290

注：数据来源于《天津统计年鉴》。

第二节　天津市文化产业的特点

天津市文化产业在历史发展过程中，结合地域特色，形成了天津文化独有的特点，如历史延续性、与时俱进性、亲水和市民主体性等。

一、历史悠久、延绵不断

天津文化有着悠久的历史，六百多年独特的历史环境使天津文化形成了古今兼具、中西交融的现象。近代以来，我国政治、经济、文化等各方面都发生了巨大的动荡，西方文明的强势涌入对我国传统文化造成了巨大的冲击，在这样的背景下，天津市作为首要冲击区，大胆借鉴了西方文明成果，融合地区传统文化创建了独特的、中西融合的天津文化，如各种各样的近现代文化产物、著名历史文化名人故居以及风格独特的中西建筑，这些都为后来的文化建设留下了宝贵的资源。另外，天津市近代以来便是中国工商业、军事、高等教育的发祥地，有着得天独厚的教育文化优势，这也在一定程度上赋予了天津市文化积淀丰厚、开放包容的特点。作为我国北方最大的河海运输枢纽，天津市位于京津冀城市群的交汇点和环渤海中心位置，有着四通八达的水陆交通，地域层面的优势十分显著，这也使得天津市积淀的悠久历史文化得以传承和保护。

二、与时俱进、开拓创新

天津市城市文化的核心和精华是"天津精神"，这是天津市文化最深刻、最具体的体现，同时"天津精神"也是天津城市文化之魂。"爱国诚信、务实创新、开放包容"是天津精神的内涵，代表了天津市文化发展的历史、现实和未来的主要特点。其中，"爱国诚信"是天津文化的基本道德追求和价值取向；"务实创新"是天津市文化的意志品质和精神气质；"开放包容"是天津文化的进取心态。这些特点和精神早已与天津市文化的发展融为一体，使天津文化在发展的历史过程中，既继承传统，又与时俱进，逐渐成为天津市现代化建设的强大推进力。

三、亲水和市民主体性

天津市位于九河下梢、渤海之滨，天津市城市建设和人民生活是靠水发展的，独特的近水地理位置直接塑造和影响了天津文化的产生和发展，作为文化主脉，水文化是天津文化的一大特色。著名学者章用秀[1]曾指出，海河、海洋孕育和发展了天津文化，构成了开放性、包容性、多元性的显著特征。另外学者李喜所[2]认为，天津是地地道道的"水文化"，"水"是理解天津市文化的第一个关键词。反映水"意志"的天后宫在天津600年间香火鼎盛，说到底是水文化在持久地发挥作用。有了水，就为天津大都市的崛起奠定下了根基。

此外，天津文化的主体是市民文化或市井文化，这是天津文化的核心和独特

---

[1] 章用秀. 天津文化及其思想精华[J]. 天津行政学院学报，2004（4）：66-70.
[2] 李喜所. 关于天津文化主脉的思考[N]. 天津日报，2004-02-16.

之处。王勤田[①]和梁禹祥[②]指出，天津文化是以市民文化为基础、以近现代文化为主导的多种文化成分组成的城市文化。天津文化的根是中国传统文化，而它的直接基础则是市民文化。天津是由商埠发展而来的商业城市，历史上商品经济一直比较发达，因此天津市民文化得到了高度、充分的发展，根基深厚，源远流长，在很长时间里占据天津文化的主体地位。冯骥才[③]也指出，津门的卫派文化则是地地道道的市井文化，此地人气旺足，人情厚重，热爱平常和现实的生活，而且有一种现代大城市少有的朴实。

天津市文化产业发展的特点浓缩了其整个发展历史，代表了天津文化产业的主要发展形势与发展方向。在天津市文化产业未来的发展和改革中，始终离不开根植于天津本土的精华，这些特点将不断完善、不断浓缩，最终成为天津市文化产业的核心竞争力之一。

第三节　天津市文化产业发展最新项目、产业园区及主要代表企业

一、2017 年天津市重点文化项目

为了进一步深化文化体制、文化市场改革，加快现代公共文化服务体系构建，促进文化产业转型升级，打造充满活力的文化强市，天津市推出了 2017 年的重点文化项目。项目共计 63 项，其中公共文化建设及服务项目 8 项，文化产业园区基地项目 13 项，互联网信息服务项目 8 项，创意设计和传统文化传承项目 10 项，媒体融合项目 5 项，文化旅游项目 3 项，重大文化活动和展会项目 11 项，影视制作项目 5 项。这些项目充分发挥天津市本土优势，结合最新科技发展成果，有力地推动了天津市文化产业的繁荣。

---

① 王勤田. 简论"水是始基"的哲学意义 [J]. 哲学研究，1983（8）：56 - 59.
② 梁禹祥. 深入理解以德治国重要思想 [J]. 高校理论战线，2002（2）：37 - 41.
③ 冯骥才. 全球化时代的文化挑战与应对 [N]. 解放日报，2011 - 02 - 06（7）.

表4-16 2017年天津市重点文化项目

序号	项目名称	责任单位	项目简介
	合计63项		
公共文化建设及服务项目（8项）			
1	天津广电网络双向化、宽带化、智能化基础网络建设	广电传媒集团	天津广电光纤入户工程，通过双向化宽带化智能化改造，提高网络承载和内容支撑能力，实现跨域、跨网、跨终端的综合信息服务和三网融合创新业务发展
2	北辰区文化馆、图书馆新馆	北辰区	项目位于北辰文化公园，旨在增加群众读书学习、查阅资料、开展文艺活动的文化基础设施，丰富群众文化活动载体，提升现代公共文化服务水平
3	河东区文化馆	河东区	项目位于河东区津塘路与大直沽西路交口，包含博物馆、展示厅、美影书工作室、非物质文化遗产中心、非遗项目传习室、档案馆等场馆，进一步提升公共文化服务水平
4	天津东丽机床博物馆	东丽区	项目位于东丽区平盈路8号，以机床设备为主题，展示机床加工设备制造、技术变迁、历史发展等内容，充分宣传展示机床工业文化
5	南开区少年儿童图书馆	南开区	新建南开区少儿图书馆，提升改善区少儿图书馆整体环境和服务水平，拓展公共文化服务阵地
6	天津广电网络数字图书馆	广电传媒集团	项目以有线电视网络为依托，以数字电视为载体，为广大用户提供图书阅览服务，建设覆盖全市的电视图书馆
7	天津市古林古海岸遗迹博物馆提升改造	滨海新区	项目位于滨海新区大港，对古林古海岸遗迹博物馆进行提升改造，完善展示展览、基础服务和配套设施等功能，进一步增强人们保护海洋、湿地和古海岸遗迹意识
8	津沽记忆博物馆	滨海新区	项目位于中新生态城，设置了租界风云、津沽民风、沽上教育、天津新生等七大主题展示区，充分展示老天津卫传统民俗文化
文化产业园区基地项目（13项）			
9	大光明中心（大光明商城）	武清区	项目位于武清区杨村，以儿童文化创意为主题，建设集少儿才艺、儿童娱乐、青年快时尚、购物餐饮和休闲娱乐于一体的体验式购物中心

续表

序号	项目名称	责任单位	项目简介
	合计63项		
10	堡子里21号文化创意社区	滨海新区	项目位于滨海新区中心商务区，项目主体是艺术，项目核心是文化创意、青年创业，旨在建设集文化书店、互动剧场、创意空间、演艺茶社、美术展馆、文化餐饮等多种业态于一体的复合型文创商业体
11	那山文化体验中心	滨海新区	项目位于华苑产业园区，旨在建设"书店"主题商业空间，集书店、餐饮、文创产品、艺术作品、电影院等文化休闲消费于一体，打造新的文化聚集地
12	社会山文化创意基地	西青区	项目位于西青区张家窝镇，旨在打造文化创意设计集中区，为设计师提供独立办公环境、展厅、艺术创意中心、交流中心等空间，配备高效网络平台，完善"文化+创意+互联网+线下体验"的链条服务
13	葫芦庐小镇	宝坻区	项目位于宝坻区大钟庄镇，将建设集生态文化、非遗传承、创意产业于一体的休闲体验公园，包括葫芦庐葫芦生态文化公园、生态文化研习基地、非遗文化传习基地等内容
14	东疆常青藤国际艺术中心	滨海新区	项目通过艺术家驻留计划，筛选邀请国内外知名艺术家、优秀青年艺术家、工艺美术家等入驻基地进行艺术创作，通过提供艺术品展览、交易渠道、版权合作等服务，构建现代文艺创作中心
15	京津国际文化创意产业园	东丽区	项目位于东丽区万新街雪莲路16号，定位"设计+""互联网+"，以创意设计产业带动电子商务与实体体验服务为发展模式，打造集创意设计办公、实体店体验街区、餐饮、娱乐于一体的商务休闲小镇
16	第五印刷厂"老站文化创意园"	河东区	项目对天津市第五印刷厂老厂房及周边进行改造，挖掘老龙头火车站历史文化价值，建设文化创意产业园区，吸引文化创意、高端商务服务企业聚集

续表

序号	项目名称	责任单位	项目简介
	合计63项		
17	社会山文化创意街区	西青区	项目位于西青区张家窝镇，以民国年间12位女子在老火车站上发生的故事为原型，采用场景化、博物馆化、互动化的空间设计，给顾客一个全新的商业街区体验
18	盛世龙湾艺术馆（宁河区工艺品展销馆）	宁河区	项目位于宁河区齐心休闲农业产业园区，集文艺产品的展示、销售、交流于一体，由古陶艺馆、民间工艺品展馆、民俗馆、书画苑、区内名人馆等场馆组成，致力于打造区域性文艺产品市场
19	国家动漫园影视动画制作基地	滨海新区	项目依托国家动漫园公共技术服务平台设备设施，建设电影、电视剧和CG动画等制作基地，与一线影视动画公司、高等院校合作，打造影视动画类高端制作团队
20	天津市文化众创空间建设项目	北方文投集团	项目位于滨海高新区华苑产业区，集文化资源服务、"互联网+"服务、投融资服务和创业孵化服务于一体，打造全新的创业就业服务平台
21	经纬艺术街区鸿德艺术馆改造	河北区	鸿德艺术馆通过提升改造，增加文化艺术众创空间、霍春阳艺术研究中心、李宝善书法艺术工作室、企业家大讲堂等空间和功能，提供更加完善的文化艺术服务
	互联网信息服务项目（8项）		
22	国家数字内容服务贸易平台	市文化广播影视局	国家数字内容服务贸易平台由文化部委托，中国文化产业协会与天津滨海高新区共同建设，是线上线下资源相结合的数字内容产业项目，将填补数字内容服务贸易领域的技术和产业空白
23	"直播间Studio"众创空间	滨海新区	项目致力于打造线上虚拟众创空间与实体众创空间相结合的、为专业广电主持人服务的新型媒体管理平台，并通过种子基金扶持孵化更多创新项目
24	"好学升"互动教育平台	宝坻区	项目秉持"互联网+"理念，提供在线作业、能力提升等服务，构建中小学学科同步学习辅导的网上平台，帮助广大中小学生提高学习能力和水平
25	创意星球网	武清区	项目线上聚合创意学子和品牌企业，线下开展全国性校园创意活动，构建线上线下优势结合的服务平台，帮助创意产业从业者获得更多发展机会

第四章 供给侧背景下天津市文化产业发展

续表

序号	项目名称	责任单位	项目简介
	合计63项		
26	远程4K云制作平台	滨海新区	项目以4K分辨率电影数字胶片修复、高端影视特效制作等技术模块为基础，以"互联网+"为发展思路，打造高清视频制作平台
27	天津恒生文化创意产业发展平台	津南区	项目旨在完善创意产品制作、展示和体验功能，提供金融对接、线上推广等服务，打造集设计、展示、加工、体验、推广于一体的综合服务平台，助推文化创意产业发展
28	"今晚E家"服务平台一期	今晚报社	项目通过资源整合和经营一体化，对外提供营销方案制定、微博微信等接入口服务，提升民生服务和互联网电子商务平台服务水平
29	"时报家园"文化产业服务平台	今晚报社	平台旨在推进天津市中老年文化建设，满足中老年人文化需求，专门为中老年人提供文化养老和生活服务
	创意设计和传统文化传承项目（10项）		
30	了凡公园	宝坻区	了凡公园以"了凡四训"和"善文化"为文化主题，挖掘历史人文资源，营造文化和休闲旅游融合氛围，提升城区文化品位
31	二代仿羊绒地毯新配色项目	武清区	项目根据新疆维吾尔族文化开发设计，形成了新材料、新图案和新工艺产品，具有良好市场前景
32	世界摄影文化艺术节	河北区	项目位于河北区意式风情街，通过举办摄影赛事、大型影展、学术研讨会等一系列活动，创建摄影主题活动品牌，进一步宣传推广美丽天津
33	天津民间手工艺术产业化开发平台	今晚报社	项目以水上公园今晚人文艺术院为载体，建设民间手工艺术的推广展示平台，促进民间手工艺术产业化开发
34	"梦娃"形象提升	市文化广播影视局	以梦娃IP为核心资源，进行保护开发、宣传推广和衍生品设计，着力提升梦娃产业影响力，使梦娃形象更加深入人心
35	互联网+数字3D影像技术艺术品复制项目	西青区	项目利用互联网及数字技术制作3D立体影像和广告，实现国画、字画及衍生品的复制传播，提升商务及个性化定制印刷服务水平

续表

序号	项目名称	责任单位	项目简介
	合计63项		
36	银博缘四大发明体验中心	河北区	项目位于河北区张兴庄大道86号，以我国四大发明为主题，设置四大发明博物馆、四大发明体验区、前沿科技验区和手创作品体验区等，充分展示中华传统文化特色
37	天津国际设计周	河北区	邀请全世界设计名家和设计院所学生参加，选取特定领域和主题进行设计展示，包含开幕式、设计竞赛及颁奖礼、优秀设计展等多个活动，已经成为国内外设计品牌活动，影响广泛
38	丰台镇福德源木雕传统技艺升级改造	宁河区	项目对丰台木雕传统制作技艺进行提升，加强传统产品的挖掘、复原和开发能力，更好传承传统文化艺术
39	《二十四节气的梦娃故事》系列广播短剧	天津广播电视台	梦娃题材广播短剧，宣传优秀传统文化和社会主义核心价值观
	媒体融合项目（5项）		
40	"津云"大数据平台一期	天津广播电视台	项目以维护网络意识形态安全为目标，在内容上聚合《天津日报》《今晚报》、广播电视台、北方网等主流媒体信息资源，形成宣传覆盖合力，提升舆论引导能力，建设网络宣传舆论阵地
41	"党端"区级平台建设暨"新闻117"新闻客户端（Ⅱ期）	天津日报社	项目定位"政经新闻、深度报道、国计民生，宣扬新天津、服务京津冀、放眼海内外"，增设"党端"区级平台和"津云"专属辟谣平台，进一步扩大影响力
42	云网天津——多元化新媒体服务平台	天津日报社	平台以打造多元化新媒体服务平台为目标，为用户提供个性化智能服务，包含近闻天津、睿知天津、玩转天津、好物天津四个子平台，推动区域生活资源整合及移动互联化，打造津门特色生活服务云网平台
43	中国报业融媒服务云平台	今晚报社	平台集新闻选题、全媒体采编处理流程、一键发布、大数据舆情等多种新闻服务功能于一体，为全国地市级报社、行业报社提供融媒体云服务

续表

序号	项目名称	责任单位	项目简介
	合计63项		
44	云采编及问津升级建设项目	今晚报社	项目将持续进行技术平台优化，增设生活服务等新频道新模块，进一步提升综合服务水平
	文化旅游项目（3项）		
45	天津蓟州古城文化旅游综合保护开发项目	蓟州区	项目位于蓟州区渔阳镇，主要包含"蓟州古城"核心区改造与历史遗迹保护、旅游集散中心与人文健康特色风貌居住区建设等内容，提升旅游收入，增加就业岗位，社会效益前景良好
46	成功游艇湾	滨海新区	项目位于中新生态城，通过建设德式啤酒花园、综合娱乐区、滨海露台、运动康体中心等设施，融合文化与休闲消费，建设游艇文化体验主题港湾
47	蓟县下营镇生态旅游特色小镇建设项目（团山子村庄改造及新区建设）	蓟州区	项目位于蓟州区下营镇，对团山子、东于庄进行升级改造，建设高端民俗和市民农庄，带动广大村民发展乡村旅游，增加就业岗位，提升收入水平
	重大文化活动和展会项目（11项）		
48	2017第五届天津广播电视台粉丝节	天津广播电视台	活动将在梅江会展中心举办，以"最美天津"为主题，通过多种形式宣传推广天津广电文化，促进广电、商家和观众良性互动，提升城市文化氛围，2017年举办第五届
49	2017津宝第三届国际音乐节	宝坻区	活动将邀请50余名国际级艺术家做评委，设立行进大赛、打击乐、小号、长号四个赛事，同时开设大师班、音乐会等展演活动，回馈广大音乐爱好者
50	2017渤龙湖草莓音乐节	滨海新区	项目位于滨海新区渤龙湖，为全国知名露天草地音乐节——草莓音乐节天津站，汇集众多娱乐音乐明星，历时两天，三个舞台不间断演出，丰富市民群众文化生活
51	静海区2017年"鹦鹉杯"全国手风琴大赛	静海区	"鹦鹉杯"全国手风琴大赛是一项国字号品牌活动，旨在通过比赛演出和观摩交流等形式，展现手风琴艺术风采，同时提升静海区"乐器产业示范基地"的品牌影响力，今年举办第5届

续表

序号	项目名称	责任单位	项目简介
	合计 63 项		
52	2017 书香天津·春季书展	市出版局	展会以"文化惠民、共享阅读"为主题，在天津国展中心举办，设置了书籍展示、数字阅读体验、阅读推广等主题展示区，营造浓厚的阅读文化氛围，提升城市文化品位
53	第七届文化创意展交会	滨海新区	展会举办地址为未来科技城渤龙湖创意街区，这个街区是一个非常具有活力的文化园区，创意展会的主题是"融合助力文创丝路创造机遇"，一共设置了七个展区，每个展区面积约3万平方米，创意展会期间将同时举办京津冀文化产业协同发展经验交流会、中国动漫产业发展研讨会等活动，使展会的影响力进一步扩大
54	温馨全运村·圆梦全运会系列文化活动	河西区	以全运会为主题，在全运村举办高水平的系列文化活动
55	第六届和平杯京剧小票友邀请赛	和平区	第六届"和平杯"京剧小票友邀请赛，将于2017年暑假期间举办，增设团体项目，进一步扩大参与规模，并办成我国少儿京剧夏令营
56	第八届天津相声节	红桥区	天津相声节作为传统文化艺术传承活动，获得了全国各地观众和业内人士的喜爱和认可，已经成为天津特色文化品牌，影响广泛，2017年举办第八届
57	天津市第九届暨河东区第十一届家庭文化艺术节	河东区	家庭文化艺术节是天津市具有广泛影响力的品牌群众文化活动，群众参与广泛，内容形式丰富
58	第三届和平杯全国曲艺票友邀请赛	和平区	"和平杯"全国曲艺票友邀请赛是国内唯一全面展示南北方曲艺精品的票友大赛，已成为弘扬中华传统曲艺艺术的盛会，2017年举办第三届
	影视制作项目（5项）		
59	重大革命历史题材电视连续剧《换了人间》	天津广播电视台	《换了人间》是天津市推出的重大革命历史题材电视剧，生动讲述解放战争后期到中华人民共和国成立初期，以毛泽东为代表的中国共产党人，励精图治建立新中国的伟大历程
60	拍摄迷津电影三部曲	和平区	以天津历史文化特别是近代历史文化为题材，拍摄"天津三部曲"纪录片，宣传天津特色历史文化

续表

序号	项目名称 合计63项	责任单位	项目简介
61	《兽王争锋》系列动画片第二季、第三季	滨海新区	项目是面向6~10岁男孩的动作类系列动画片，第一季于2016年11月在央视少儿频道黄金时段播出，反响强烈。现计划推出第二季、第三季，满足广大青少年欣赏需求，继续提升影响力
62	《群英会》	天津广播电视台	《群英会》为弘扬中国传统文化的综合谈话节目
63	《妈祖文化》5集高清纪录片	南开区	项目采用4K全高清和全景技术，重点拍摄海内外有影响力的妈祖宫庙，真实记录妈祖文化的传播、传承和变迁，弘扬妈祖立德、行善、大爱的精神

注：数据来源于天津市文化局、财政局，笔者整理所得。

二、主要产业园区

为了集中优势资源发展文化产业，天津市与多方合作，创办了多个文化产业园区，集中文化优势资源，发挥规模经济，力求促进天津市文化产业发展。

（一）国家动漫产业综合示范园

国家动漫产业综合示范园是国家文化部与天津市政府共同建设的国家级重大文化产业项目，也是文化部确认的第一个国家动漫产业园，由中新天津生态城投资建设。园区坐落于天津市滨海新区中新生态城，规划占地100万平方米，建设面积77万平方米，总投资45亿元，2011年5月开园以来，国家动漫园按照文化部提出的"高端制作、人才培训、技术研发、产业培育、展示交易、国际交流"六大功能，积极打造国家级、示范性的动漫产业集聚基地、孵化基地和研发基地。截至2015年9月底，在动漫园注册的文化创意类企业820多家，包括博纳影业、华谊兄弟、光线传媒、乐视网、华策影视、酷六网、新经典文化、磨铁图书、读者集团、优扬传媒、引力传媒和中视金桥等一批行业翘楚。随着文化创意产业的蓬勃发展，园区已初步形成了以影视动漫、广告传媒、图书出版和数字文娱四大领域为主的产业集群。2015年1~8月，文化类企业纳税占生态城整体产业税收的70%以上，比2014年同期增长97%，已成为生态城的重要支柱产业。

（二）天津国家数字出版基地

根据国家新闻出版总署对我国出版产业发展的整体规划，天津国家数字出版基地于2010年12月正式获批设立。该基地位于空港经济区，由新闻出版总署授牌，由天津市滨海新区空港经济区投资与天津出版传媒集团共同建设，总投资25亿元，用地面积20万平方米，总建筑面积41万平方米。2010年9月开工建设，2010年8月正式投入使用。基地由产业园区和产业发展区组成。其中，产业园区位于空港经济区主入口东侧，一期总建筑面积10万平方米，其中产业园孵化载体面积3万平方米。

天津国家数字出版基地的主旨发展目标：以京津冀三地文化、出版产业为依托，以自主创新为核心，以发展网络交易、网络出版、服务外包、研发制造等业态为重点方向，将新兴数字文化和出版产业凝聚融合在一起，充分发挥规模效应，从而带动中国北方数字出版产业的进一步发展。此外，基地将着重推动数字系统的研发与制造、数字内容的制作与服务等十二大产业方向的发展，大力发展原创内容的制作及新型出版业态，形成新的产业集聚群。目前基地已建成创新体验中心、云计算中心、版权交易所等公共平台，聚集了华旗资讯、大唐电信、中兴通讯、龙源期刊、极光互动、中国移动天津公司、中国联通天津公司、兆讯传媒、美国CSC、未来电视、启云科技、汉柏科技、正源数字版权交易所、软通动力、东软、中天联科、科大讯飞、易博士、翰方烽火、盛大网络、七三文化传媒、书生电子等30余家领先的数字出版终端、内容企业。

（三）天津滨海新区国家级文化和科技融合示范基地

2012年5月10日，科技部与中宣部会同文化部、广电总局、新闻出版总署认定了首批16家国家级文化和科技融合示范基地。滨海新区成为首批基地之一。该基地位于滨海高新区，以智慧山科技文化创意产业基地为建设核心，走"文化、创意、科技"的融合发展道路，高水平打造原创动漫、渲染技术、新影视、新媒体、智能手机平台游戏、演艺装备六大文化科技产业集群。

智慧山科技文化创意产业基地规划总建筑面积近 20 万平方米，固定资产总投资逾 20 亿元，2010 年 1 月开工建设，截至 2018 年已全部完工。智慧山搭建展示交易、技术咨询、创业孵化、融资信贷和文化交流等万人公共服务平台，除多种形式的办公空间外，还将建成艺术中心、体验中心、电影院线、实验剧场、书店书吧等文化配套设施，为集办公、研发、教育、文化休闲于一身的第四代多功能综合型创意园区，截至 2018 年已吸引卡梅隆 3D 技术中国总部、完美世界、搜房网、悠视网、酷米网、奇虎 360、象形科技、漫动时空、全景影视、天熹动漫、丹麦 COBE 设计等行业翘楚及新兴文化企业 60 余家入驻。

（四）国家影视网络动漫实验园、国家影视网络动漫研究院

2010 年 3 月，天津滨海高新区获得由国家广电总局授予的"国家影视网络动漫实验园"和"国家影视网络动漫研究院"两个国家级品牌荣誉。实验园、研究院位于滨海高新区软件园内，占地 13.6 万平方米，建筑面积 28 万平方米，总投资 10.8 亿元。园区 2017 年已吸引近 100 家文化创意企业入驻，年产原创动画片达 4000 分钟，从业人员达 5000 余人。

园区运营采用"政府主导、企业化运作"的模式，将努力建成以科技技术、文化产业、创意文化为核心，以培育新型商业发展模式为目标，紧紧围绕科技型内容产业与高端休闲文化娱乐产业，同时配套发展教育培训、文化体育、文化旅游、文化用品产销和其他文化服务业的全产业链园区。园区重点定位在广播影视业、数字内容与动漫业、新媒体、文化创意业，从产业规划、环境建设、招商引资、政策扶持四个方面入手，形成涵盖创意、设计、研发、制作、展示、交易、孵化、文化休闲、知识产权保护、资质认证、培训评估及公共服务的一站式数字化服务园区。

（五）中国天津 3D 影视创意园区

该园区位于中新天津生态城，由国家广电总局授牌，引进深圳华强科技集团投资建设。园区占地面积约 62.75 万平方米，总建筑面积约 24 万平方米，总投资 30 亿元人民币。

园区将以 3D 电影技术为发展方向，努力建设国际水平的文化产业园区，组建优秀团队打造一个自主创新能力过硬，国际影响力和竞争力较强，集创意、研

究、生产、销售于一体的 3D 立体影视产业基地。待园区项目建成后，将形成以天津为中心、带动华中各省、辐射东北亚地区的文化科技产业发展格局。入驻企业主要从事动漫软件设计，计算机软硬件设计、开发，动漫设计，文化产业投资，园林设计，工程信息咨询，文化用品销售业务。

（六）天津国家级新闻出版装备产业园

天津国家级新闻出版装备产业园位于天津北辰经济技术开发区内，占地 4.1 平方千米。2013 年 3 月经国家新闻出版广电总局批准，成为国家级的新闻传播出版装备产业园区，同时也是我国唯一的以新闻出版装备为发展特色的产业园区。

园区定位：以先进印刷装备、数字化出版技术装备、现代包装印刷、新闻出版发行为主导，涵盖集研发设计、装备制造、金融投资、交易展示、总部经济，"内容装备、技术创新、生产服务"三位一体新型综合性的高端数字新闻出版技术装备制造产业园区，努力建成国家级新闻出版技术装备孵化地、3D 打印技术装备领头区和云印刷示范区，努力打造成为拥有一定国际影响力的新闻出版产业集群基地。产业选择确定为先进印刷装备研发制造、数字出版技术装备制造、现代包装印刷、新闻出版、研发孵化及相关服务业。

新闻出版装备产业园区依托北辰开发区强大的基础设施及完善的公共服务体系，海关、商检、公共保税库、金融、保险、税务、公安、消防、律师、会计事务所、信贷担保中心等咨询服务机构设置齐全，为区内企业提供"全方位、一站式"服务，为企业落户发展提供了良好的配套环境。

（七）天津滨海国家广告产业园

天津市滨海国家广告产业园自 2010 年开工建设，规划总建筑面积 20 万平方米，总投资 20 亿元，2015 年底基础载体建设全部竣工，2016 年 3 月 31 日被授予"国家级广告产业园区"。园区依据"大广告产业链"的发展理念，遵循"载体建设+产业运营"的经营模式，"文化创意+技术支撑"的产业定位和"商务配套+文化氛围"的建设规划，专注 TMT 领域的移动互联、数字娱乐、社交媒体、大数据及文创产业的广告创意、原创设计、影视制作、动漫游戏、科技服务等行业内容，适应新兴广告的发展趋势，实现广告产业的集聚化和专业化发展。努力打造园区数字技术服务、展示推广服务、创业孵化服务、人才实训服务、市场金融服务五大公共服务平台，为入园企业提供全方位服务。园区目前已入驻企业331家，其中广告创意类企业占71.6%；实际完成经营额共计122亿元。园区在满足商务办公的同时，不断举办高端论坛、赛事、展览、演出、沙龙、读书会、创业路演、新品发布会等文创活动，形成天津市文化创意阶层聚集地。

三、主要代表企业

在天津文化产业的发展长河中，涌现了一批又一批的优秀文化企业，它们努力经营，自主创新，为天津市人民群众及中国文化传承留下了无数经典的作品，许多作品到今天仍然被人们口耳相传，深受人们的喜爱。下面主要介绍北方动漫集团、天津津源影视有限责任公司、天津电影制片厂、天津电视台电视剧制作中心四家公司，它们经受住了历史和人民的考验，继承了优秀的传统文化，并在此基础上开阔创新，结合了新时代的发展元素，引领了文化发展的方向，为天津市文化产业的发展及市民的文化需求做出了卓越贡献。

（一）北方动漫集团

天津北方动漫集团股份有限公司是天津市第一家拥有完整产业链条的动漫集团，由天津广播电视台、天津人民美术出版社有限公司、北方电影集团共同出资组建。集团在优化影视节目制作、运营电视频道的基础上，通过资源整合创新发展模式，打通动漫作品的生产、播出、动漫衍生品开发销售等上下游环节，打造一条以动画、漫画、影视作品为表现形式的，以频道、院线、纸媒、网络、新媒体传播为拉动效应的，动漫作品"开发—生产—出版—演出—播出—销售"的产业链。

经过多年积累，集团旗下的天津广播电视台少儿频道已经形成集节目制作、广告经营、产品经营、销售渠道架设等综合性链条型的经营发展模式，曾荣获全国未成年人思想道德建设工作先进单位、全国优秀少儿频道一等奖等多个国家级奖项。制作出品的电视节目，已成功打造出一条涵盖幼儿节目、少儿节目、青少年节目、家长节目的完整产品线，并得到了业界认可。近年来多次荣获国内大奖，其中每年牵手全国制作的多省市少儿春节晚会多次获得国家广电总局"星光奖"殊荣,《糖心家族》《锋狂实验室》《阿囧歪传》《楠楠姐姐空中岛》等高质量节目正在渗透外埠市场以及新媒体领域,在多平台产生价值。

(二) 天津津源影视有限责任公司

天津津源影视有限责任公司(以下简称津源公司)成立于1999年12月26日,面对中国即将加入WTO的机遇与挑战,由天津市委宣传部积极倡导,天津电影制片厂、天津电视台、天津有线电视台、天津市文化局、天津电影发行放映公司共同组建的现代企业制度的影视制作经营实体——天津津源影视公司。天津津源影视公司注册总资产1000万元人民币。天津津源影视公司有独立的拍摄权和出品权。主营业务如下:电影、电视制作和发行销售,影视创作生产筹划咨询,影视培训及相关产品的开发经营。公司下设文学策划部、制作发行部、综合财务部。

天津津源影视公司在董事长提出的"打全国牌、吃政策饭、走快车道"的新思路指导下,以电影、电视、光盘一体化,制片、发行、放映一条龙的运作机制和良好的行业信誉,与国内优秀影视制作单位联手,相互借力。截止到2007年底先后拍摄出品了36部影视作品,电视剧28部789集,电影3部,戏曲电视剧2部10集,引进发行电视剧1部20集,动画片1部26集。如《陈真后传》《欲罢不能》《奔腾向海洋》《法不容情》《动什么别动感情》《花非花》《买办之家》《家有儿女》《其实你不懂我的心》《反串》《活着乐着》《随风飞扬》《爱无尽头》《天下》《河流如血》《高纬度战栗》《五星大饭店》《霍元甲》《精武陈真》《高地》《我是太阳》《大国医》《一路夫妻》等多部优秀电视连续剧。引进发行中国大陆版权的剧目有台湾电视连续剧《阿诚》。

在已拍摄完成的作品中,《欲罢不能》在2002年度获得天津市优秀电视剧一等奖,《奔腾向海洋》在2003年度获得天津市优秀电视剧一等奖,《花非花》在2003年度获得天津市优秀电视剧二等奖。《奔腾向海洋》《陈真后传》《法不容情》《欲罢不能》《花非花》《买办之家》《其实你不懂我的心》均已在天津、北京等省市30余家电视台播出。《奔腾向海洋》被广电总局定为十六大献礼片的重点剧目,并荣获中宣部第九届"五个一工程"奖。

(三) 天津电影制片厂

天津市放映纪录片的历史是很早的,在19世纪末世界电影诞生后的第二年,即1897年，天津市就放映了纪录片。在我国电影发展史上，天津市扮演了重要的角色，有着很大的影响力。天津电影制片厂于1958年建成，现在，该厂已发展成为具有电影独立出品权、发行权，持有甲级电视剧拍摄许可证，创作生产各类影视片的综合影视制片机构。

天津电影制片厂拥有大量的优秀人才，实力十分雄厚，可组织创作和生产电影故事片、儿童片、戏曲片、纪录片、科教片、合拍片、动画片、广告片、电视连续剧、专题纪录片、科普片、广告宣传片和电视电影等。天津电影制片厂坚持"出精品"的制片思路，摄制出品的故事片有《香魂女》《凤凰琴》《黑眼睛》《女帅男兵》《月圆今宵》《背水一战》，戏曲片有《木兰传奇》《华子良》，儿童片有《童年的风筝》《扬起你的笑脸》，纪录片有《难忘辉煌》《菊坛盛会》《画乡杨柳青》，合拍片有《天脉传奇》，等等。一批影片荣获"华表""金鸡""百花""五个一工程""铜牛"和"金熊""铜火炬"等国内国际94尊奖杯；摄制出品的电视剧《核桃哨》《教练的女儿》《狂飚》《曹雪芹梦断西山》《遥远的青山》等获得"飞天奖"等奖项53个。天津电影制片厂取得的成就获得了社会广泛赞誉，在国际上也产生强烈反响。

天津电影制片厂始终坚持至诚至信理念，与众多电影艺术家精诚合作，摄制出一批又一批优秀的影视作品，取得喜人的成绩。如谢飞导演的《香魂女》获柏林国际电影节"金熊奖"，《快乐老家》导演孙沙、《月圆今宵》导演陈力获中国电影华表奖"优秀导演奖"，《凤凰琴》编剧桔生、刘醒龙、卜炎贵获中国电影政府奖"最佳编剧奖"，《女帅男兵》编剧孙晓青、缪鲁获中国电影华表奖"优秀编剧奖"，《背水一战》编剧刘建民、李唯等获夏衍电影文学优秀剧本奖等。这些优秀的电影艺术家能取得如此优秀的成绩，一方面是自身努力创作和工作的结果，另一方面也离不开与天津电影制片厂的精诚合作。

天津电影制片厂坚持与海内外同业合作拍摄影视片，取得了巨大的成果，在国内外享有良好的声誉。从20世纪80年代的《大唐公主西域记》《书剑恩仇录》，90年代的《刀剑笑》《龙城正月》，到21世纪初期的《天脉传奇》《飞鹰》《无间道Ⅲ》《了不起的爸爸》《大城小事》《绝世宝贝》《百年好合》《关于爱》等无不给世人留下美好而深刻的印象。《天脉传奇》获中国电影华表奖"优秀合拍片奖"。天津电影制片厂坚持一业为主、多轮驱动的产业发展之策，以全新的理念兴办了影视器材租赁影视产品销售、影视广告制作发布、数码设备代理销售、影视高等教育、大中型文化活动策划组织、影视摄制中介服务、影视片译制等多种类经营项目，并提供优质服务。

（四）天津电视台电视剧制作中心

党的十一届三中全会如同春风化雨，滋润催绽了中国的电视艺术之花。1979年，戏曲片《花木兰》揭开了天津电视台电视剧创作的序幕。随着电视剧这一全新艺术在海河之滨的出现，《现在正是早晨》等19部21集电视剧应运而生，天津市成为中国最早拍摄制作电视剧的城市之一。1984年天津电视台电视剧部成立，同年拍摄了第一部连续剧《泥人张传奇》。此后，相继拍摄了《血溅津门》《大学》《苍茫》等148部718集电视剧。1997年电视剧部更名为电视剧制作中心，共拍摄电视剧《红处方》《黄土地·蓝土地》《其实不想走》等81部1830集。二十多年来，电视剧制作中心生产的230余部2550余集电视剧风格迥异、佳作迭现，多部电视剧荣获多项国家大奖。

《擎天柱》《苍茫》《邓颖超和她的妈妈》《红处方》《咱那些日子》《黄土地·蓝土地》《嫁到非洲》《玉碎》等多部作品，荣获"五个一工程"奖。《大学》《风雨丽人》《擎天柱》《其实不想走》《结婚十年》《玉碎》等22部作品先后荣获中国电视剧"飞天奖"，其中《铁血英才刘伯坚》《病毒·金牌·星期天》《凤阳情》分别获中篇连续剧、戏曲电视剧和儿童单本剧一等奖。《风雨丽人》《红处方》《太阳出山岗》《与周恩来的同窗岁月》《生活字典》《结婚十年》等14部作品，荣获中国电视"金鹰奖"。

严格的思想建设、良好的职业作风，为电视剧制作中心在国内业界赢得了荣誉。1996年和2000年电视剧制作中心两次被评为全国广播电视系统先进集体；《红处方》剧组首开社会效益与经济效益双赢的先河，获中国广电学会制片委员会"先进摄制组"称号；摄像王宏桥获中国电视"飞天奖"摄像、剪接单项奖，导演姜申被评为天津市劳动模范、先进共产党员。在这支爱岗敬业的艺术队伍中，8人获中国电视艺术家协会"百佳电视艺术工作者"称号；6人获天津市德艺双馨艺术工作者称号；3人获"天津市文艺新星"称号。

2004年5月1日，按照广电集团和电视台"改革、调整、发展"的总体改革思路，电视剧制作中心实施准公司运营机制，将"出精品、出人才、出效益"作为发展目标，用全新的理念和先进的管理机制，生产运作电视剧及其他运营项目。新的机制激活了新的创造力，电视剧制作中心又迎来了新的创作高峰。电视剧制作中心按照中宣部"弘扬主旋律，提倡多样化"的指示精神和"三贴近"的创作宗旨，以满腔的创作热情，集中人才优势，推出了一大批弘扬民族精神，反映时代巨变的优秀作品。共生产完成了18部716集电视剧作品。

2005年8月，为纪念中国人民抗日战争暨世界反法西斯战争胜利六十周年，国内众多影视作品活跃荧屏，电视剧制作中心为此精心创作了35集电视剧《玉碎》，该剧通过天津古玩店老板赵如圭一家人"9·18事变"前后的命运、遭遇及国恨家仇的情感历程，艺术地表现了"宁为玉碎，不为瓦全"的坚贞不屈的民族气节和不畏强暴、勇于抗争的伟大民族精神。这部史诗性作品于2006年4月14日在中央电视台一套黄金档首播和天津电视台播出后，受到社会各界的好评。一时间社会媒体、观众争相热议，认为它的思想立意，写出了中华民族在国家民族危亡之时，那种宁为玉碎、不为瓦全的精神实质，进而提升了天津人的形象。该剧荣获"飞天奖"长篇电视剧二等奖和"五个一工程"入选作品奖。

改革开放使中国大地发生了翻天覆地的变化，中国的开发区建设就是在改革开放的政策下，率先起飞。为了庆祝开发区建设20周年，编导们倾注满腔热情创作了20集现实题材电视剧《海阔天高》，该剧反映了中国改革开放创建开发区20年所走过的艰难历程以及取得的辉煌成就。2005年10月23日该剧在中央电视台8套黄金档播出受到有关领导的高度重视和好评，著名专家李准高度评价了该剧，认为《海阔天高》是现实题材影视剧作品中同类题材的扛鼎之作，真正体现了改革开放"海阔凭鱼跃，天高任鸟飞"是人们行动和思想上的放飞。

电视剧制作中心坚持倡导以创新意识为主导的创作思路，既要走市场，又要保持可贵的艺术品格。年轻的编导们创作出具有欣赏价值的《中国造》。这是一部青春励志剧，该剧把关注的目光投向大学生创业的发展历程，生动地表现了当代大学生在自主创业的艰辛过程中，努力地实现社会价值和自我价值的理想追求。该剧在中央电视台一套播出，很多年轻人被这部作品所感染，表示要振作精神，树立正确的人生观，做新时代有所作为的年轻人。

随着电视剧题材的多样化，电视剧制作中心的决策者与艺术家，把视角瞄准中国戏曲经典题材。四集戏曲电视剧《凤阳情》以元末明初为历史背景，集中描写了朱元璋与皇后马秀英（戏中称马大脚）之间的一段极富传奇色彩的情感故事。该剧于2006年12月31日在中央电视台戏曲频道播出。有观众称赞该剧艺术水准高，内容深刻，虽然是一部戏曲历史剧，但紧扣民生基调，体现了以人为本，"百姓是根基"的民本思想，以古鉴今，很有现实意义。该剧荣获"飞天奖"戏曲电视剧一等奖。

当家长里短在亲情的包裹中凭借其亲和力迅速抢滩，形成了电视荧屏气象，表明了民生类电视剧深受百姓喜爱。电视剧制作中心的艺术家们充分挖掘天津地域文化特色，自主创新自主策划自主拍摄了具有天津地域特色和时代风貌的津味大戏《一个姑爷半个儿》。该剧作为剧中心倾力打造的津味大戏，以两个姑爷的命运作为主线，戏剧性地表现了彭家老少及邻里关系，巧妙地体现了当代人的生活百态和新时代的发展变化。第一部68集和第二部66集播出后很受普通大众的喜爱。观众认为该剧重塑了天津人形象，扩大了天津市的影响，提升了天津市的文化品位，经受住了观众的检验。

当市场经济使人们的价值观发生改变的时候，人们再谈理想似乎是需要勇气的，《父辈的旗帜》独辟"平民戏"之蹊径，重温20世纪80年代的味道，捡拾逝去的记忆；重造崇高理想四溢的氛围，这不仅折射了观众收视心理的变化，也是电视人高扬光荣与梦想的旗帜。这是一部讲述20世纪80年代，在一个大工厂背景下，年轻人传承父辈优秀品质和崇高信念的电视连续剧，2008年4月22日登陆中央电视台8套黄金档。有关领导、专家看后给予很高评价，央视文艺中心主任朱彤用"难得的""优秀的""光荣的"三个形容词，隆重推荐该剧。认为该剧超越了一般工业题材的电视剧作品，深刻地挖掘了人性的一面，把纯真、天真、浪漫和美好的理念贯穿始终，给观众以温暖向上的艺术享受，并盛赞《父辈的旗帜》是一部光荣的电视剧。

优异的业绩、优秀的团队，它充分显示了天津电视剧整体实力，充分地体现了"思想精深、艺术精湛、制作精良"的高标准。电视剧制作中心依托改革，发挥自身的人才优势，打造文化品牌的制高点，以优秀的现实主义力作奠定了自己在主流电视剧领域的领先地位。天津广电集团、天津电视台高度重视电视剧艺术在电视宣传中的重要作用，努力坚持思想性、艺术性、观赏性的统一和贴近实际、贴近群众、贴近生活的创作原则。始终将关注时代、反映现实、弘扬主旋律作为电视剧制作中心的创作方向，保证了天津市电视剧艺术发展的正确导向。

随着电视剧生产模式由计划经济向市场经济的转型，电视剧制作中心于1997年、2000年、2004年先后三次进行重大体制与机制的改革，终于踏上了全面与市场接轨的快车道。如今，天津电视台电视剧制作中心是一个具有专业规模、拥有各专业高级人才、用现代化设备装备起来的、制作体系齐全的专业电视剧生产机构，以大批精品力作建构了自己的品牌形象，被誉为电视剧制作业的"主力军"。

除以上四家企业外，天津市还有许多优秀的文化企业，它们都在默默地努力，在实现自身价值的同时，也为天津市文化产业的发展添砖加瓦，为文化产业市场体系的建设贡献自己的力量。

第四节　天津市文化产业发展的基础

文化来源于生活，没有任何一种文化是凭空产生的，文化的产生和发展必有其依托基础。天津市文化发展的基础是城市发展历史、历史建筑遗留以及历史文化名人的奠基，在这些基础上，天津市文化产业才能够传承创新，繁荣发展。

一、悠久城市发展历史

在人类文明的历史上，城市是社会进步和发展的重要载体。从古巴比伦、古罗马的城市到古印度、古中国的城市，历经了 3000 多年的风云变幻、兴衰更替，传承至今。在今天，人们对城市生活的向往、对现代化城市的热爱以及努力建设新城市的热情仍未减退。

天津作为文化名城，没有北京那么悠久的历史，它是在近代才逐渐发展起来的，但是同样有着独特的魅力和与众不同的特点。早期天津的聚落是远离中国的政治中心的，尽管天津附近的聚落出现的也很早，如在北辰区就发现过新石器时代的遗址；1956 年，东丽区的张贵庄发现了战国时期的遗址；还有津南区的大任庄也发现了相当发达的战国时期遗址。从发现的遗址中可以看到那时天津的住宅建设已经十分可观了，它的建筑风貌以及房屋格式可以说与后来晋代晚期的建筑风貌和房屋格式基本相似了。但是由于天津离当时的中国城市中心，特别是离首都较远，因此天津的城市发展及建设都比较晚。历史上中国的经济重心和城市重心一直在黄河流域附近，到隋唐时才逐渐向长江流域转移。由于天津平原的地理位置距离中国政治经济中心较远，所以天津城市的出现是比较晚的。

随着朝代的更迭及社会的进步发展，中国经济中心逐渐南移，而政治中心逐渐北移，天津由于距离的优势，逐步成为距离首都最近的一个服务于首都的卫星和附属性城市。隋唐以后，中国的经济中心逐渐向长江流域移动，长江流域得到了开发。但同时，中国北部边境少数民族的力量逐渐兴起，在这样的情况下，如果继续将首都定在南方，那维护广大北方的安定局面就显得十分困难。因此，隋唐之后，尤其是从宋代开始，中国的政治重心开始北移，特别是地处蒙古地区、华北地区交汇的华北平原，逐步成为中国的政治中心。从元代以后，大都即今天的北京就一直成为中国的首都。因为这个地区向北可以控制漠北地区，抵御少数民族的入侵，向南可以凭借便利的交通，直至江淮地区。但是作为首都，北京有一个极大的缺点，那就是缺水。所以它必须选择一个离它近的、方便的出海口，天津自然成为了最好的选择。因为天津不同于一般的港口，它是一个优越的内河港口。从大沽口到渤海还要有几十海里的行程，它是一个河口港。但是由北京到达天津进入海河，由海河出大沽口是北京出海最方便的一条通道。因此，长期以来天津是作为首都出海口存在的。

历史上，城市建设基本分为两类：一种是规划型，即政府选定一个地区，在该地区上建立城市，引进人口，逐步形成大的居住中心；另一类是交通拉动型，即一个地区由于它的便利交通，便于货物的储存、交换和运输，可以转换运输方式，可以由陆路转换为水路，也可以由水路转换为陆路，吸引了众多人口，然后逐步发展为城市。天津属于后者，因为天津城的修筑是在1404年永乐二年以后，已经六百多年了。但是，天津城市的兴起要早于天津城市的修筑。以北京为例，北京城的经济中心、商业中心、繁华中心在哪里？过去皇城是不能设立商店的。因此，它的繁华区一般就在北京城的正门以外，就是前门以外。除此之外就是对称型的街市：东单、西单、东四、西四，它完全是一个规划型、对称型的城市。天津城的经济中心在什么地方？与北京完全相反，它不在城里。一个是在北门外，最有名的有估衣街、郭店街、针市街等。另外就是在东门外。为什么会出现在这两个地方？就是因为北门外靠近南运河，东门外靠近海河，它是商业运输往来最集中、最密集的地方。所以天津的商业中心不在城里边。早在元代，天津市的商业中心就已经开始定型了，它就是在北门外的北大关。北大关迁得很晚，清代才迁去，当时叫北码头。估衣街当时就叫码头东街，它在码头以东。老三岔河口在民国时已经拆掉了，现在的三岔河口已不是天津的发源地。元代在老三岔河口西南建立了天妃宫，到清代又改为天后宫，就是娘娘宫。在娘娘宫之外有东浮桥、东码头，宫南宫北大街是天津最繁华的地方。在第二次鸦片战争期间，天津发生了危机，英法侵略军攻来了。怎样守卫天津城？蒙古的科尔沁王曾格林沁给清政府上了一个奏折。奏折上说：天津这个城市富商大贾，百货聚集。军在城外，甚至城里居民喝水都得到城外去取。如果天津城被围，城内的所有衙府指挥就要失灵了，老北京就要遭到厄运了。怎么办呢？他就从海河开始修了一道墙子，掘土为壕，垒土为墙，就是墙子河。墙子河是天津外围的一道军事防线。要保卫天津的经济中心不受损失，就需要另外修一个城墙。天津城市道路的建设和发展与其他地方有很大的不同，天津市基本没有东西南北的概念，只有前后左右的概念，所以许多外地人到天津找不准方向。这是因为天津市不是一个按照规划发展起来的城市，而是沿海河逐渐集聚发展起来的城市。在天津租界地区，尤其是老市区的各条道路基本上是和海河平行或垂直的。这样通过道路就可以基本掌握天津城市的走向，它是沿着海河干流向上发展，由西岸到东岸发展的这样一个城市。

另外，天津市是一个近代崛起的北方沿海最大的工商业贸易城市。天津市崛起的速度非常快。在1860年以前天津就是一个府县城。据清末的资料统计，当时全国有县1000多个，有府180多个。但是处于府县同城地位的只有28个。另外，当时中央政府为了治理各地，把治理的难易程度分为四个等级：冲、繁、疲、难。某个地方具备一个字叫减缺；具备两个字叫中缺；具备三个字叫要缺；具备四个字叫最要缺。天津就是最要缺，冲、繁、疲、难四个字都占全了。这个地方是水路要冲，其民力疲惫，政务繁要，治理有困难。因此，天津府的人选就和其他地方人选不一样，它叫作请旨缺。天津府出现空额需要人来补充，一般的府吏部就可以定了，但天津知府要由皇帝亲自圈定，这就叫请旨缺。此前要向皇帝提供一个经吏部考核合格人选的名单，当然它有一定的考核标准。这些人的行政能力、工作作风都是很优秀的。上面附有他们的简历，请皇帝钦定。由此可以看出天津的地位不是一般府城和县城的地位。但天津的地位也不是特别高。因为在第二次鸦片战争以前，天津不过有40万人口。城里住20万人，城乡地区住20万人。但是到了20世纪20年代，天津的城市人口突破了100万人，超过了北京，成为仅次于上海的全国第二大城市。这半个世纪的发展对于天津来说，无论从人口的规模来讲，还是从城市建设面积的规模来讲，都是全国其他城市不可比拟的。

天津城市的形成有自己独特的方式，它的发展历史也与众不同，在这样的城市发展史背景下，天津形成了自己独特的文化。

二、历史建筑遗留丰富

当游客漫步在天津的街道上，总忍不住东张西望一番，因为沿途小洋楼的古旧韵味很引人入胜，英式、法式、俄式、意式、德式……各种不同建筑风格的建筑物争奇斗艳，因此天津也被称为"世界建筑博物馆"。天津市的小洋楼主要集中在五大道上，建筑风格各异，造型十分美观，装饰也很考究。这些各式各样的建筑正是天津历史的见证。

这些小洋楼主要是天津旧租界里的花园住宅。天津的洋式建筑大都出现在鸦片战争之后，由于外国势力的入侵，洋人开始在天津营造他们的新殖民地，于是他们也就开始为自己建筑房屋了。最先出现的洋式建筑，是英租界的洋行大楼，随之又出现了法租界的望海楼教堂。后来天津闹教案，起事的民众烧了望海楼，清政府无能，除了在原来望海楼的旧址上又建起了新的望海楼之外，还镇压了起事的天津民众，而且，新望海楼比旧望海楼还要高出三丈，直到今天也还是天津的一个景点。随着外国资本的日渐入侵，洋人还在天津建起了银行、洋行，还有许多洋式的大饭店，这其中著名的有戈登堂，有利顺德大饭店，以及曾做过德国领事馆的德国俱乐部，还有后来的开滦大楼以及惠中饭店、渤海大楼等。当时，除了一些西方人之外，寓居在这些豪华住宅的大多是清廷的皇亲国戚、遗老遗少，北洋政府时期的总统、总长、督军；还有一些巨商富贾、名流红角。他们把天津视为建立"小公馆"和别墅的理想地点，因为天津靠近他们居住的京城，交通甚为方便。

天津的小洋楼大多有着近百年的历史，虽然建楼的主人大都已不在，但这些小楼却因其主人的名气和逸事吸引了后人浓厚的兴趣。自由道上一幢浅灰色小楼，便是中国近代学者梁启超每天伏案创作的"饮冰室"；马场道与河北路交界的"疙瘩楼"，是京剧名角马连良的故居。此外还有清朝末代皇帝爱新觉罗·溥仪住过的静园，清代太监小德张的公馆以及孙传芳、汤玉麟等一大批北洋军阀的寓所，每所楼房都有其独特的传说故事，也正由于主人的故事而更浓重地散发出它们的古旧魅力。作为天津租界市政园林和民居建筑的典型代表而别具特色：第一，它形成了形态各异的西式建筑群体景观；第二，建筑的私密性衬托了深幽寂静的街市风格；第三，近代许多政客买办、达官显贵曾居于此，使五大道成为近代名人荟萃之地。

天津各种风格的小洋楼建筑，构成了城市景观不可缺少的一部分，同时也是天津文化的一个重要组成部分。这些老房子饱经历史沧桑，经历了时代的变迁。几百年的积淀，使它们成为天津市现代化的一张重要名片。

三、历史文化名人的奠基

在天津文化形成与发展的过程中，知识阶层起着举足轻重的作用。天津的知识阶层人数总量并不多，但在天津文化的传承与发展中做出了巨大的贡献，甚至始终引领文化的发展方向。

在教育方面，严范孙、张伯苓等为天津教育发展付出了大量心血，使天津一度成为北方新式教育的中心；新文化运动期间，严复与其朋友共同在天津创办了《国闻报》，与梁启超在上海创办的《时务报》形成了南北辉映的局面，引领了当时的社会文化潮流；五四运动爆发后，周恩来与邓颖超等组织起了"觉悟社"，于方舟等组织了"新生社"，成为当时与封建反动势力斗争的重要革命社团；此外，诗人有华长卿、杨光仪，艺术大师有李叔同，古文字学家有王襄，教育家有林墨青，书法大家有华世奎、孟广慧、赵元礼，这些人为天津文化的发展与繁荣做出了卓越的贡献。由这些文化人及其继承者所形成的文化对于提高人们的理论思维水平，改变人们的心理状态和精神风貌，确定新的思维方式和价值取向，都具有不可忽视的作用。

以上说的文化大家基本都是教育、思想领域的，此外还有许多曲艺、文学界的前辈们也为天津文化的发展贡献了自己的力量。从清末民初到20世纪40年代，天津的京剧名噪一时，名宿孙菊仙和刘赶三影响较大；在曲艺方面，京韵大鼓三大流派的创始人刘宝全、白云鹏、张小轩，也都是在天津得到了发展；文学领域中，市民文学也曾是当时的主流，其中知名的代表作有刘鹗的《老残游记》、宫白羽的武侠小说、刘云若的言情小说等。中华人民共和国成立以后，京剧曲艺文化的发展更是如雨后春笋，种类繁多、人才济济。杨宝森、厉慧良在京剧方面独有建树，韩俊卿、银达子在梆子方面各具特色，鲜灵霞、新翠霞在评剧方面也有自己的成就，至于曲艺方面的骆玉笙、马三立，绘画方面的杨柳青年画，雕塑方面的泥人张彩塑等，真可谓流光溢彩，美不胜收。这些京剧曲艺文化，通俗易懂，在市民中广泛传播，不仅增长了人们的见识，陶冶了性情，更铸就了人们的观念，奠定了天津市文化的基本雏形。换一种方式说，许多天津市民的知识、性情乃至观念的形成，不是得益于学校的课本，而是与戏院、书场和街谈巷议有着密切的关系。

四、持续增长的经济

近年来，天津市经济迅速发展，2010年，天津市的GDP为9224.46亿元，2015年增加至16538.19亿元，天津市GDP每年平均增长1462.75亿元，接近

1999年全年规模。"十二五"时期，全市经济年均增长12.4%，快于同期全国年均增速4.6个百分点，超过规划目标0.4个百分点，成为全国经济发展最具活力的地区之一。全市人均生产总值由2010年的72994元，增加到2015年的107960元（折合17337美元），年均增长8.2%，快于同期全国年均增速0.9个百分点，继续保持全国前列。以快速增长的经济为基础，人们的收入水平和支出水平也随之提高，根据国际经验，当人均GDP超过3000美元时，人们的消费结构将会发生变化，文化消费支出将会大幅提高。文化需求大幅提高，必将带动天津市文化产业的发展。

五、良好的市场环境

自市场经济改革以来，天津市不断进行市场机制改革，努力为企业家营造良好的市场环境，吸引更多优秀的企业进入天津市场，促进天津经济发展。2017年11月15日，天津市委市政府出台《关于营造企业家创业发展良好环境的规定》，这项被称为"天津八条"的政策，对企业家们产生了极大的震动。

"天津八条"是为营造企业家创业发展良好环境，弘扬优秀企业家精神，进一步树立"产业第一、企业家老大"理念，更好发挥企业家作用，根据中共中央、国务院《关于营造企业家健康成长环境弘扬优秀企业家精神更好发挥企业家作用的意见》精神，作出的八条规定。

（一）依法保护企业家财产权。依法审慎对企业家采取强制措施，依法审慎查封、扣押、冻结企业财产。依法采取查封、扣押、冻结措施和处置涉案财物时，严格区分个人财产和企业法人财产，严格区分涉案人员财产和家庭成员财产，严格区分违法所得和合法财产。严厉打击向企业家敲诈勒索、威胁恐吓等犯罪行为。

（二）依法保护企业家自主经营权。各级政府、部门及其工作人员不得随意干预企业依法经营活动。各级党委、政府部门不得以评比、达标、表彰等任何形式向企业收取费用或变相收费。

（三）促进企业家公平竞争诚信经营。全面实行市场准入负面清单制度，清单以外的行业、领域和业务实行非禁即入、非禁即准。根据国家规定，及时调整和完善行政许可等权力清单、责任清单。

（四）激发企业家创新创业活力。鼓励企业家持续推进产品创新、技术创新、金融创新和管理创新。企业研发平台升级为国家级的，给予50万元至100万元专项资金补贴。市科技领军企业和领军培育企业实施重大创新项目、创新平台建设，分别给予最高500万元和300万元科技资金补助。对市科技领军企业和领军培育企业的企业家，按当年综合贡献给予奖励。诺贝尔奖获得者、国内外院士在津创办拥有自主知识产权的科技型企业并担任董事长或总经理的，给予一次性最高1000万元科技成果转化资金补助；长江学者、国家"千人计划"、国家杰出青年科学基金获得者等高端科技人才，在津创办拥有自主知识产权的科技型企业并担任董事长或总经理的，给予一次性最高200万元科技成果转化资金补助。

（五）完善企业家激励机制。建立企业家荣誉制度，加强对优秀企业家先进事迹的宣传报道。加大收益分红、股权激励、股票期权等收入分配力度，推进国有上市公司股权激励。实行国有企业经营管理层职业经理人制度，加快"去行政化"步伐。坚持"护幼、容错、不赦罪"，建立健全合理容错机制，对符合容错条件的，考核时不作负面评价，评先评优、表彰奖励时不受影响，对及时改错、想干事、敢担当、善作为、实绩突出的企业家，该使用的使用，该提拔的提拔。

（六）弘扬优秀企业家精神。大力弘扬爱国敬业、遵纪守法、艰苦奋斗精神，创新发展、专注品质、追求卓越精神，履行责任、敢于担当、服务社会精神，加强正面宣传，营造积极向上的舆论氛围。建立京津冀工商联、商会协同发展工作机制，办好民洽会、民企天津行等系列活动。每年举办一次天津企业家大会，打出天津品牌。开展优秀企业家评选表彰活动，选出十名践行优秀企业家精神的先进典型，每名企业家奖励100万元。

（七）优化对企业家的服务。构建"亲""清"新型政商关系，各级领导干部对企业家既要亲切、亲热、真诚，又要清白、纯洁、坦荡。健全市、区、乡镇（街道）三级领导干部联系企业家制度，健全部门与企业家沟通交流机制、政策宣讲机制，做到帮扶企业制度化常态化。建立面向企业家的党委、政府决策咨询制度，相关重大决策出台前听取企业家的意见。

（八）培育优秀企业家队伍。加强党对企业家队伍的领导，深化党建工作"全覆盖"工程，充分发挥党的思想政治优势、组织优势和密切联系群众优势，厚植企业家成长和发展基础，更好发挥企业家作用。实施企业家队伍建设"111"工程，到2020年培养100名以上具有国际视野、善于国际化经营管理、具有一定国际市场影响力的企业家，1000名以上经营业绩突出的知名企业家，10000名以上富有创新精神、具有一定行业或区域影响力的企业家。

新的时代背景下，天津市以"天津八条"为基础，对改善市场环境做出了重要的改革。第一是不断深化市场体制改革，以市场供给和需求为基础，通过简化行政办理手续，降低企业成本；第二是全面加强市场法治建设，营造和维护公平合理的法治市场环境，使企业有一个长期的发展预期；第三是市场监管要严格进行，杜绝腐败行为，对于幼小企业进行呵护与培育，对于企业的失误和失败予以宽容，对于违法犯罪要坚决惩治，做到"护幼、容错、不赦罪"；第四是提高行政服务和加强作为，落实责任机制，推动党员干部担当。在新的供给侧改革市场环境下，天津市文化企业必将可以集中自身精力，努力提高企业生产能力，创造出优秀的文化产品，进而带动天津市文化产业的整体发展。

六、强有力的政策支持

2017年，经天津市人民政府同意，天津市文化广播影视局印发了《关于推动文化文物单位文化创意产品开发的实施意见》（简称《意见》），采取八项举措进一步发掘天津文化文物资源，发展文化创意产业，继承和弘扬中华优秀文化，同时结合天津特色文化，强有力地推进文化强市和经济社会协调稳定发展。

（一）充分调动文化文物单位积极性，鼓励具备条件的文化文物单位以自身优势资源依托，在坚持国家正确文化导向的前提下，采取多元化的方式开发文化创意产品。

（二）加强对全市文化文物资源的系统梳理、分类整理和数字化转化，加强文化文物单位历史文化资源信息库和创意资源数据库建设，努力建成一批具有开发潜力的文物、文字、符号、造型、工艺等数据资源。

（三）提升文化创意产品开发水平。围绕近代百年看天津等文化主题，结合重要民俗节日、重大活动和重要文化文物展览，推出一批有天津特色的精品文化创意产品。

（四）丰富文化创意产品结构，做强图书、音像制品、工艺纪念品等传统品类，注重依托演艺、影视、旅游、教育等特色产品等开展跨界融合，应用多种载体和表现形式，开发艺术性和实用性有机统一、适应现代生活需求的文化创意产品。

（五）建设文化创意产品营销体系，加强营销资源整合力度，探索天津文化创意产品统筹营销策略，大力培育具有天津特色的文化创意产品品牌。

（六）创新文化创意产品开发激励机制，在全市文化文物单位定级、评估和考核中突出文化创意产品开发的重要性和指标权重。

（七）稳步推进文化创意产品开发试点工作，落实文化创意产品开发支持政策，积极推荐将符合条件的文化创意产品开发建设项目纳入专项资金支持范围。

（八）强化文化创意产品开发运营人才培养，重点培养高端创意研发、经营管理、营销推广人才。到2020年，力争在全市文化创意产品开发领域培育一批市场主体、集聚一批专业人才、塑造一批独具天津特色的品牌产品，建成形式多样、特色鲜明、富有创意、竞争力强的文化创意产品开发体系和营销体系。

与此同时，天津市采取了多种措施支持和发展文化产业，如设立专项资金，成立各种产业园区等。此外，除努力发展自身文化，天津市还积极与北京、河北等邻近省市合作，共同发展文化。如2016年9月2日，由天津市文化体制改革和发展工作领导小组办公室、北京市国有文化资产监督管理办公室、河北省文化体制改革和发展工作领导小组办公室共同指导，成立了京津冀文化产业园区联盟。京津冀文化产业园区联盟的成立标志着京津冀地区首个以建立完善的产业生态为目的的非营利性协同发展组织正式成立。联盟的主旨目标是联合京津冀三地的各个文化产业园区，以平等互利、优势互补、资源共享、合作共赢为原则，共享园区的成功发展经验，加强三地地区之间、园区之间的合作，不断开拓文创园区、企业、项目间的合作渠道，构建京津冀文化创意产业协同发展体系，优化区域文创发展格局。

第五节　天津市文化产业发展存在的问题

以迅速发展的经济为基础，天津市文化产业也有了飞速的发展，在一些重点领域和关键环节，天津市文化企业取得了重大的突破。通过深化文化体制改革，天津市不断激发文化产业发展潜力，逐渐形成了一批实力过硬、竞争力较强的文化市场主体，建立了基本的文化市场体系，文化市场更加开放活跃、更加多元化；实施项目带动战略，建设了许多优秀的大型文化项目，在各区域形成了各式各样的产业园区；公共文化服务水平也进一步提高，推出了各种文化惠民措施，建设和改造了许多重点文化设施，为文化产业的发展繁荣打下了坚实基础。天津市文化产业市场上初步形成了数字内容与动漫、演艺娱乐、出版发行、广播影视、文化创意、文化会展、艺术品交易、文化旅游八大行业组成的文化产业格局。然而文化产业虽然整体上有了较大的进步，但由于种种原因，文化产业发展还存在着许多的问题。

一、优势资源开发不足

作为文化名城，天津市拥有六百多年的历史文化传统，发展文化产业有着很好的先天资源优势：风格各异的小洋楼建筑群、大量的近现代文化遗存、众多的历史文化名人，有这些丰富的历史文化资源，发展文化产业便有了源头和基础；此外，天津市有着齐全的艺术门类和一流的艺术团队，是全国著名的曲艺和戏剧之乡，广播影视和新闻出版实力也十分雄厚，优秀文化作品频出，有着广泛的影响力。作为北方航运中心，天津市地处京津冀城市群的交汇点和环渤海中心位置，东西南北交通便利，海运、航空、铁路和公路四通八达，交通网络密集，区位优势十分明显；天津市教育也十分发达，拥有南开大学、天津大学等国内外知名高校，社会培训网络也十分发达，社会整体人才辈出，知识水平较高。从天津市文化产业的发展繁荣情况来看，这些优势的资源还没有被充分地开发和利用，也就是说天津市文化产业在未来还有很大的发展空间。

二、缺乏优势引领企业

如果在一个产业发展中，有一个优秀的龙头企业引领，那么该行业发展会更加快速。在文化产业发展的过程中，整个产业链中是否有起决定带头作用的龙头企业意义重大。现阶段，天津市文化产业中还没有形成和出现有引领潜力的领头企业，文化产业整体还处于起步和发展培育的阶段。虽然百花齐放、百家争鸣，但大多数企业是中小企业，规模较小，行业集约化程度比较低，真正具有较强竞争力的集约型大企业数量极少，以至于规模经济难以发挥。此外，多数中小文化企业的经营并不理想，自主创新能力较弱，产品档次较低。在整个文化产业没有领头羊的情况下，单靠政府来引导，效果往往不尽如人意。

三、文化产业意识不强

我国经历了长期的农业化、工业化进程，在第三产业和文化产业兴起后，人们的思想观念还比较滞后，认为只有制造生产部门才可以创造价值和提供利润，而文化属于意识形态，是无法创造经济价值的，文化事业应主要为公共事业，由政府进行服务，而无法成为产业。在这种还未彻底改变的观念影响下，经营性文化事业单位体制改革阻力很大，改革转变进程缓慢，没有明显的市场主体地位，自身经营理念也较为落后，市场意识较差，严重影响了文化产业的市场改革和发展繁荣。

四、市场体制不灵活、政策不充分

在市场经济体制改革的大背景下，天津市还有很长的路要走。目前，政企不分、企事不分、管办不分的现象依然存在，统一开放、竞争有序的市场体系尚未形成，与社会主义市场经济体制相适应、与社会主义精神文明建设要求相符合的文化管理体制和运行机制尚未完全建立。文化产业发展不充分、不全面，配套政策、扶持力度还有待进一步完善，在吸引企业落户、资金投入、人才引进等方面还可以做得更好，更有效地解决中小企业融资难的问题。例如，北京市政府每年除了文化发展专项资金外，还有针对产业园区的文化产业集聚区基础设施专项资金，在这方面，天津市还需要进一步加大工作力度。天津市在滨海高新区、中新生态城等地区出台了一系列支持文化产业的优惠措施，并建立了一些大的产业园区，但在全是范围内还未有统一的扶持政策。尽管作为文化古城和教育名城，但由于房价、户口等原因，天津对人才的吸引力并不强，人才流失现象严重，关键人才十分短缺，尤其是在高端创意和策划、高级经营管理以及对外贸易等高水平服务方面人才甚至缺乏，高端人才的不足致使文化发展缓慢。

五、自主创新能力不强、竞争力低

天津市虽然文化企业较多，但整体实力并不强，规模效应较差，在与其他地区企业竞争时，缺少知名文化品牌，竞争力不足。由于中小企业较多，天津市文化产业对文化产品进行研发创作、对核心技术控制掌握能力不够，产品设计处于低端环节，这些都制约了文化产业的发展繁荣。在创新能力方面，天津市文化产业与发达城市的文化产业相比，还有较大的差距，因此，天津市还需要下大功夫来提高自己的自主创新能力，进而提高企业的市场竞争力。

六、文化产品有效供给不足、居民文化消费偏低

从国家统计局天津调查总队调查资料可以看出，天津市居民消费需求2014年保持较快增长，全年家庭人均消费性支出为22342.98元，其中居民教育文化和娱乐消费人均支出1833.76元，仅占总消费支出的8.2%；2015年居民家庭人均教育、文化和娱乐支出2096.03元，占总消费支出的8.67%；2016年居民家庭人均教育、文化和娱乐支出2403.97元，占总消费支出的9.2%，虽然比例有所上升，但较北京市这三年平均值10.57%还有待进一步提高。可见，天津市整体文化消费水平还不高，这在一定程度上可以反映出文化产品和服务的数量、质量还不充分，尚不能完全满足人民群众日益增长的精神文化需求，另外，城乡之间差异还比较大，城乡文化发展不平衡，尤其是基层文化设施建设不足，公共文化服务和城乡协调发展建设还有待进一步提高。

七、企业规模小、行业集聚差

2017年，天津市推出了共计63个重点文化项目，其中国家动漫园影视动画制作基地、天津文化众创空间建设项目、经纬艺术街区鸿德艺术馆改造等项目都有着重要的社会效益和经济效益。但整体来看，与国内外先进园区项目比，天津市文化产业还处于起步阶段，各类基础设施建设还比较欠缺，地区特色还无法显

现出来。天津市的各个产业园区总体实力相对较差，大规模企业缺乏，亿元以上规模的企业更是少见，行业中大部分是小规模公司，尚未有行业龙头企业出现，产业集群效应和规模效应还未显现和发挥。

总的来说，天津市文化产业发展过程中虽然存在很多问题，但发展优势和未来前景是十分利好的。天津市文化产业应正确面对自身发展现状，充分利用政府的优惠政策，扬长避短，加强自主创新能力，完善企业的发展机制。将先进的科学技术与当地的特色文化资源结合起来，如历史建筑、曲艺京剧、民俗风情等，将文化产业与科技、金融、旅游结合起来，开发出反映人民群众真实生活，人民群众喜闻乐见的优秀文化产品，进而加快文化产业转型升级，推动天津市文化产业的繁荣发展。

第五章

供给侧背景下天津市文化产业融资平台

第一节 融资平台现状

文化产业融资平台是天津市文化产业发展的重要支撑平台,天津市文化产业融资平台主要包括政府融资平台和金融机构融资平台,其他融资平台如社会融资比较少见。

一、政府财政支持

文化产业的发展需要巨额资金支持,单凭企业本身是无法负担的,同时文化产业不仅是一种重要的经济活动,更是一项重要的民生事业,天津市政府每年在民生领域进行财政支出预算时,都将文化领域视为重要领域之一,天津市近年来民生领域文化体育传媒财政支出逐步提高,支出预算从2009年的19.9亿元逐步增加至2016年的57亿元,增长了约186%,年均增长约26%,这些财政支出在满足民生事业的同时,也为文化产业发展打下了坚实的基础,为文化产业进一步发展提供了保障。

在财政支出体系中,天津市政府每年都会为文化发展设立专项资金,2016年天津市政府共在文化领域设立7大专项资金,金额共计8.289亿元,2017年天津市政府共在文化领域设立7大专项资金,金额共计7.7022亿元,在相关措施的保障之下，这些文化产业发展专项资金很好地引导和推动了天津市文化产业的发展，并且通过优胜劣汰文化企业，优化了天津市文化产业结构，提高了行业整体实力，充分发挥了财政资金的杠杠作用。此外，天津市还经常开展各种文化活动，为参加企业提供活动资金，在增加市民文化活动的同时也为优秀文化企业做了宣传，为其进一步发展提高了形象。

表5-1 天津市近年来民生领域文化体育传媒财政支出情况　　单位：亿元

年份	预算合计	一般预算支出	基金预算支出
2009	19.9	19.7	0.2
2010	24.5	23.7	0.8
2011	30.6	29.3	1.3
2012	46	36	10
2013	55.2	43.5	11.7
2014	51.7	48.6	3.1
2015	68	52	16
2016	57	57	0

注：数据由天津财政地税政务网整理得到。

表5-2 2016年、2017年天津市市级财政专项资金文化部分　　单位：亿元

项目	2016年预算	2017年预算	主管部门	专项资金管理办法
文化事业发展专项	23700	23268	市文广局、北方演艺集团	津文广财〔2012〕29号
文化设施建设专项	10000	3994	市文广局、北方演艺集团	
文化产业发展专项	10000	10000	市机关局、北方演艺集团等	津财教〔2012〕37号
重点文化惠民工程专项	6190	6955	市文广局、北方演艺集团	津文广财〔2013〕60号、津文广财〔2014〕77号
出版发展专项	4000	4000	市新闻出版局	津财教〔2015〕52号
支持基层文体传媒事业发展专项	27000	26400	市文广局、市出版局、市体育局	津财教〔2015〕59号、津财教〔2014〕71号
体育事业发展专项	8000	8000	市体育局	
体育产业引导专项	2500	2500	市体育局	津财教〔2015〕60号
电影事业发展专项	2000	2365	市文广局	

注：数据由天津财政地税政务网整理得到。

表 5-3 2015 年天津市支持重点节庆活动支持资金　　　单位：万元

序号	区域	申报主体	活动名称	支持方向	支持金额
		合计			171.2
1	和平区	天津市美发美容行业协会	中国·天津2015美发美容节	市级重点	25
2	河西区	天津市商业联合会	2015天津市年货购物节	市级重点	25
3	红桥区	天津市餐饮行业协会	中国大运河天津餐饮文化节	市级重点	19.45
4	和平区	天津五大道文化旅游发展有限责任公司	五大道国际美食文化节	餐饮主题	9.22
5	河北区	天津市海河风貌建设发展有限公司	2015·天津西餐文化节	餐饮主题	15
6	南开区	天津市南开区鼓楼商业街管理委员会	天津（南开）鼓楼首届庙会	区县重点	10
7	东丽区	天津市华侨城有限公司欢乐谷分公司	东丽区旅游嘉年华	区县重点	10
8	北辰区	天津市双街鼎信资产管理有限公司	2015年双街首届年货大集暨迎春庙会	区县重点	10
9		天津万源龙顺度假庄园	2015年第三届北辰龙顺庙会	区县重点	10
10	宁河区	宁河区商务委员会	2015年夏季嘉年华	区县重点	10
11	蓟县	天津盘山旅游有限公司	第十一届盘山庙会暨第四届盘山踏青节	区县重点	10
12	旅游集团	天津食品街有限公司	食品街有奖征联猜谜闹元宵活动	区县重点	7.77
13		天津食品街有限公司	食品街山货小吃展卖活动	区县重点	9.76

注：数据由天津财政地税政务网整理得到。

（一）找准方向，打造优势文化产业

重点支持了发展势头好、辐射带动作用强、经济效益和社会效益明显、具有本地特色的文化产业项目，如对《非你莫属》《百万粉丝》《兔侠传奇》制作发行、国家动漫产业园区的企业聚集、"天津市文化惠民卡"的发放，航母等主题公园的建设，对津宝、华韵等乐器公司的研发生产等进行了支持，形成了广播影视、数字动漫、演艺娱乐、文化旅游、乐器生产等一大批优势文化产业。

(二) 突出重点，助力转制企业发展

通过项目补助、贷款贴息、项目奖励等方式，对日报传媒集团、今晚传媒集团、广电集团等转制文化企业的产业项目给予重点扶持，支持企业调整产业结构，促进转制后企业做大做强。通过扶持，北方网新媒体集团和今晚网络信息技术公司已成功在新三板挂牌，出版集团借壳上市取得实质性进展。

(三) 上下衔接，引导各区设立专项资金

以市级文化产业发展专项资金为指导，在全市16个行政区全部设立区级文化发展专项资金，并分别制定了相应的管理办法，加强资金的使用和监管，形成了市级支持、区级配套机制，对项目的支持实现重突出、多渠道、广覆盖。

(四) 持续培养，打造行业领军企业和重点项目

通过对好项目的连续支持、重点支持，打造了天津广电网络公司、北方网新媒体集团、天津神界漫画公司等多家文化行业领军企业。重点扶持了"棉三创意产业园区""五大道历史文化街区""梦娃衍生品开发""天津市舞美基地""天津文化惠民卡"等文化产业项目，极大地提升了天津文化产业自主创新能力和市场竞争力。

二、银行业金融机构支持

近年来，文化产业在国家战略层面受到高度重视，天津市陆续出台多项支持文化产业的政策，推动文化产业的跨越式发展。在文化产业融资方面，除政府专项资金外，天津市银行业金融机构也为文化产业发展提供了多次授信融资，是文化产业融资的重要平台。

天津市银行业已经形成了集政策性银行、大型国有银行、股份制银行、城市商业银行、民营银行、外资银行、村镇银行及各类非银机构于一体的数量众多、种类齐全、功能完备、结构合理的金融机构体系。截至2016年末，天津市银行

业共有各类银行业金融机构 3310 家，较年初增加 45 家，增幅 1.4%。其中，法人机构 45 家，较年初增加 3 个，增幅 7.1%；一级分支机构 72 家（数据来源于天津市银监局）。截至 2016 年末，天津市银行业金融机构支持文化产业贷款余额 151.31 亿元，同比增长 0.56%（天津市银行业协会收集银行的数据汇总）。

以下将以具体银行支持文化产业融资的例子进行简要阐述。

（一）工商银行天津市分行：为天津市文化产业发展提供有力支持

工商银行天津市分行先后为天津市文化产业龙头企业——滨海影业有限公司提供表内外融资合计 4.25 亿元，包括以项目贷款方式支持该企业制作电视剧《美丽背后》3500 万元、电影《哭泣的大地》1.4 亿元、动漫影视《兔侠传奇 3 之天降魔兵》1.5 亿元，以收益权理财业务支持企业动漫影视《兔侠传奇 2》1.0 亿元。截至 2016 年末，该企业在该行融资额为 1.5 亿元。

工商银行天津市分行还积极支持滨海新区文化中心项目建设，2016 年新增该项目融资 3.05 亿元，截至 2016 年末，累计为天津市滨海新区文化中心投资管理有限公司提供融资 6.5 亿元。

（二）天津西青国开村镇银行：支持弘扬精武文化

天津西青国开村镇银行在 2016 年向某文化发展有限公司提供了 3000 万元的资金支持。该公司以传承和弘扬霍元甲尚武精神与中华武术文化为中心，曾随中国代表团赴非洲、中亚、南美等 60 多个国家和地区进行武术交流与访演活动。此笔贷款将用于该公司改善经营场所，可帮助其更好地弘扬精武文化。

（三）交通银行天津分行、浙商银行天津分行、招商银行天津分行

持续加大对文化产业领域的信贷支持力度。截至 2016 年末，交通银行天津分行为天津滨海国际影业有限公司投放贷款 5000 万元；浙商银行天津分行向 4 家文化产业企业授信金额 4.8 亿元；招商银行天津分行给予天津广播电视网络有限公司综合授信 2.4 亿元，给予派乐影视传媒（天津）有限公司综合授信 1000 万元。

（四）天津滨海农商银行

天津滨海农商银行2016年累计发放贷款5750万元用于支持文化产业，截至年末贷款总额为1.43亿元，主要用于支持电视、电影、休闲娱乐等行业的发展。

第二节　融资平台建设的优势与不足

一、融资平台建设优势

供给侧改革以来，天津市政府为了进一步促进文化产业的发展，制定和出台了一系列金融支持文化产业的政策措施，旨在为文化产业的进一步发展提供良好的资金保障，建立健全文化市场融资体系。

（一）鼓励借助金融手段做大做强，支持本市文化企业上市融资

文化企业上市不仅是最直接的融资方式，还是文化企业提升产业层次、做大做强的有效途径。根据天津市新出台的《关于促进我市文化与金融融合发展的实施意见》，天津市将充分发挥多层次资本市场作用，支持文化企业在主板、中小板、创业板、中小企业股份转让系统、天津股权交易所、天津滨海柜台交易市场股份公司挂牌融资。

天津市将鼓励上市公司充分利用资本市场资源配置功能，将符合条件的文化企业、文化资产注入上市公司，促进文化企业借助资本市场发展壮大；建立天津市文化产业重大项目名录，对评选出的天津市文化企业30强，在申报文化产业发展专项资金项目时予以重点支持；积极培育面向文化产业发展的资本及要素市场，引导文化产权交易所、天津知识产权交易所等交易平台研究新的交易模式，提升为文化企业、文化产业的权属交易融资服务能力，促进文化资源的高效有序流转。

(二）搭建文化企业金融机构对接平台，加快构建配套服务环境体系

文化企业不熟悉金融机构的投融资业务，金融机构对文化企业的技术、项目和发展前景缺乏了解，导致融资渠道不畅，合作成功率低。为实现文化与金融的无缝对接，根据出台的《关于促进我市文化与金融融合发展的实施意见》，天津市搭建以文化产业投融资平台为主体的资金对接平台，完善与11家金融机构的战略合作机制，用好授信额度。

天津市利用好创投之家等对接平台，定期举办项目推介会等多种活动，形成金融机构和文化企业沟通交流常态化机制；加强融资知识和融资工具应用培训，帮助文化企业建立资本权属清晰、财务关系明确、资产负债合理、依法合规核算的财务管理体系和管理制度，不断提升企业的融资能力；发挥政府资金和文化产业股权投资基金的引导作用，引导民间资本投资文化产业；建立天津市文化产业重大项目名录，对评选出的天津市文化企业30强，在申报文化产业发展专项资金项目时予以重点支持；跟踪文化大发展、大繁荣攻坚战重点项目，及时协调解决项目融资问题。

（三）鼓励银行建立文化产业支行，为文化企业提供"一站式"服务

银行贷款是文化企业的主要融资方式，但银行要求条件高、审批程序复杂，贷款利率及其他成本也使文化企业压力较大。为解决这一问题，根据《关于促进我市文化与金融融合发展的实施意见》，天津市将鼓励银行建立文化产业支行，在机构设置、人员配备、专属产品开发和流程优化等方面为文化企业提供专业化服务，提供"一站式"金融服务。

据了解，天津市将支持符合条件的出资人设立文化产业专营小额贷款公司、创业投资基金、股权投资基金；丰富租赁市场机构主体，引导演艺、展览、动漫、游戏、印刷、影视制作等文化企业，以融资租赁方式解决购置重要设备的资金问题；鼓励各区县和各文化产业园区，运用融资租赁模式进行文化产业基地开发建设，引导文化企业以融资租赁模式进驻孵化器、生产力促进中心等进行创业发展；加快各区县及有关功能区金融超市建设，规范金融服务对接平台运行机制，完善间接融资、直接融资、融资担保、增值增信、专业培训和中介服务等基本功能，为区域内文化企业提供全方位和"一站式"服务。

（四）天津市金融促进文化产业发展新政出台

为进一步促进天津市文化产业与金融领域相融合，解决文化企业融资难的问题，天津市金融办、天津市委宣传部在联合出台的《关于促进我市文化与金融融合发展的实施意见》（以下简称《实施意见》）紧密围绕构建多层次金融产品体系、多元化金融机构体系、专业化资本及要素市场体系、综合性配套服务环境体系、组织保障体系五个方面，推出16项具体实施措施，推进了文化产业与金融业实现深度融合。

1. 专利权、商标权可作质押贷款

结合文化企业"轻资产、无形资产比重大"等特点，《实施意见》明确提出，推出专利权、商标权、著作权和股权质押贷款等符合文化产业特点的金融产品。据了解，天津市文化企业中，无形资产如专有技术、商标权、版权及著作权、专利权等占企业总资产达到50%以上，这一政策的出台将为这些企业申请贷款提供极大的便利。此外，实施意见提出鼓励商业银行探索联保联贷等方式；鼓励金融机构对大型文化产业项目提供银团贷款、产业集合信托等支持；鼓励保险机构开发推广适合文化企业的保险产品；支持符合条件的文化企业发行企业债、中期票据、短期融资券等融资产品，推动中小型文化企业发行中小企业私募债，支持有条件的企业通过资产证券化等方式盘活企业资产。这些举措将为文化企业融资提供更多渠道。

2. 设立文化产业支行等专业服务机构

文化企业融资难的另一个原因是，文化企业不熟悉投融资业务，金融机构对文化产业不够了解。《实施意见》明确指出，鼓励银行建立文化产业支行，在机构设置、人员配备、专属产品开发和流程优化等方面为文化企业提供专业化服务；支持符合条件的出资人设立文化产业专营小额贷款公司、创业投资基金、股权投资基金；加快各区县及有关功能区金融超市建设，规范金融服务对接平台运行机制。文化产业支行等服务机构建立后，将为企业提供包括政策咨询、财务顾问、法律顾问、债权融资、股权融资在内的"一站式"金融服务。

3. 建立金融机构与文化企业对接平台

为了降低投资风险、实现文化与金融的无缝对接，《实施意见》提出，努力搭建以文化产业投融资平台为主体的企业和金融机构资金对接平台，完善市委宣传部与11家金融机构的战略合作机制，用好授信额度；利用创投之家等对接平台，定期举办项目推介会、银企对接会、投融资培训会等多种活动；充分发挥政府财政资金和文化产业股权投资基金的作用，科学引导民间资本进入文化产业；建立天津市文化产业重大项目名录，对评选出的天津市文化企业30强，在申报文化产业发展专项资金项目时予以重点支持。这些措施的实施，对促进文化和金融企业的共同发展将起到积极作用。

4. 推动天津市重点文化企业上市

文化的发展从来离不开金融的支持，《实施意见》提出，支持文化企业在主板、中小板、创业板、中小企业股份转让系统、天津股权交易所、天津滨海柜台交易市场股份公司挂牌融资；鼓励上市公司充分利用资本市场资源配置功能，将符合条件的文化企业、文化资产注入上市公司；引导天津文化产权交易所、天津知识产权交易所等交易平台研究新的交易模式，提高为文化企业、文化产业的权属交易融资服务能力，促进文化资源的高效有序流转。

天津市在文化与金融融合发展方面进行了积极探索，取得了显著成效。目前，金融机构支持天津文化产业发展的授信额度达到260亿元，已融资50多亿元。在金融支持下，天津市文化产业年均增长20%以上，2012年文化产业增加至503亿元，占全市GDP比重达3.9%，走在全国前列。《实施意见》的出台，将推动文化与金融实现更加紧密的融合，为文化产业发展注入新的活力。

二、融资平台建设的不足与存在的问题

（一）财政融资平台存在的问题

天津市作为历史文化名城，文化资源众多，文化产业潜力巨大，天津市积极利用财政政策推动文化产业发展，取得了较好的成果，但在对文化产业资助的过程中，还存在一些不足，以致无法充分发挥财政政策的效果。

1. 文化产业观念滞后，思想有待解放

在传统观念中，文化主要被认为是一种意识形态来对人民群众进行教化，然

而在当今市场中，文化早已成为一种新的产业形态对经济社会产生着重要的影响。在财政支出过程中，部分主管人员受限于传统文化功能观念，过分关注文化在意识形态领域的作用，而忽略了文化产业在市场中的潜在价值以及对经济发展和转型的重要性，以致在财政预算安排时对文化产业重视不够，客观上限制了文化产业的扩大与发展。

2. 财政资金投入仍显不足，受益对象有限

近年来，天津市文化产业迅猛发展，对资金的需求急剧扩大，政府对其资金投入也不断增多。但面对文化产业如雨后春笋般的发展，财政支持显得捉襟见肘，尤其相比北京市、上海市等国际大城市，天津市文化产业财政投入资金更显不足。天津市政府每年都会在文化产业建设领域设立专项资金，这些专项资金有力地推动了文化产业的发展，然而财政扶持资金毕竟有限，获得资金支持的文化企业比例很小，主要受益单位为改制后国有文化单位及其他少数主体，而文化产业市场主要是中小企业，它们从政府扶持中受益很少，另外它们也没有其他更好的融资渠道，最终限制了文化产业市场整体的发展。

3. 财政支持方式单一，难以发挥带动作用

财政资金不同于市场融资，在对具体项目或企业进行支持时，财政资金进入方式显得过于单一，天津市在对文化产业进行扶持时，通常采用设立专项资金的方式，并用税收优惠、补贴等方式协同支助，这种方式有力地促进了文化产业的发展。但随着文化产业自身的发展壮大，市场更加多元化，对资金的需求也越来越大，传统的无偿性直补方式弊端越来越明显，已然不适应市场的发展需要，转变财政扶持方式，多样化途径扶持的呼声越来越大。另外，财政资金从提出预算到落实至具体项目有着复杂的、漫长的过程，文化市场、融资市场瞬息万变，旧有的财政政策在新的形势下显得更加无力。

文化产业对资金的需求是巨大的，现实中的缺口也是巨大的，仅靠政府财政支持无异于杯水车薪，政府在对文化产业进行支持时必须清楚地认识到这一点。传统的财政支持更多的是政府的独立行为，仅仅是将资金划拨或注入项目，这很难吸引市场上其他资金进入文化产业，同时也有可能让受益企业或项目产生依赖心理，不利于积极性的调动。

4. 文化专项资金缺乏管理，管理人员专业性不强

文化专项资金是财政支持文化产业的重要方式，但是在文化专项资金的运用

过程却出现了许多问题。由于文化产业及相关配套支持配套措施尚处于起步阶段,文化专项资金的管理水平相对落后,管理人员缺乏专业水平,在资助过程中,对目标企业、目标项目的了解和考察程度不够深入,风险评估不够细致和完整,使得资助效果不够明显,真正需要的企业没有受益。此外,在随后的项目进行中,缺乏足够的跟踪调查,对项目支持程度和资金效果缺乏及时的掌握,难以对后续进一步的资助计划提供有效的依据。

(二) 税收优惠政策存在的问题

我国支持文化发展的税收政策主要通过有关税种的直接优惠政策来实现。现阶段税收优惠政策涉及的主要税种有增值税、企业所得税、个人所得税、车船税、关税、房产税和城市土地使用税等几个税种。其中增值税和企业所得税在税收优惠中占主体地位,个人所得税优惠鲜有涉及。在优惠形式上,文化产业的税收优惠政策多采用先征后退、税率优惠、费用扣除、定期减免税和期限优惠等直接优惠的形式,很少采用成本扣除、加计扣除、加速折旧、税前抵免等间接优惠形式进行税收优惠。在优惠内容上,现行的税收优惠政策对文化产业具有普遍适用性,对特定行业缺乏针对性。在政策支持上,现行的税收优惠政策比较零散,临时性政策规定较多,缺乏系统性和稳定性。

1. "营改增"后企业税负不均问题

从文化行业整体来看,"营改增"降低了文化产业税负,促进了文化产业的发展。但,从文化产业具体行业来看,"营改增"虽然考虑到文化企业的特点,在税率上设置了6%的低税率,但不同行业由于生产和服务方式不同,一般纳税人执行的税率分为17%、11%和6%等档次,可以抵扣进项税额;小规模纳税人执行3%的征税率,进项税额不得抵扣。对于小规模纳税人来说,现行的3%低税率与原来的营业税相比税负有所降低。然而对于一般纳税人来讲,虽然进项税额可以抵扣,但由于文化产业中涉及的实物资产购买比重较小,而研究成本、人力成本、创意成本较高却不能抵扣,因此会导致部分企业税负增加。此外,当前适用于文化产业的增值税、所得税、城建税、关税等税收优惠政策涉及的行业有限,并未实现全体覆盖,这也促进了文化行业之间税赋不均,造成个别行业的税负偏重。

2. 文化产业税收优惠政策缺乏系统性和持续性

在我国税法中，涉及文化产业的税收立法较少，优惠政策主要存在形式为国家税务总局和相关部委的通知或答复函等。造成立法层次不高，相关政策之间联系不紧密，单个政策只涉及单个行业，缺乏产业链税收优惠体系。虽然，我国现行的税收优惠政策涉及增值税、企业所得税、土地使用税、关税等税种，但税收措施零散，政策分散，内容不完整。导致了税收优惠面狭窄，受惠对象单一，制约了税收优惠政策对文化产业的总体激励效应。另外，为支持某些行业的阶段性发展，我国的税收优惠政策多为短暂性、临时性优惠政策，一般分为2年、3年或5年，优惠时间有限，导致了税收政策缺乏持续性，不利于建立一套长期扶持文化产业发展的税收政策激励机制。例如，小型微利行业在2015～2017年减半征收企业所得税，3年有效期。优惠政策过于重视短期，政府相机抉择，消费者知道政策期限，不能形成永久预期，这会大大降低政策的有效性和连续性，不利于对该文化产业的中长期发展。上述分析说明，现阶段我国并未建立一套系统、稳定的税收优惠体系，这将制约税收优惠政策对文化产业的激励效应。

3. 税收优惠政策单一，缺乏针对性

多层次的税收体系，是促进产业发展的重要外在保障。就我国现行的文化产业税收政策而言，普适性特征明显，而差异性不足。当前我国税收政策主要以直接税收优惠为主，缺乏采用成本扣除、加计扣除、加速折旧、税前抵免等间接优惠形式进行税收优惠。而在国外，则主要以间接优惠政策为主。虽然，我国的税收优惠政策涉及流转税、所得税和关税等多种税种，但税收优惠对象具有普适性。一般来说，不同文化行业的研发、生产和服务周期不同，对社会的影响也不相同，不同地区之间因为地区差异，文化差异对不同文化行业的支持力度也会不尽相同。然而，当前的税收政策并未根据文化产业的地区差异、行业差别实行差别税率，税收政策缺乏针对性，无法发挥税收优惠政策的政策导向作用。

4. 吸收文化产业融资的税收优惠政策不足

从属性上看，文化产业既属于知识密集型产业又属于资金密集型产业。因此，文化产业前期对资金的需求量较大。当前对文化产业前期资金的筹集除政府补贴外还需要社会资金的融资。但现行的税收优惠政策在初期吸引资金进入文化产业方面的引导作用尚不明显，如当前我国的税收捐赠政策便存在政策性矛盾。在我国，为鼓励公民或企业热心文化事业，我国的企业所得税和个人所得税对纳税人捐赠规定了税前限额扣除条款。企业所得税规定，对公益性捐赠按会计利润的12%允许税前扣除。个人所得税规定，对公益性捐赠按个人应纳税所得额的30%以内部分进行税前扣除，同时除通过非营利性社会团体和政府部门进行的捐赠以及对农村义务教育、青少年或活动场所等列举的项目进行的捐赠可全额扣除外，纳税人对社会文化团体、组织进行的捐赠并不能进行全额扣除。也就是说，即使进行了捐赠仍需要缴纳部分税款，这与国外对文化捐赠的全额扣除相比，税收激励力度不强，无法调动社会公众参与文化公益事业的积极性，不利于文化产业的融资。另外，当前我国金融部门、社会保险部门虽允许专利、无形资产等知识产权进行抵押，进行信用融资，但对金融部门的税率仍按普通业务的营业所得进行征税，这不利于鼓励金融、保险等部门参与文化产业融资。

5. 文化产业相关从业人员个人所得税税负较重

文化产业属于智力密集型产业，其产业竞争力的核心是创意，而创意的产生则来自于优秀人才。因此发展文化产业的重中之重是对文化产业创造性人才的培养。由于文化产业从业人员的收入具有特殊性，例如，影视业、演艺业等文化产业从业人员收入主要来源于出场费、出镜费，作家的收入来源于稿酬等。这种特殊性收入来源决定了文化产业许多从业人员是"挣一次，花半年或一年"，所以这部分的劳务报酬金额会比较大，按照现行税法规定，超高的劳务报酬往往要适用40%的最高边际税率，这就造成文化产业从业人员个人所得税税负相对较重，不利于吸引国内外文化产业优秀人才。然而，国外在吸引和培养优秀文化人才方面制定了很多具有针对性的税收政策。例如，法国政府在1995年规定，对享受国土整治津贴的重点地区，用于文化产业研发人员开支减税额为100%、巴黎地区为65%、其他地区为75%。丹麦为吸引具有国际影响力的文化产业专家，在税法中明确规定，减少在丹麦工作的外籍专家的个人所得税。韩国对在其国内文化产业工作的外国人给予5年的所得税减免。相比于国外对文化产业从业人员的众多优惠，我国很少涉及对文化产业从业人员的个税减免，因此导致从业人员税负过重，导致我国文化产业在吸收和培养优秀的文化产业创新型人才方面处于落后地位。

（三）银行融资平台存在问题

1. 资产抵押弱，银行贷款难

文化企业在寻求银行贷款时，通常被要求用企业资产进行抵押。但是文化企业的产品主要以发明专利权、知识产权、著作权、企业品牌价值等无形资产作为企业的价值载体，此外还有文化产品的构思、设计、造型、商标等方面。由于文化产品独有的属性，决定了它与传统商品的表现形态和价值确认有很大的差别。文化产品的价值实现需要完善的知识产权体系来支撑，但我国由于知识产权评估体系还不完善，尚未形成权威、统一的标准，因此知识产权在市场上交易较难，市场价值也很难确认，在企业实现利润前，这些资产的价值很难进行保证和确认。

由于文化产品的这些特点，银行在为企业贷款时无法准确确认企业的资产，也无法估计贷款的风险，所以文化企业在贷款时通过率较低；市场上文化企业的规模大多较小，资产低，信用评级低，贷款抵押时无法拿出固定的、确认的资产进行抵押；抵押贷款的手续极其烦琐、耗时较长、资产评估费用也高，增加了银行管理的成本和风险，很难获得银行的抵押贷款。

2. 部分文化企业信息不对称，缺乏专业化融资能力

现阶段，我国文化产业整体尚处于发展培育阶段，市场主体大多为中小企业，它们成立时间普遍较短，企业规章制度和长期规划还不完善，没有足够的人力、财力来很好地获取资本市场信息和在市场上聘请专业的审计机构、评估机构，同时缺乏专业的融资理念和管理团队，部分企业不了解融资的方式和渠道，即使了解，也不知道具体流程该如何操作。

此外，我国资本市场进入门槛较高，投资者更倾向于大型文化企业，市场价值比较稳定，信誉也较好，而中小企业通常会受到冷落，在资本市场直接融资难度较高。再加上我国担保体系尚不完善和文化企业资产的特殊属性，很少有投资者愿意为中小文化企业注入资金。

(四) 政策实施和市场环境有待改进

1. 中小文化企业政策受益少，私募基金不足

天津市政府每年都会为文化产业设立专项资金，这些专项资金有力地促进了文化产业的发展，但资金扶持毕竟有限，能够获得资金支持的企业比例很少，主要受益单位为改制后国有文化单位及其他少数主体，而市场上大多为中小企业，它们从政府扶持中受益很少，也没有其他更好的融资渠道，最终限制了文化产业市场的整体发展。

我国私募基金近年来发展迅速，已成为一种重要的融资方式。但私募基金整体上法律还不健全，机构管理不规范，专业人才短缺，发展尚不充分，在支持文化产业方面更是障碍重重。私募基金在资本市场上日渐活跃，有必要合理地引导其进入文化产业。

2. 非公有制资本限制过严

根据国家在文化产业领域出台的《国务院关于非公有制资本进入文化产业的若干规定》，民营资本在进入文化产业有许多限制。首先民营资本要面对的是进入领域限制，即民营资本只能进入规定的文化产业领域，其次是进入部分文化产业有比例限制，对于目标企业不能取得控股权，再次是民营资本进入相关文化领域，必须经过有关行政部门的一系列审核批准；国际资本进入文化产业，除符合《国务院关于非公有制资本进入文化产业的若干规定》外，还须符合《关于文化领域引进外资的若干意见》的规定，客观上限制了外资进入文化产业。

（1）领域限制。根据规定，国家鼓励和支持非公有资本进入以下领域：文艺表演团体、演出场所、博物馆和展览馆、互联网上网服务营业场所、艺术教育与培训、文化艺术中介、旅游文化服务、文化娱乐、艺术品经营、动漫和网络游戏、广告、电影电视剧制作发行、广播影视技术开发运用、电影院和电影院线、农村电影放映、书报刊分销、音像制品分销、包装装潢印刷品印刷等，以上领域包括文化产业的大部分领域，但随着文化产业的进一步发展，衍生出了许多先前并不存在的领域，在以上未涉及领域的企业则无法引入和利用非公有资本，限制了其融资渠道。

（2）占股比例限制。根据规定，国家鼓励和支持非公有资本从事文化产品

和文化服务出口业务，鼓励和支持非公有资本参与文艺表演团体、演出场所等国有文化单位的公司制改建，非公有资本可以控股，允许非公有资本进入出版物印刷、可录类光盘生产、只读类光盘复制等文化行业和领域。

但是，非公有资本可以投资参股下列领域国有文化企业：出版物印刷、发行，新闻出版单位的广告、发行，广播电台和电视台的音乐、科技、体育、娱乐方面的节目制作，电影制作发行放映。上述文化企业国有资本必须控股51%以上。非公有资本可以建设和经营有线电视接入网，参与有线电视接收端数字化改造，从事上述业务的文化企业国有资本必须控股51%以上。非公有资本可以控股从事有线电视接入网社区部分业务的企业。

从以上规定可以看出，政府出于保护本国文化产业的初衷，在一些重要文化产业严格限制了非公有资本的占股比例，在保护文化企业同时，也限制了非公有资本进入这些行业的积极性，客观上影响了文化企业引入非公有资本。

（3）管理过于严格。根据规定，非公有资本可以开办户外、楼宇内、交通工具内、店堂等显示屏广告业务，可以在符合条件的宾馆饭店内提供广播电视视频节目点播服务。有关部门要严格资质认定，明确经营范围，加强日常监管；非公有资本进入文化产业按现行有关规定管理，有关投资项目的审批或核准，按照《国务院关于投资体制改革的决定》的规定办理。要严格审批程序，完善审批办法，规范文化产业发展，保护企业合法权益，取缔违法违规经营。非公有制文化企业在项目审批、资质认定、融资等方面与国有文化企业享受同等待遇；非公有资本不得投资设立和经营通讯社、报刊社、出版社、广播电台（站）、电视台（站）、广播电视发射台（站）、转播台（站）、广播电视卫星、卫星上行站和收转站、微波站、监测台（站）、有线电视传输骨干网等；不得利用信息网络开展视听节目服务以及新闻网站等业务；不得经营报刊版面、广播电视频率频道和时段栏目；不得从事书报刊、影视片、音像制品成品等文化产品进口业务；不得进入国有文物博物馆。

可以看出，相较公有资本，非公有资本在进入文化产业后，政府会加强对这些非公有文化企业的管理，在日常经营、项目审批等方面更加严格，一定程度上影响了非公有资本进入文化产业。

在天津市，市场上融资机构多为国有资本控制，民营性质的融资企业相对较少，行政审批难度很大、时间较长。据调查，天津全市民营金融企业一共不足10家，且基本都是国有企业控股。以天津市文化产业小额贷公司为例，控股方为市属的文投集团，民营股东资本排名居最后，仅证照申请时间就长达一年之久。另外，天津市文化产业主体多为国有文化企业，其法人治理结构尚不能接受个人股东投资。因此，天津市市场融资体系还有待进一步完善，结构有待进一步调整。

第三节　融资平台建设问题产生的原因

天津市文化产业融资平台在建设的过程中，遇到了诸多障碍，为了实现文化产业的腾飞，必须把文化产业融资平台进一步完善与健全，为文化产业发展提供强有力的资金援助，在解决这些障碍之前，我们必须清楚这些障碍出现的原因，了解了困难出现的原因，我们才能彻底地将障碍一一扫除，为文化产业融资铺平道路。

一、体制原因

我国是社会主义国家，一直以来计划经济是我国经济管理的主要形式，其核心思想是国家干预经济。在这种经济管理形势下，我们可以充分调动全国的人力、物力、财力，集中力量做大事，历史实践证明，这种经济管理体制为我国的发展做出了巨大贡献，为社会主义建设提供了源源不断的动力。然而在改革开放以后，我国市场发生了巨大的变化，外国资本、民营资本等非公有资本纷纷进入我国市场，在新的形势下，再继续实行原先的计划经济体制已然无法适应经济的发展，因此国家提出了建设中国特色社会主义市场经济体制，在国家干预经济的同时引入市场调节经济，同时拥有市场和国家两种经济管理形式，21世纪初，我国社会主义市场经济体制基本建立。

虽然引入了市场调节机制，但在经济运行中，国家干预经济仍起着至关重要的作用，这就极大地限制了市场调节经济的作用。在此背景下，无论是资本市场还是证券市场，资金流动与配置受到了限制，无法充分发挥市场配置资源的作用。文化市场在有资金需求时，资金无法及时地流入文化产业市场，直接造成了文化企业融资难的问题。

二、文化产业与政策原因

文化产业作为新兴产业，在其起步发展的过程中风险是极其巨大的，而投资者则是假定为理性人，都有规避风险的偏好，因此，对于文化产业这种风险较大的新兴产业，投资者是不愿意涉及的，故而文化产业融资较为困难。此外，在文化产业的开发期，企业基本上都属于创业阶段，众所周知，创业期的企业风险是巨大的，虽然说未来的收益很高，但还是使许多投资者望而却步，这也使得文化企业融资更难。

在产业的发展期，政府通常是有资金扶持的，但这是极其有限的，对偌大的文化产业市场来说杯水车薪，且政府通常扶持的是国有大型文化企业，其他中小型企业基本很难获得资助。在文化产业发展阶段，中小企业的发展是至关重要的，如果没有强有力的资金援助，文化产业整体发展将会受到限制。

三、金融市场原因

由于我国政治体制和市场体制的限制，我国金融市场的发展较为缓慢，目前基本形成了证监会主导的证券市场、银监会主导的银行机构以及保监会主导的保险机构三大主要市场，但与发达国家市场相比还比较落后，也无法适应文化产业市场的需要。

商业银行在向文化企业贷款时，通常会要求企业提供资产抵押和担保，但由于金融市场不完善的原因，文化企业很难提供合适的抵押资产，且市场上也没有专业的为文化企业担保的担保机构，然后商业银行则考虑到风险过大等原因放弃对文化企业贷款；对于企业来说，若想直接获得资金，发行股票和债券无疑是最理想的方法，但对于处在创业阶段的文化企业来说是异常困难的，企业的经济规模、公司章程、财务管理、资产透明度等都无法符合准入的要求；创业期文化企业虽说风险很高，但如果创业成功，未来回报率也是惊人的，这就吸引了一些风险投资基金进入，但这些风投资金的范围是很小的，它们只会选择发展较好、产业模式新颖、未来发展明确的企业，对整个文化产业资金需求来说是有限的。总的来说，我国金融市场还不完善，金融产品还不够多样化，落后的金融市场很难满足文化市场的发展。

四、文化企业原因

除行业客观原因和市场限制原因外，文化企业自身的问题也导致了文化产业融资难的局面。长期以来，文化企业多为中小企业，在很多方面还不完善，增加了投资者的风险预期，例如，规模较小、人员较少、产业模式落后等，这都降低了对投资者的吸引能力。另外，中小企业信息公开不全面，管理机制不健全，财务制度也存在问题，这使得投资者对企业了解困难，无法准确地做出风险收益预期。中小企业进行自主创新的能力较差，核心竞争力不足，在于其他行业相比时不具有优势。

五、文化产业壁垒原因

目前，文化产业仍主要属于意识形态的范畴，尤其是出版发行，影视广播等行业对人们的思想和生活有极强的引导作用，为了保护我国文化产业的安全，政府为文化产业设立较高的进入壁垒，同时也为非公有资金进入文化产业设置了较多限制。在党的十九大报告中提出，加强国家文化安全仍是一项重要的主题，这就要求我国在文化开发时，要谨慎地引导非公有资本的进入。此外，作为文化产业，政府更多地希望可以创造更大的社会效益，而企业则要追求最大的经济效益，两者的效益追求冲突也进一步加大了文化市场的准入难度。

随着我国市场经济体制的进一步改革以及文化机制的进一步完善，文化产业的市场属性会进一步增强，人们和政府对文化产业的观念也会发生变化，文化产业会有更大的发展空间。总的来说，文化产业融资难的原因有很多，在市场方面，我国的政治体制和市场体制还不完善；在产业方面，金融市场需进一步发展，文化产业也要尽快度过创业期，以及文化产业的壁垒也要进一步打破，另外，文化企业自身也要加强管理，努力经营。解决了这些问题，相信文化产业融资平台会建设得更好，进而促进文化产业升级转型和持续发展。

第六章

发展文化产业及配套融资平台

第一节 全国文化产业形势大好

从国家统计局数据可以看出，2017年全国规模以上文化及相关产业企业营业收入91950亿元，比2016年增长10.8%。根据国家工商总局统计数据，截至2018年2月底，全国文化及相关产业企业数量为341.81万户，其中，广播电视电影服务企业数量增速为41.0%，在各行业企业增速中位居前列。中国电影票房首次突破500亿元大关，"现象级"影片《战狼2》口碑票房"双丰收"；中国出版加快"走出去"步伐，面向世界讲述中国故事；《国家宝藏》《中国诗词大会》等热播，优秀传统文化焕发新生机。近年来，我国文艺创作精益求精，文化产业飞速发展，人民群众的文化获得感和幸福感不断增加。

一、优秀作品不断涌现，影视市场日益繁荣

2017年，电影票房559亿元；票房过亿元影片92部，其中国产电影51部；电视剧生产量连年稳居世界第一，2016年达到310部、1.3万集……这些数据生动印证着我国文化市场的日益繁荣。凭借56.83亿元票房和1.6亿观影人次，2017年夏天上映的影片《战狼2》成为中国影史票房冠军，引起国内外评论界关注。这部"现象级"影片的出现，标识着中国电影新力量的不断成长壮大。

2017年，电视荧幕也同样精彩纷呈，《我的前半生》《白鹿原》《风筝》等多部电视剧热播。其中，改编铁血网旗下网络文学平台作品、讲述共产党情报员坚守信仰的动人故事，谍战剧《风筝》播出后受到了观众的广泛关注与好评。

作为国内军事文学领域最大的网络文学平台，铁血网旗下的铁血读书涌现出一批优秀的文学作品，多部被改编为家喻户晓的影视作品。铁血网是我国文化市场转型升级、文化新业态有序发展的一个缩影。

近年来，我国经济发展进入新常态，经济增速放缓，经济质量提高，各地区、各部门适应经济发展新常态，顺应改革新方向，大力推进现代文化市场体系建设，努力构建完善的文化产业投融资体系，不断提高文化产业的发展质量和发展效益，努力把文化产业建设成驱动经济发展的核心产业之一。

二、讲好中国故事，中国出版"走出去"步伐加快

作家周梅森创作的反腐题材小说《人民的名义》2017年出版以来，得到了业界与读者的广泛认同。据统计，这本书累计发行超150万册，版权已销售至海外的12个国家和地区，在近年我国销售至海外的作品中，《人民的名义》算是一部优秀的代表作了。

2017年第24届北京国际图书博览会上，来自89个国家和地区的2500多家展商，展开广泛交流合作，达成中外版权贸易协议5262项。一大批优秀的中国图书吸引了国外出版方的关注：新世界出版社的《中国关键词："一带一路"篇》实现8个语种的海外版权输出；贾平凹的小说《高兴》英文版纸质书和电子书由亚马逊同步发行。

国家新闻出版广播电视总局数据显示，截至2017年，我国出版企业在海外设立了400多家分支机构，并且积极与各个国家的出版机构建立合作伙伴关系，已有70多个国家的500多家出版机构与我国出版社形成了良好合作关系，"走出去"海外布局初具规模。越来越多国内出版单位与海外出版机构共同策划选题、翻译出版、开发市场，立体化"走出去"模式初步形成。

人民天舟（北京）出版有限公司出版《屠呦呦传》（阿语版）、《装在口袋里的爸爸》（法语版）、《中国传统节日》（阿语版）等40余种外文图书，还多次亮相卡萨布兰卡书展、阿布扎比书展、新西兰读书文化节等国际性和地区性书展，

举办了一系列推广活动，有效推动我国优秀出版物在海外的出版与销售。

此外，随着《鬼吹灯》《锦衣夜行》《全职高手》等多部网络文学出海，数字阅读核心企业纷纷布局海外市场，助力中国出版"走出去"，进一步扩大中国文化的影响力。

三、借力现代表达，传统文化焕发新生机

2018年伊始，纪录片《如果国宝会说话》首播后，迅速走红各大视频网站。每集5分钟，形象易懂的表达方式、充满人文情怀的解说词，让静默的文物"唱"出了响亮的中国好声音。

近年来，像这样展现中华优秀传统文化的电视节目并不鲜见，《国家宝藏》《我在故宫修文物》《中国诗词大会》等电视综艺、纪录片不断取得口碑与收视"双丰收"。

借力先进技术，创新传播方式，越来越多的传统文化逐渐融入人民生产生活，重新焕发生机活力。

将巾帼英雄冼夫人的荡气回肠、鹿回头的美丽传说等浓缩于60分钟内，用先进的声光电手段和舞台机械等打破艺术门类界限……宋城演艺发展股份有限公司打造的《三亚千古情》演出，如今已成为三亚旅游的一项特色体验项目。目前，宋城演艺在全国推出了《宋城千古情》《三亚千古情》《丽江千古情》等"千古情"系列演出，为观众带来了别样的文化体验。

采用3D技术等比例复制的云冈石窟3号窟2017年底在青岛亮相，这是青岛出版集团完成《云冈石窟全集》首次纸质出版后，联合云冈石窟研究院和多家高校等探索以VR、3D打印等先进技术形式复制而成，2018年还将走进日本举办相关展览活动。

在全国文化产业发展形势一片大好的情况下，天津市文化产业必将有巨大的压力，但同时也面临许多新的机遇。作为早期的沿海开放城市之一，天津市有着优秀的传统文化和对外开放的独特优势，党的十九大后，天津市供给侧改革和进一步对外开放提上日程，这也为文化产业的发展带来了前所未有的机遇，天津市政府、文化融资机构、文化企业自身都应牢牢把握住这次机遇，搭乘国家文化强国的快车，实现天津市文化产业的高质量发展。

第二节 文化产业供需水平不断提高

一、天津市文化产业生产供给能力加强

改革开放以来，尤其是近十年以来，天津市地区生产总值有了明显的提高，从 2005 年的 3905.64 亿元增加至 2016 年的 17885.39 亿元，年平均增长约 1165 亿元，其中第三产业增加值由 2005 年的 1534.07 亿元增长至 2016 年的 10093.82 亿元，年平均增长约 713 亿元，第三产业占 GDP 比重也由 2005 年的 39.28% 提升至 2016 年的 56.44%，另外，天津市人均 GDP 近年来也有明显的提高，人均 GDP 也由 2005 年的 35783 元增加至 2016 年的 115053 元。作为第三产业重要组成部分的文化产业也有较快发展，"十三五"时期，去产能、去库存、调结构和重质量成为新的发展方向，许多传统的资源型企业面临着严重的转型和淘汰压力，一旦其退出市场，那么必须要有新的产业来弥补缺位，而文化产业作为新产能发展的代表行业，是一个很好的产业选择。

表 6-1 天津市地区生产总值及第三产业增加值情况

年份	地区生产总值 （亿元）	第三产业 增加值（亿元）	第三产业增加值占 地区生产总值比重（%）	人均 GDP （元）
1994	732.89	271.39	37.03	7750.57
1995	931.97	352.62	37.84	9769.24
1996	1102.4	445.16	40.38	11733.93
1997	1235.28	519.1	42.02	13141.58
1998	1336.38	602.47	45.08	14242.52
1999	1450.06	667.12	46.01	15405.06
2000	1639.36	745.65	45.48	17353.36
2001	1919.09	856.91	44.65	19141.12

续表

年份	地区生产总值（亿元）	第三产业增加值（亿元）	第三产业增加值占地区生产总值比重（%）	人均GDP（元）
2002	2150.76	965.26	44.88	21387.42
2003	2578.03	1112.71	43.16	25544.26
2004	3110.97	1269.43	40.80	30574.94
2005	3905.64	1534.07	39.28	35783
2006	4462.74	1752.63	39.27	41022
2007	5252.76	2047.68	38.98	46122
2008	6719.01	2410.73	35.88	58656
2009	7521.85	3405.16	45.27	62574
2010	9224.46	4238.65	45.95	72994
2011	11307.28	5219.24	46.16	85213
2012	12893.88	6058.46	46.99	93172.96
2013	14442.01	6905.03	47.81	100105.43
2014	15726.93	7795.18	49.57	105231.35
2015	16538.19	8625.15	52.15	107960.09
2016	17885.39	10093.82	56.44	115053

注：数据来源于国家统计局。

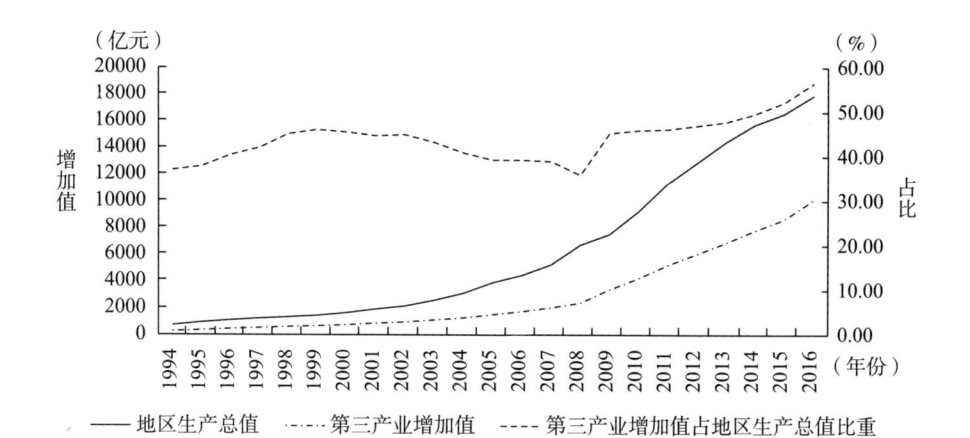

图6-1 天津市地区生产总值及第三产业增加值情况

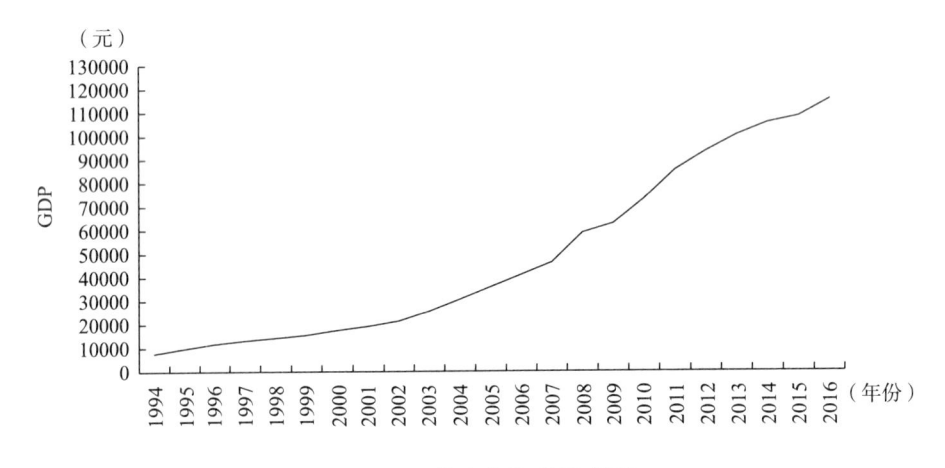

图 6-2 天津市人均 GDP 情况

在我国经济发展进入新常态后，经济增速放缓，经济转型和产业升级势在必行，经济增长再依靠先前的投资和出口拉动依然不合时宜，现阶段应主要依靠供给端和需求端共同改革来推动经济发展。从国外发展文化的经验来看，当人均 GDP 达到 1000 美元时，该地区的文化消费会迅速启动，当超过 3000 美元时，文化消费会快速增长，人均 GDP 超过 5000 美元时会出现对文化消费的"井喷"。2016 年天津市人均 GDP 达 115053 美元，具备了实现文化消费超快速增长的经济基础。

二、天津市文化产业需求消费能力提高

随着经济发展水平的提高，天津市人民的收入水平、消费水平、用于教育文化和娱乐的支出也不断提高，天津市居民人均可支配收入由 2013 年的 23359.2 元提高至 2016 年的 34074.46 元，年平均增长约 2571.67 元，居民人均消费性支出由 2013 年的 20418.67 元提高至 2016 年的 26129.35 元，年平均增长约 1903.56 元，天津市居民家庭人均消费性支出中教育文化和娱乐支出也有所提高，由 2014 年的 1833.76 元提高至 2016 年的 2403.97 元，年平均增长 285.11 元。总的来说，天津市居民消费能力和水平也逐年提高，并且对教育文化和娱乐的消费也越来越多，从需求端来讲，这对文化产业的发展是一个巨大的驱动力。

表6-2 天津市居民收入及文化支出情况　　　　　　　　　单位：元

年份	居民人均可支配收入	居民家庭人均消费性支出	居民家庭人均消费性支出——教育文化和娱乐
2013	26359.2	20418.67	
2014	28832.29	22342.98	1833.76
2015	31291.36	24162.46	2096.03
2016	34074.46	26129.35	2403.97

注：数据来源于国家统计局。

另外，从城乡角度来看，天津市城镇居民人均可支配收入约为农村人均可支配收入的两倍，城镇居民人均消费性支出也大致为农村居民人均消费性支出的两倍，城镇居民家庭人均消费性支出中教育文化和娱乐支出也明显高于农村居民。总的来说，城镇总体的收入水平、消费支出以及教育文化和娱乐支出要远高于农村，从时间角度看，2013~2016年，总体消费水平都在不断提高，这对文化产业来说也是一个巨大的机遇。

表6-3 天津市城乡居民收入及文化支出情况　　　　　　　　　单位：元

年份	城镇居民人均可支配收入	城镇居民人均消费性支出	城镇居民家庭人均消费性支出——教育文化和娱乐	农村居民人均可支配收入	农村居民人均消费性支出	农村居民家庭人均消费性支出——教育文化和娱乐
2013	28979.82	22306.18	—	15352.6	12491.15	833
2014	31506.03	24289.64	2013.02	17014.18	13738.62	1041.4
2015	34101.35	26229.52	2282.65	18481.63	14739.44	1245.3
2016	37109.57	28344.58	2643.57	20075.64	15912.06	1298.86

注：数据来源于国家统计局。

无论是从供给端来看，还是从需求端来看，天津市文化产业都将达到一个新的、更高的均衡点，因此，政府、融资平台以及文化企业都有必要不断提高自身实力，通过各种方式全方位地加强文化产业建设，尽快达到文化产业发展的新高度、新平台。

第三节 文化产业融资能力相对落后

资本是经济发展的血脉，是产业发展活力的源头。区域文化产业的资本流动性水平，直接反映出其文化产业发展的潜力、实力及方向，是反映文化产业发展的晴雨表。同时，区域文化产业发展的好与坏，直接影响到其文化产业吸引与运营资本的能力，进而影响到文化产业资本流性强弱水平。

表6-4 2017年我国31省市文化产业资本力指数TOP10

排名	省市	创新融资力	资产融资力	产业整合力	资本运营力	创新筹资力	资本力	资本力增幅（%）
1	北京	12.69	2.74	9.78	3.85	1.88	30.95	36.25
2	广东	2.34	1.63	4.47	2.40	3.35	14.19	22.69
3	上海	4.88	0.53	4.89	2.22	0.78	13.30	39.47
4	浙江	3.28	0.94	4.87	1.62	1.52	12.23	74.35
5	江苏	1.20	1.87	1.32	0.69	0.41	5.49	13.95
6	福建	1.58	0.24	0.48	0.60	0.55	3.46	46.41
7	山东	0.43	1.68	0.00	0.79	0.25	3.16	38.11
8	天津	1.22	0.16	1.44	0.16	0.04	3.02	370.05
9	安徽	0.96	1.17	0.16	0.32	0.11	2.73	256.58
10	四川	0.27	0.64	0.61	0.31	0.32	2.16	-22.29

资料来源：新元文智——中国文化产业投融资数据平台。

通过对我国31个省份的文化产业资本力指数指标体系分析，可以看出，2017年，我国各省市的文化产业资本市场发展表现出了明显的差异性，大致可以分为四个梯队。

首先，我国文化产业与资本对接依然集中在"北上广浙"一线省市。一方面，这些地区文化产业增加值及占GDP比重均在全国前列，另一方面，区域金融要素集聚，金融服务体系建设较为完善，文化与金融相辅相成，使各类资本尤其是民间资本加速流入该地区文化产业，进而推动当地文化产业发展。其中，北京市文化产业资本力指数高达30.95，在全国31个省市中高居榜首，并与其他省市拉开了较大差距。广东省、上海市、浙江省文化产业资本力指数均实现了不同程度的增长，分别位列第二、第三、第四。

江苏、福建、山东、天津、安徽、四川等第二梯队省市文化产业资本市场表现突出，与北上广浙共同名列全国前十名。其中，除四川省文化产业资本力指数同比下滑了 22.29% 外，其他省市的资本力指数均实现了不同程度的增长。而天津市、安徽省表现尤其突出，同比增幅分别高达 370.05%、256.58%，排名也分别由 2016 年的第十三、第十一上升至第八、第九。

第三梯队中包括湖北、湖南、江西、陕西、河南、云南、重庆七个省市，其中不乏历史文化资源、自然文化资源集聚的地区，但由于文化金融对接机制不健全等原因导致这些地区的文化产业较为依赖政府直接投资，而吸纳民间资本的渠道却相对狭窄，导致无法有效开发利用当地文化资源。因此，区域文化产业资本力指数也相对较低，一般在 0.5 和 1.5 之间徘徊，彼此之间差距不大，竞争相对激烈。

而内蒙古、辽宁、新疆、贵州、河北、吉林、海南、山西、广西、西藏、宁夏、黑龙江、甘肃、青海等省市区位列第四梯队，这些省市区多处于偏远地区，整体经济发展相对落后，政府对文化产业的扶持力度相对较弱，融资渠道较为匮乏，文化消费能力也相对较低。因此，地区文化产业资本力指数均在 0.5 以下，整体文化产业吸引、使用、运营资本的能力有待提升。

总的来说，天津市文化产业资本力指数 2017 年有显著的提高，排名也由 2016 年的第十三名上升至第八名，这表明天津市文化产业投融资能力有较大的提升，但从全国来看，天津市作为重要的沿海开放城市，文化指数依然偏后，不说北上广，甚至整体能力都不如山东、江苏等省市。此外，单就文化产业融资能力来说，天津市还有很大的提升空间，尤其要坚强资本营运管理和加强创新融资，提高自身的资本运营力和创新筹资力，进而补充短板，实现整个文化产业资本力的提高。

第四节　文化产业是提高经济质量和国家实力的重要方式

一、文化产业是转变发展方式的重要手段

我国经济目前进入新常态发展阶段，经济发展主要驱动力发生转变，先前过

热的市场需求而导致低水平数量扩张经济发展模式已不适应新时期经济发展的要求，随着生产要素成本的提高，如原料、劳动力等，企业生产成本也随之提高，粗放型的资源消耗型经济发展方式已不适应时代需要，高投入、高消耗、高污染、低效益的产业将逐步淘汰或转型，集约型、质量效益型、低耗能、无污染的产业将得到大力推广，经济增长方式和产业结构正在发生一场变革。文化产业是一种高端产业形态，符合集约型、低耗能、创新性的特点，具有综合性强、低碳环保、可持续发展的特殊优势，大力推进文化产业发展一方面可以扩大经济总量、满足人民群众的精神文化需求，另一方面能够增加第三产业比重，改善经济结构，减少能耗和污染，同时提高创新在经济发展中的重要性，有利于"中国制造"升级为"中国创造"，早日实现"中国制造2025"战略目标。

二、文化产业是缓解就业压力的重要方式

"十三五"规划纲要提出要努力提高居民就业水平，在城镇新增就业五千万人以上，平均来算每年增加就业人口不少于一千万人。目前，供给侧改革不断深化，对经济发展质量提出更高要求，有一部分传统行业生产经营出现了困难，岗位需求减少，还有一部分企业在去产能、去库存中面临关停并转，大量职工需要分流安置，加上每年有700多万高校毕业生面临就业，实现"十三五"确定的就业目标压力十分巨大。文化产业作为一个综合产业，横跨第二、第三产业，具有高就业吸纳能力。一方面通过自身发展可以促进文化、娱乐和旅游休闲为代表的服务业产值增加，直接增加就业；另一方面也可以通过推动上下游产业链发展间接拉动就业，如辅助文化产业的设备制造、建筑、交通等。研究表明，文化产业与第二产业就业正相关，文化产业产值增加1%可促进第二产业就业增加0.2%，文化产业与第三产业就业同样正相关，文化产业产值增加1%会推动第三产业就业增加约0.12%。

三、文化产业是缓解经济下行压力的重要途径

经济危机过后，全球经济增长乏力，正处于深度调整期，全球经济处于低增长、低通胀、低需求同高失业、高债务、高泡沫等风险交织的状况下，世界贸易

摩擦日益增多，主要经济体分化严重，经济未来发展形势具有很大的不确定性，下行压力巨大，面对残酷的外部环境，保质保量完成"十三五"规划纲要各项经济发展目标非常困难，挑战巨大。在这种不利的经济形势下，经济增速较慢，社会事业率较高，建设文化产业具有重要的意义和作用，此时人们有更多的闲暇时间，可以通过娱乐等方式来缓解精神压力，一定程度上增加了对文化产品的需求，另外，此时闲暇的人们也为文化产业发展提供了充足劳动力，在这种情况下文化产业不降反升，经济下行反倒成为其发展的重要机遇。有研究表明，文化产业具有逆势发展的特点，以美国为例，在过去几次大的资本市场灾难和经济衰竭过程中，文化产业不仅没有减速，反而得到了快速发展。

四、文化产业是提升国家软实力的重要舞台

文化产业的竞争不仅仅是经济上的竞争，也是国家软实力和综合国力的竞争。近年来，中国文化产业发展迅速，文化软实力不断提高，但我国在文化产业领域起步较晚、基础较差、各方面经验也比较少，所以我国的整体文化建设相对政治和经济建设还有较大落差，中华民族许多优秀的传统文化还未得到开发与利用，更谈不上转化为我国文化产业竞争力，以致文化贸易逆差十分严重。以图书版权贸易为例，多年来我国进出口贸易比约为10∶1，出口对象多是亚洲国家和港、澳、台地区，对欧美的进出口贸易比高达100∶1以上。影视、演出、互联网文化产品的进出口失衡情况也同样严重，在世界文化产业市场中美国的占比高达43%，欧盟占34%，而我国所占份额很小，严重制约了中国文化软实力的增长。倘若这种情况持续下去，我国文化产业难有出头之日，欧美等西方国家文化会不断地对我国各方面建设进行侵蚀，对我国的发展壮大极为不利。要改变这一被动局面，一个重要途径就是全方位地推进我国文化产业的发展，打造民族优秀文化品牌，不断提高我国文化产品的出口能力，提高我国文化产业在世界文化产业中的地位，增加文化软实力和综合国力。

第 七 章

国外文化产业融资平台供给侧建设经验借鉴

第一节 美国文化产业融资平台建设

一、美国文化产业发展概况

美国作为世界第一强国,它拥有世界上最发达的文化产业,也是世界上最大的文化产业出口国。在美国,文化产业被认为是以版权产业为核心,提供精神产品的生产和服务的产业,因此美国的文化产业也被称为"版权产业"。从文化产业的概念界定上来看,美国文化产业有广义与狭义之分。狭义的文化产业是指以版权产业为核心,包括新闻业、出版业、影视业、网络服务业等文化行业。而广义的文化产业除了狭义文化产业包含的内容外,还包括文化艺术业及社会非营利文化部门,如图书馆、博物馆等。可以发现,无论是广义还是狭义的文化产业概念,都强调以版权产业为核心,这突出版权在美国文化产业发展中的重要性。

由于文化艺术业和美国非营利部门作为美国重要的文化产业,每年为美国经济创造巨大财富,因此本书在对美国文化产业进行研究时,为保证数据和分析范围的全面性,本书采用广义文化产业的概念进行分析。从美国文化产业的具体分类来看，文化产业包括版权产业（版权产业包含图书出版业、影视业、唱片业、图书业、软件业以及信息与数据服务业）、文化艺术业（文化艺术业包含表演艺术、艺术博物馆等）、非营利性产业、体育业及旅游业等产业。

从总体上来，美国文化产业发展完善，是世界上最大的文化产业发展强国。第一，从文化产业的定义来看，美国高度重视"版权"的作用，同时拥有完善的知识产权立法体系；第二，美国拥有较为完善的政策支持体系，美国政府通过制定优惠政策鼓励投资、激励创新、资助非营利性文化产业发展等，为文化产业发展提供良好的市场环境；第三，美国拥有体制健全、主体多元、方式多样的投融资机制，为文化产业投融资提供多元化渠道；第四，美国拥有完善的文化产业人才培养体系，为促进文化产业发展，为文化产业储备人才，美国大多院校开设了与文化产业相关的课程；第五，美国文化产业注重科技手段与文化的融合，通过将大量科技手段用于文化产品的制作，促进文化产品的创新发展，提高文化产品质量；第六，在美国，已经形成了专业化生产集聚洼地如"好莱坞"，不仅是全球音乐、电影产业的中心区域，也集聚了如迪士尼、环球唱片、华纳兄弟等世界级的知名企业，通过共享区域公共设施、市场环境和外部经济，实行横向结合、纵向分工的发展模式，形成规模效应和区域竞争力。

通过上述介绍，我们对美国文化产业有了基本了解，下面从具体行业来看一下美国文化产业的发展。

（一）美国图书出版业发展现状

图书出版业起源于欧洲，英国和德国是世界上传统的图书出版强国，相比于欧洲美国图书出版业起步较晚，但是其图书出版业发展速度却远超过欧洲各国。20世纪90年代以后，美国图书出版业超过英国、德国，成为世界上最大的出版强国，并保持至今。近几年来随着科技的进步，电子图书、有声图书等新的阅读方式逐步发展并迅速抢占市场，这对传统纸质图书造成了很大冲击。据根据美国出版商协会网站2017年6月15日发布的年度统计结果显示，2016年美国出版商的图书销售额为71亿美元，虽然宗教类图书和童书、青少年图书在2016年有所增长，但成人类图书下降了2.3%。2016年美国传统出版业的总收入为143亿美元，比2015年的152.6亿美元下降6.6%。虽然电子书已发展成熟，但从美国出版商协会网站统计的分类数据中可以看到令人惊奇的结果，美国的纸质书市场依旧繁荣，电子书发展趋势却逐年放缓，有声书的崛起势头猛烈。虽然近几年美国图书出版业收入有所下降,但是其在全球中的雄霸地位仍不可动摇。

(二) 美国广播电视业发展现状

当前,美国媒体业和广播电视业都已经实现高度市场化运作,目前,全美拥有1000多家电视台、8807家广播电台,并形成了由全国广播公司(NBC)、美国广播公司(ABC)、哥伦比亚广播公司(CBS)、福克斯电视台(FOX)、有线新闻广播公司(CNN)等各大公司组成的全国性广播电视网。

美国的广播电视业作为资本主义经济的重要组成部分,它的运作方式、经营过程都是完全以市场为导向的传媒经济,市场作为一只"看不见的手"通过市场的供求关系引导其产业的发展。但由于美国广播电视业既是社会结构的组成部分,又对美国社会结构产生重要影响。例如,四年一次的美国大选,往往需要通过广播电视进行传播获取网民投票,广播电视媒体的信息传播可能对一个国家的未来产生重要影响,这也侧面说明了美国广播业与美国政府的不可完全分割性,因此美国政府也会通过一些间接方式对美国广播业施加影响;另外,与中国不同的是,美国总统及政客也经常参加一些真人秀等电视节目,这也不可避免地让美国的广播电视业不能完全独立于政府。

(三) 美国电影业的发展

提到美国的电影业我们只能用叹为观止来形容。美国电影业的发展伴随美国文化产业发展的各个过程。不得不承认,美国电影业在全球电影市场中具有绝对优势地位。数据显示,2016年北美上映电影718部,较2015年增长1%。2016年北美电影票房收入为114亿美元,较2015年增长2%;其中3D电影票房收入16亿美元,较2015年下降8%,占北美票房总收入的14%[1]。如图4-1所示,美国电影票房收入2007~2016年虽有小幅波动,但一直保持在较高的收入水平。

从行业结构来看,当前美国电影业主要由沃尔特·迪士尼影业公司、华纳兄弟影业公司、二十世纪福克斯影业公司、哥伦比亚影业公司、派拉蒙影业公司、米高梅影业公司以及环球影业公司等几个商业巨头把持。好莱坞绝大部分电影的制作和发行都被他们所控制。除此之外,美国也存在很多独立制片公司,他们独

---

[1] 2017年美国电影产业票房收入、观影人次、电影生产量及上映数量分析 [EB/OL]. http://www.chyxx.com/industry/201709/560602.html.

立完成电影的制作和发行。相比于上述商业巨头,他们的票房收入所占比例较低,但影片质量却有令人称赞之处,他们往往能打破美国电影业的商业套路,为美国电影市场不断输送新鲜的血液。

从美国电影业的经营模式来看,看过美国电影的人往往会产生一种雷同的感觉,很多影片属于同类型影片,但即便如此,票房依旧很高。这便是美国电影的商业模式。美国电影一直以"大片战略"和"商业模式"吸引着众多的观影者,并形成良好的口碑。美国电影业的"大片模式"主要体现在,自20世纪40年代末新好莱坞模式开启以来,好莱坞每年仅生产几部影片,并且这些影片的成本和投入往往非常高,往往应用极为先进的拍摄技术,给观众极为震撼的观影感受。当然其盈利也主要依赖于这些成功的大制作来支撑。例如,当年全球动画电影票房第一的《玩具总动员》,其制作成本便高达两亿美元之多,当然其全球票房则高达十亿美元。从我们的日常观影感受中也可感觉到美国大片既视感。好莱坞正是通过这种高成本、高投入的大片制作来保持它世界电影业的霸主地位。

美国电影业的另一个"商业模式"则主要体现在,在美国电影业制作已经形成了极为系统的商业模式,电影制作商为保证电影的票房会对不同的观影者喜好进行数据分析,推断出不同类型观影者的偏好类型,有针对性地为其量身设计某种"类型电影"或"系列电影",如针对儿童的动画片、针对女生的爱情片、针对男生的动作片等。这种"类型电影"不仅能保证电影票房而且还能保证电影口碑,从而实现持续盈利。并且,更重要的是,在美国,每种类型的电影都已经形成了一套特有的模式,好莱坞电影制作商往往会依靠一部或几部已经成功的电影类型,成批量地生产同类电影来满足大众的心理需求,如正义联盟系列、猩球崛起系列以及速度与激情系列等。除此之外,好莱坞电影还通过"明星效应"来吸引观众,在好莱坞电影制作中,特别突出明星的位置,甚至会通过打造偶像明星对实现对某部电影的营销,或者通过人们对某个明星的角色支持度为其量身打造适合其形象的电影,利用观众对他们的崇拜与迷恋来保证票房收入,如超人亨利·卡维尔、蝙蝠侠本·阿弗莱克(Ben Affleck)、神奇女侠盖尔·加朵等。可以说,美国电影已经形成了一套比较成熟的运作模型。

二、美国文化产业融资的政策支持体系

美国作为世界文化产业发展强国,其文化产业的快速发展离不开各项文化产

业政策的支持，文化产业具有"轻资产"和"资本密集型"等特征，意味着文化产业发展需要大量的资金支持。为保证文化产业的快速健康发展，美国在20世纪60年代便将文化产业作为经济发展的重点，并通过制定大量的经济、法律政策来促进文化产业融资支持文化产业发展。总体来看，美国制定的文化产业政策主要坚持自由、宽松的政策。另外，除将文化产业作为经济发展的重点之外，美国政府还试图通过发展文化产业，在全世界范围内实现"文化霸权"。美国文化产业融资政策的实施对美国文化产业发展目标产生了极大的促进作用，下面来看一下美国文化产业融资政策的具体内容。

（一）非营利性文化产业融资政策

美国拥有十分发达的非营利性文化产业，它们在美国经济和社会发展中都具有十分重要的意义。美国的非营利性组织是指博物馆、演艺团体、公共图书馆等具有公益性特征的文化组织，这些组织一般享受国家的减免税政策，但其运营收益不能用于再分配。美国对于非营利性文化产业的政策支持主要包括政府及社会各部门的直接资金资助以及对社会和私人资助的减免税等间接支持。直接资助是指将公共财政中的文化资金由政府或政府委托的中间机构将资金划拨给各文化组织或个人。与其他国家政府直接划拨给文化组织资金不同的是，美国政府对非营利性文化组织的资金资助，只有非营利性组织通过自己的努力在政府以外的地方筹集到一定比例的资金后，政府才会选择将政府资金划拨给企业。这种要求非营利性企业通过资金匹配筹集资金的方式，避免了文化企业过度依赖于政府资助，极大地调动了企业参与市场融资的积极性和自立性。美国政府对非营利性文化组织的间接资助是指通过对需要支持的行业给予税收减免等方式鼓励和引导社会公众的捐赠行为。在美国，像图书馆、博物馆等公共文化机构，他们的资金除小部分的政府资助资金以外，大部分来自于私人捐赠。并非美国国民意识及国民素质的提高促进了人们的捐赠意识，而是美国长期对捐赠者的优惠政策极大地吸引了社会各部门的乐善好施。总的来看，美国政府通过直接资助和通过税收优惠等间接资助的政策一方面鼓励了私人部门以政府伙伴身份参与到文化资助活动，另一方面也鼓励了文化企业的自力更生和自我资助。

（二）营利性文化产业融资政策

在美国，营利性文化产业融资不能通过政府资助来实现，政府主要通过建设更为开放的市场环境以及提供更为严格的法律保障予以保证。在提供更为开放的市场环境方面，美国政府追求自由主义经济环境，政府不会直接干预企业的经营决策，企业的生产数量由市场供求关系决定。但是为保证市场经济的合理运行，避免形成不必要的垄断，美国对于营利性文化产业领域的政策主要表现在反垄断管制方面。例如，美国文化产业中的主体行业传媒业，虽然其生产决策由市场决定，但是为避免形成垄断，美国联邦政府会根据反托拉斯法对文化产业市场实施监督并准备调控。在营利性文化产业融资的法律保障方面，美国政府通过出台知识产权保护法来规范文化产业生产活动、保护知识产权所有人权益。版权和专利权最早只是简单地出现在美国的宪法中，直至1790年正式颁布了第一部《专利法》；随后在1802年成立了直属国务院的专利与商标局。迄今为止，美国已经形成了包括《专利法》《版权法》在内的一套完整的知识产权体系。另外，美国还出台了《贝多尔法》以及《联邦技术转移法》等，来界定国家投资所产生科技成果的知识产权归属和权益分配，为美国知识产权实现市场化经营提供重要的保障。随着近几年网络经济的发展，版权问题层出不穷，美国也政府为应对网络时代的版权问题也制定了《数字化千年版权法》。文化产业具有轻资产性，多数文化产品属于无形资产，其意识形态也容易被人模仿，因而依靠文化创意盈利的文化产业很容易受到版权问题的冲击。美国健全的版权法律体系，不仅可以降低文化产业融资风险，而且还可以为吸引文化产业融资提供严格的法律保障。

三、美国文化产业融资平台建设现状

美国是世界上经济最为发达的国家之一，也是世界文化产业发展强国，其拥有完善的文化产业融资体系，具有较为健全的文化产业融资平台建设。美国一直倡导自由主义经济政策，并通过这一经济政策力图实现美国的文化"软实力"霸权。与美国经济政策类似，从总体上看，美国文化产业融资实行的是以市场为主导，政府为辅导的融资模式。美国的文化产业融资包括公共资金融资和市场资金融资两个方面。

(一) 公共资金融资

1. 财政支出

美国虽崇尚市场经济，但政府每年仍会在年度财政预算中划拨一部分资金对公益性文化基础设施和文化遗产予以支持。例如，各州政府每年都会投资大量资金用于博物馆、图书馆、艺术剧院等盈利能力较差的文化机构建设。对于民间艺术团体，美国政府为鼓励其发挥服务公共效益的作用，各州政府对其给予同公立艺术相同的财政支持政策。但是，与其他国家实行的以政府为主导的文化产业融资不同的是，美国政府在对文化产业融资的支持中只是起到引导作用，而真正的资助主体则来源于社会各部门。在美国，政府通过制定相应政策来鼓励相关文化产业发展，不仅如此，政府的优惠政策也会作为信号传入市场，对市场中的资金流向进行引导，鼓励市场中的闲散资金向该类企业聚集，为社会各类资金的使用指引明确的方向。事实上，在美国，无论是公益性文化产业还是盈利性文化产业，都已经形成了多元化的融资渠道，与其他国家不同的是，美国对于公益性文化产业发展所需的资金支持也主要来自于社会资助，政府部门对于公益性文化产业的资金支持仅仅是为社会资金的投资指引方向。

2. 税收优惠

税收优惠政策对鼓励相关产业发展具有重要作用，各国政府经常通过对某类产业实施税收优惠来鼓励相关产业发展。同样，美国政府也根据经济发展特点通过实施相应税收优惠政策来鼓励文化产业发展，例如，2008年金融危机发生期间，美国为促进文化产业发展，美国各州相继推出不同程度的文化产业税收优惠政策来鼓励经营性影视行业、广告行业以及游戏行业的发展。而这一政策的效用则是为企业在金融危机环境下的快速发展创造了条件，并且为政府和社会创造了大量财富，不仅提高的政府的财政收入并且为美国新增了众多就业岗位。税收优惠政策从短期来看可能会造成一定程度的财政赤字，但是从长期来看，税收优惠将促进产业的发展，提高产业的竞争优势，对吸引外部投资和居民消费都有重要的意义。

文化基金同其他国家不同的是，美国文化产业没有设立专门的事务管理部门，也不制定文化政策，主要是为了保护言论自由和产业自由。美国的文化产业主要是通过设立一部分文化产业基金、人文基金等中介组织在有需要时行使国家政府应该行使的职能。1965年，美国便成立了国家艺术基金会，这个基金会的主要职能是为文化活动提供资金帮助。美国政府会定期给该基金会拨款，国家艺术基金会可以将国家的拨款用来支持文化艺术创作工作。但是，为保证文化产业的自我优化、自我提升能力以及为适应美国自由主义市场经济的发展，联邦政府对于国家艺术基金会的投资数额有一定的限制，即任何项目的投资不得超过原投资总数的一半，也就是说另一半的资金必须依靠文化企业自己的能力来筹集。这种给予帮助但不能完全依赖的资助模式，使得企业在获得帮助的同时依旧不忘努力奋斗，这对于文化产业的健康发展提供了有力保障。

（二）市场资金融资

文化产业的资本密集型、"轻资产""高风险"等互相矛盾的特点，阻碍了文化产业与金融资本的有效对接。因此文化产业的融资需要通过完善金融市场体系来降低文化产业风险，实现文化产业的高效融资。

美国拥有世界上最为完善的金融体系，其资本市场可详细划分为集中性的全国市场、纳斯达克市场、地方性的区域市场、场外柜台交易市场以及地方未注册的交易场所。我们所了解的纽约证券交易所、美国证券交易所、纳斯达克国际交易场所都是集中性的全国市场。不同的交易市场针对不同企业类型，这种细分为文化产业的融资提供了较为完善的融资平台。例如，美国证券交易所专门针对新兴的中小企业，上市条件比纽交所偏低。美国地方性证券交易所可扶持地方文化产业上市，而未上市的企业可在美国的场外交易市场进行融资。场外交易市场包括：柜台交易市场（OTC）、第二、第三、第四板市场。场外交易市场的上市条件相比于场内交易市场较为宽松，并且多采用电子报价系统，可以为文化产业的融资提供良好的平台。除上述美国金融市场的融资平台建设外，美国文化产业还可通过国际融资以及社会捐赠等市场融资平台进行融资。当前美国文化产业可通过以下几种方式进行融资。

1. 股权融资

股权融资即是常见的发行股票融资，企业通过在市场上发行股票来出售公司股权，来获得投资方的资金支持，保证公司的整个运作可以顺利进行。股权融资的优点是发股公司不需要支付任何利息费用只需在企业有剩余净利润的情况下进行利润分配即可,不需要承担债务风险。而股权投资方则有权与公司其他股东一起享受利润的增值,并且美国拥有健全的二级交易市场,这也为投资方的自由进退提供了保证。美国健全的股票市场为文化产业的拓展经营提供了股权融资平台。例如,1995年7月31日,美国迪士尼公司为收购美国广播公司在市场上获得94.4亿美元的股权投资。在美国,文化产业的股权融资也将很多著名的企业联系在一起。例如,美国国家广播公司的母公司是美国通用电气公司。事实上,通过股票市场将不同行业的资本以股权形式注入文化产业已成为美国文化产业发展的最常见方式。

2. 债券融资

债券融资是指项目主体按法定程序发行的、承诺按期向债券持有者支付利息和偿还本金的一种融资行为。债券融资的主体双方是一种债权债务关系。债券融资可防止股权稀释或企业被反控制。因此,除了上述的股权融资之外,债券融资在美国文化产业发展中也是一种极为重要的融资方式。美国拥有非常发达的债券市场,主要债券产品有国债、公司债以及其他多种形式的债券及其衍生品。美国国债资金主要用于支持公益性文化产业发展,例如,旧金山图书馆的建设时,有80%以上的资金来源于城市债券融资。而其他公司债等则主要用于投资经营性文化产业。随着金融理论和金融工具的创新,债券融资类型也变得多种多样,如资产证券化便是债券融资的一种新的形式。文化产业资产证券化是指以文化资产版权的预期收益为基础保证,通过证券公司发行证券来从资本市场募集资金的一种融资方式。如在美国,投资银行可以将影片票房收入作为获益凭证,向投资者发行证券化产品来募集融资。

3. 组合投资

组合投资本身是指投资者或金融机构为分散投资风险将所持有各种金融工具进行组合投资的一种投资方式,而美国文化产业的组合投资则是为降低投资者对文化行业以及文化产品的投资风险将多种文化产品进行组合投资。例如,为降低投资者投资风险美国电影业通常会将几种不同风格的电影进行组合,由投资人进行投资。这种文化产业组合投资的方式站在投资者角度为投资者的投资降低了风险,也因此吸引了大量的市场资金以及追求低风险的社会保险基金和退休基金。这种组合投资方式,为美国电影业吸引了大量资金。不仅如此,美国电影业还允许将不同的金融资本运作方式或由不同投资主体进行联合投资。在美国很多电影的投资金额较大，单个投资者一般没有足够的资金往往由于资金有或觉得风险太大而不会进行投资，因此造成了这类电影的融资较难。为解决此类电影融资难的问题，美国允许多个投资者组合同时对一个电影进行投资，来解决单个投资者面临的投资金额较大和风险无法分散的问题。这种组合投资方式以分散风险为卖点，成功吸引了大量资本的进入，为文化产业融资平台建设提供了新的工具。

4. 夹层融资

（1）夹层融资。夹层融资是指介于优先债权和股本融资之间的一种融资方式。它一般采用次级贷款、可转换债券或者优先股的形式，期限较短、十分灵活，并且更重要的是它可以在保证获得尽量多融资的基础上减少股权稀释。投资方为保证影片的如期完工，要求制片商寻找权威性的销售代理商对未完工影片的未来收入进行评估，根据评估结果确定贷款额度。除此之外，制片商还会请求专门的保险公司承保来为银行提供完工保证，制作公司最终则会支付给保险公司一定的承包费用。优先级债务贷款则是制片商为保证影片的如期完工，将影片的发行权作为筹码进行上市发行，从而获得保底发行金。简单来说，优先级债务贷款是指制片商以预售发行权合约为担保，用得到的"保底发行金"作为还款来源。

（2）投资基金融资。美国文化产业投资基金融资的另一创举是私募基金融资，并发展成为当前美国电影制作的重要资金来源。美国电影投资基金通常会以私募形式筹集，除此之外也通过发行高收益债、低收益债以及优先股等方式吸引投资者投资，这使大批的投资人加入到电影产业的投资中，保证了电影产业的资金来源。例如，迪士尼公司就曾获得高达5亿美元的产业投资基金支持；而在华纳、索尼等公司的整体制作费中，也有50%来自于产业投资基金。当前，在美国电影行业影片的融资50%以上来源于投资基金。

5. 国际融资

美国高度自由的市场环境、完善的金融体系以及文化产业的迅猛发展为美企之间的并购以及各国资本的跨国投资提供了重要的保障。资本的逐利性和市场的开放性决定了美国境外企业和境外资金的加入，而这些资金的进入以及企业联盟也造就了美国文化产业的更加繁荣。当前，美国的文化产业大多由跨国公司运作，例如，哥伦比亚三星制片的老板是日本索尼公司，而福克斯的控股方则是澳大利亚的新闻集团。除电影业以外，在美国流行音乐界也有日本索尼、荷兰宝丽金、德国 BMG 等跨国企业的身影。美国文化产业依靠跨国公司的共同运营从全世界获得利润，并通过跨国公司的运作将美国文化渗透到世界各国从而实现美国的"文化霸权"。当然，国际资金在促进美国文化产业繁荣发展的情况下自身也可以获得极为丰厚的回报。这种双赢的投资方式吸引了大量国外资本进入美国文化产业，在文化产业发展筹集资金的同时，还不断增强着美国文化的国际影响力。

6. 社会捐赠

美国通过减免税等税收优惠政策鼓励社会资金对文化产业进行捐赠。如美国建造旧金山图书馆的17.6%的资金都来自于公司、基金会以及社会个人的捐赠。这一数额远远大于美国政府的捐赠比例。当然，文化产业捐赠者除了可以获得税收优惠之外，美国政府还会经常将捐赠者的姓名标于文化作品标签上，极大地提升了捐赠者的社会美誉和社会价值。因此，目前美国非营利性文化产业组织的资金有40%来源于社会部门的捐赠，这些社会部门通过社会捐赠提高自己声誉为自己的企业或者是个人创造更大的财富。

通过上述对美国文化产业的发展现状及其融资平台建设现状，我们可以看到美国拥有完善的促进美国文化产业发展的文化产业融资平台，多元化的融资渠道、创新的金融产品以及跨国资本的投入，这些都为美国文化产业提供了重要的资金支持。而这些健全的融资体系正是我国未来文化产业发展过程中所需努力建设的方向。

第二节　韩国文化产业融资平台建设

一、韩国文化产业发展概况

与西方发达国家相比，韩国文化产业发展起步较晚，并一直被处于忽视状态。20世纪80年代末之前，韩国一直以发展重工业和发展制造业作为经济发展的重心。随着经济的不断发展，韩国政府逐渐认识到文化产业的重要性，并在

20世纪80年代末将"文化产业"写入韩国的第六个经济发展五年计划,来促进文化产业与经济发展的同步发展。随后韩国依次出台了《文化发展十年规划》、"文化繁荣五年规划"等文化发展政策,并在1994年成立文化政策局,为文化产业发展制定了很多法律法规。但这时文化产业并未真正被当局所重视,直到1998年亚洲金融危机,韩国经济在此次危机中遭到重创,政府领导人深刻意识到文化产业是未来全球经济发展的潮流,从而确定了"文化立国"的战略。这时韩国文化产业的发展才开始被正式提上日程。经过几十年的发展韩国文化产业已在世界各国中名列前茅。"韩流文化"在全世界的风靡便是韩国文化产业迅速发展的重要体现。韩国政府通过对韩国文化的传播,不仅在经济上获得巨大的经济利益,也极大地增强了韩国的国际以及亚洲的影响力。从总体上看,韩国政府的大力支持推动了韩国文化产业的快速发挥。

当前,韩国文化产业的定义主要是指在韩国《文化产业振兴基本法》中的定义:"与文化商品的生产、流通、消费有关的产业,具体的行业种类有影视、广播、音像、游戏、动画、卡通形象、演出、文物、美术、广告、出版印刷、创意性设计、传统工艺品、传统服装、传统食品、多媒体影像制作、网络以及与其相关的产业。"

从发展模式上来看,韩国文化产业采用的是政府主导型发展模式。"文化立国"战略确定后,韩国政府为促进文化产业发展制定了各种政策和法律法规为文化产业发展提供法律基础。另外,鉴于文化产业资本密集型特征,韩国政府通过设立专项基金、鼓励民营企业和外资企业参与融资,为文化产业发展奠定坚实的资金基础。在政府的正确引导下,韩国文化产业得到迅速发展,并迅速占领国际市场,1998~2004年,韩国文化产业用六年发展为全球第五大文化产业发展强国。

从具体行业来看,韩国文化产业发展紧追潮流并逐渐引导潮流,例如,近几年风靡全球的韩剧、韩团、游戏动漫等行业引导了亚洲地区的文化潮流,文化产业的发展也带动了韩国其他行业的发展,如旅游业、服装业、美妆业、饮食业等,从而为韩国经济的发展起重要的推动作用。

韩国是我国的邻国,不仅在地理上与我国相近并且与我国有着共同的文化根基,韩国和中国都受到儒家思想文化的影响,在文化根基、价值观念以及行为方式上都有相通之处。因此韩国快速发展的文化产业发展模式可能对我国文化产业的发展具有更大的借鉴作用。

二、韩国文化产业融资的政策支持体系

近年来，韩国文化产业发展迅猛，并成功在世界文化产业竞争中脱颖而出，已成为世界各国城乡学习的典范。韩国文化产业的发展不同于美国的自由市场经济发展模式，其文化产业的发展主要依赖于韩国政府的全方位扶持。政府为促进文化产业发展制定了众多政策和法律法规来支持文化产业发展。当然，资金作为文化产业发展的重要助力，除政府的大力拨款支持文化产业发展之外，政府还通过设立专项基金，运作"文化产业专门投资组合"来获得社会资本及资本市场的资金支持。当前韩国的基金有文艺振兴基金、信息化促进基金、文化产业振兴基金、广播发展基金、出版基金、电影振兴基金等多种专项基金。具体来说韩国对文化产业融资的政策支持主要表现在不断增加的政府财政预算、完善的市场经济政策和完善的文化产业立法等方面。

（一）不断增加的政府财政预算

韩国发展文化产业是政府基于对文化产业战略意义的共识，通过一步一步设计和推进而成的。韩国政府为促进文化产业发展不断增加文化产业预算。为保证财政资金能最大限度地发挥其作用，韩国政府按照"集中与选择"的原则，主要对重要的文化产业以及重要的文化项目进行支持，实行有方向、有选择地实施资金支持政策，并给予一定比例的减免税优惠。另外，韩国政府为保证资金的高效运行，提出建立文化产业园区，优化产业布局。20 世纪初的头十年，韩国已经建立了包括数字多媒体、网络游戏、动漫出版等十多个文化产业园区，形成了全国范围内高覆盖率全产业链的运营模式。实践证明，韩国这种"集中与选择"的政府支持策略降低了中间成本、优化了资金运营，极大地促进了韩国文化产业的规模经营优势，提高了韩国文化产业的整体竞争力。从投资规模上看，政府 2000 年对文化产业的财政投入占国家总预算的比例第一次突破 1%，2001 年文化产业的财政投入占到总预算的 9.1%，2003 年政府财政支持达到了 1 兆 1673 亿韩元。为了推动文化产品和文化服务业出口到国际市场，韩国政府在 2007 年投入了 4000 亿韩元，而到 2009 年，政府对文化产业的财政预算就达到了 1 兆 5856

亿韩元①。此外，为鼓励影视行业的发展，韩国政府每年都会给韩国电影振兴委员会 1400 亿韩元的财政拨款。随着世界各国对发展文化产业意识的不断增强，各国都想通过提高文化软实力在未来的国际竞争中占有一席之地。因此，韩国政府对文化产业的财政投入会越来越多。

（二）完善的市场经济政策

韩国的文化产业虽由政府主导，但并不意味着韩国的市场经济发展落后，事实上韩国拥有较为完善的市场经济体制，文化企业除接受政府的资金支持外，还可在其具备一定技术时，在纳斯达克市场公开进行股权融资、债券融资以及发行基金等来向社会公众公开募集资金。除此之外，韩国的私人财团也可进入文化产业，私人财团利用他们自身的生产便利条件，为韩国文化产业的发展提供了庞大的资金支持和广阔的销售网络。

韩国政府对文化企业实行的经济政策主要是信贷和税收。并且对不同的文化行业根据其特点给予不同的优惠政策。例如，在进行文化产业园区建设时，政府会对农场、草地和山林的再造费和转让费予以免除；而对于动漫游戏等发展文化创意产业的企业则会给予税收减免等优惠，并长期为其提供低息贷款；对于漫画产业，韩国政府对它减免 20% 的所得税和法人税；对于进入电影界的大财团，韩国政府也对它们实行减免税收的政策。

（三）完善的文化产业立法

在文化产业的发展中，为保证文化产业的规范性发展，韩国政府十分重视对文化产业的立法工作。为保证立法的全面性，韩国政府力图对文化产业中的各行业发展都进行法律规范，由此也形成了一系列的法律。这些法律规范对我国文化产业的立法工作具有重要的借鉴意义。从宏观到微观来看，主要有以下这些法律。

1. 《文化艺术振兴法》

《文化艺术振兴法》是韩国政府于 1972 年出台并于 1995 年进行修订的法律，

---

① 宋魁. 韩国文化产业发展的背景、特点及其启示 [J]. 黑龙江社会科学, 2007 (1): 39 - 43.

该法律的出台主要是为了保障国民文化享有权。该法主要要求：国家需要对国民享受文化的权利予以保障；韩国所有国民均具有享受文化自由的权利；提高文化产品的质量和审美价值以及具体规定了中央文化艺术振兴基金和地方文化艺术振兴基金的筹措及使用的相关事项。

2. 《文化产业振兴基本法》

在这部法律中，政府首次正式以法律形式将文化产业确定为一项发展战略。它具有扶持性质和宏观调控的职能。在该部法律中，规定了韩国文化产业的定义以及制定了文化产业的未来发展方向。该法律强调要把文化产业作为一种国家责任来实施。2006年韩国司法部文员会通过了《文化产业振兴基本法》修正案，并于当年年底开始实施。《文化产业振兴基本法》可以说是韩国文化产业的基本法。之后出台的《游戏制品法》《著作权法》《广播法》等都是以其为基础而制定的法律。

3. 《知识产权法》

韩国当前实施的《知识产权法》是于2007年6月29日正式实施的由2006年重新修订的《知识产权法》。在新的修订案中，韩国国会对知识产权相关的定义，知识产权的权限、创作作品的使用问题、知识产权持有者的权利、网络服务提供者的义务、对知识产权委托管理团体的指导和监督、知识产权审议调整委员会的作用和职能、知识产权侵害行为的防范对策等进行了整顿和规划，特别是对知识产权的权限重新做出了规定[①]。这次法案的修订说明了韩国政府对文化产业知识产权问题的高度重视。

4. 《音乐产业振兴法》

该法律的出台对韩国音乐的发展具有重要意义，该法出台之前，韩国政府对于音乐的发展持限制的态度。该法的出台不仅扭转了之前的态度，而且还为音乐产业的发展拓展了新的渠道。《音乐产业振兴法》将与音乐相关的法律内容扩展到音乐行业全领域，拓展了音乐产业的产业范围，为音乐产业的发展奠定了法律基础。另外，该法还引入了数码形态的音乐概念，不仅适应了当前音乐环境的变化，而且有利于促进音乐领域的基础设施建设。

---

① 王芳芳. 韩国文化产业快速发展原因分析及对我国的启示 [D]. 山东艺术学院, 2014.

5.《出版产业振兴法》

这部法律主要对图书的定价制度进行了规定。在韩国除对于一些实用性很强的图书,法律允许其不实行定价制度外,其余大部分图书均需要依据《出版产业振兴法》的要求进行定价。另外,随着网络经济数字经济的不断发展,为保证实体书店在新形势下能保持竞争,这部法律也对网络书店、电子出版、附加销售等现象进行了关注,并根据其特点在具体做法中做出相应调整。

除了以上法律外,韩国还制定了《游戏产业振兴法》《电影及录像物振兴法》《著作权法》《演出法》《网络数字内容产业发展法》以及与文化产业相关的税收法律制度等。

总体来看,韩国文化产业法律种类齐全,几乎对于文化产业的各领域均有与其直接相关的法律政策作指导。这种完善的法律体系为韩国文化产业的发展营造了良好的法律条件。更重要的是,通过法律细化,政府可以对文化产业各行业的具体发展给予制度或资金支持,有利于文化产业的健康、快速发展。

三、韩国文化产业融资平台建设现状

经过几十年的发展,韩国文化产业已经形成了较为健全的融资模式。在韩国文化产业融资以政府融资为主导,市场融资为辅导,并通过大量的金融工具创新为文化产业提供了多元化的融资渠道。

(一)政府财政资金支持

韩国文化产业的发展一直由韩国政府为主导,其资金融资也主要来源于政府对文化产业的直接投资。韩国文化产业起步较晚,在发展之初,韩国的文化市场结构不合理,并且人们对文化产业的认知程度较低,因此文化产业很难从市场中筹集资金,市场也无法对文化产业资金进行有效配置。在整个国家,政府是最了解本国文化产业发展情况,也是最清楚未来文化产业所需的发展方向的人。因此,韩国政府根据其产业政策通过划拨政府资金来扶持文化产业发展,这样韩国政府可以起到投入资金以及合理配置资源的作用。这保证了文化产业正确的发展方向。1998年"文化立国"的口号提出后,韩国政府通过设立"文化产业基金"

为文化产业融资提供渠道,并且不断提高文化产业的财政预算。总体来看,政府的财政投资是韩国文化产业融资的最主要来源。另外,韩国政府除了对文化产业进行直接的资金投资之外,往往还会通过政府补贴、税收优惠等方式对不同领域的文化产业进行财政支持,这促进了韩国政府对文化产业形成了多层次完善的资金扶持体系。

(二) 财团支持

在韩国,财团对于文化产业的发展也起着重要作用。从 20 世纪 90 年代开始,韩国政府允许三星、现代、大宇等私人财团参与到韩国的电影产业。这些财团不仅能利用自身的生产经营优势,为文化产业提供巨大的资金支持和销售网络,而且由于这些财团往往在韩国社会具有举足轻重的位置,因此财团进入文化产业也可以利用其在社会的影响力促进社会公众对文化产业的认知从而吸引更多的社会资金进入文化产业。另外,各财团均具有较为成熟的市场经验,在资本市场融资的经验方面比政府部门要多,财团进入文化产业也为文化产业获得市场融资提供了较为成熟的经验支持。

(三) 银行贷款

韩国的文化企业无论是大型国有企业、私营企业还是中小微企业都能很顺利地在银行或其他金融机构获取贷款,因此,银行贷款也成为韩国文化产业基本的融资渠道之一。在韩国,大多数银行及类似金融机构会为具有成长潜力的文化企业设立专项基金,来为文化产品的生产提供金融支持。这些基金的共同运作建立了担保和再担保体系,使得违约损失的大部分会由担保基金承担,因此银行贷款的违约风险大大降低,从而激发了银行贷款积极性。另外,韩国拥有健全的文化创意产业信用担保体系,韩国政府发布法律法规明确了信用担保机构的市场地位,并对其资金来源以及运作方式都有明确的规定。当前,韩国的信用担保体系呈现出由韩国信用担保基金、韩国科技信用担保基金以及韩国信用保证基金联合会三大机构形成的"三足鼎立"之势。另外,除了上述三大信用担保机构外,也有数十家专为小型微型企业提供信用担保的地方信用担保基金。这种健全的信用担保机构设置,极大地降低了贷款机构的贷款风险。在韩国,如果小型微型企业在贷款过程中发生违约行为,为其提供担保的地方信用担保机构则需要承担款机构50%以上的损失，另外，即使地方信用担保机构无法承担损失，韩国信用保证基金联合会也会为其承担贷款机构的大部分损失。韩国信用担保基金的资金来源是政府和金融机构的共同投资，这在很大程度上保证了信用担保机构资金的充足。在韩国这种信用担保体系的作用下，贷款机构有充足的勇气为中小微等高风险企业提供资金支持。这极大地促进了韩国文化产业的健康发展。

（四）股权融资

韩国拥有仅次于纳斯达克市场的柯斯达克证券市场。据统计，在柯斯达克证券市场上市的公司总市值位于世界第四，具有仅次于纳斯达克市场的换手率和成交量。韩国成熟的金融市场条件吸引了国内外众多金融投资者，各国投资者通过在柯斯达克证券市场进行交易获取利益，同时也为韩国资本市场提供了源源不断的资金。韩国文化企业当然不会放过这样优秀的资金融资基地，因此将文化企业在柯斯达克市场挂牌上市进行融资则成为了文化企业扩大发展规模的必经之路。除了完善的证券市场之外，韩国政府为鼓励文化企业上市融资，还对其上市提供了极为宽松的标准。在柯斯达克市场，文化创意企业等高新技术企业上市既没有股份数量要求也没有财务指标限制，并且韩国政府为支持其企业上市还为其提供了各种费用优惠及税收优惠政策。例如，在柯斯达克市场上市的文化创意企业只需支付极低的上市费用，上市成功后向证券市场也仅需支付较低的年费，只占到纳斯达克市场的百分之几。宽松的上市条件和政府的大力支持都为韩国文化产业上市融资提供了优厚的条件，极大地促进了中小文化企业向大企业的发展。

除上述几种主要的融资方式外，韩国文化产业的融资平台还包括证券融资、风险融资、国外资本融资等各种融资方式，健全的融资平台建设和完善的法律体系为韩国文化产业的快速发展奠定了丰富的资本基础和制度基础。

第三节　韩美两国文化产业融资平台建设的经验借鉴

美国是世界上文化产业发展最强的国家，也是文化产业融资平台建设最完善的国家。韩国则是20世纪90年代以来，文化产业发展最迅速、产业转型最成功的国家。另外,韩国作为中国的邻国,与我国有相同的文化历史,地域上的接近与文化上的接近使两国在文化产业发展方面有更多的共同之处。因此,通过对美韩两国文化产业融资平台建设进行研究,比较我国当前融资平台建设现状,发现我国融资平台建设存在的问题,从国情出发,为我国文化产业融资平台的建设提供经验借鉴。

一、我国文化产业融资平台建设存在的问题

我国虽具有5000年的文化历史,但是我国文化产业的建设却起步较晚,文化部在"十三五"规划(2016~2010)中才提出将文化产业发展成为国民经济的支柱型产业。另外,由于文化产业属于资本密集型产业,大力发展文化产业,将无形的文化创意转为有形的产品和服务的过程中需要大量的资金支持。但是当前我国仍处于社会主义初级阶段,政府对第二产业资金投入仍较多,而第三产业虽然发展较快,但是政府投入比例相对较低,资金匮乏一直是阻碍其发展的重要原因。因此,在我国文化产业的发展过程中,需要通过在市场上筹集资金来满足文化产业的发展需求。但是从整体上看,当前我国文化产业发展仍然主要依靠国家的财政拨款来获取资金,而资本市场直接融资、银行贷款等方面的占比较小。随着科技的进步和经济结构的转型,我国逐渐由依靠第二产业向依靠第三产业发展经济的方向转变,从而我国文化产业的融资渠道也在不断拓展。但是无论从制度上还是市场环境上来看,当前我国的融资渠道虽算多元,但是真正的融资效率却非常低,文化产业的融资平台建设仍存在众多问题。

(一) 政府财政支持方面

从金融支持文化产业投资的主体来看,同韩国类似,我国文化产业的发展模式也属于政府主导型,政府通过转移支付、设立文化产业基金等对文化产业的发展提供资金支持。但是与韩国不同的是,我国政府对文化产业的投资规模相对较小,扶持力度不大且主要是政府包办式扶持,投资机制不合理。另外,政府直接投入,缺乏政府对民间资本的引导作用。另外,我国政府投资一直面临投资效率较低的问题,财政不透明使民间资本不敢轻易进入文化产业。

表7-1 各国文化产业金融支持主体的比较

国家	美国	韩国	中国
投资主体及其特点	政府引导民间资本，政府投入少，民间资本投入多，社会捐赠以及外资投入都发挥较大作用	政府主导，官民共建，政府投入较多，民间资本投入较少	政府投入专项基金，缺乏对民间资本的引导与合作，民间资本投入较少，政府支持力度也较小

（二）信贷支持方面

在我国，政策性商业银行、股份制商业银行、地方性商业银行以及五大国有银行都可对我国文化产业提供信贷支持，但是由于文化产业的轻资产性使其缺乏可供担保的固定资产，因此，文化产业一般以版权或应收账款等无形资产作为质押来筹集资金，而这些无形资产一般的商业银行很难评估其价值，因此各银行在为其提供贷款时往往倾向于提高文化企业的贷款利率，从而影响了文化企业的贷款热情。另外，我国除少数几个试点地区外，大部分地区缺乏完善的信用担保体系，金融创新机制不完全，各商业银行无法通过担保基金分散贷款风险，因此造成了很多文化企业面临融资难的问题。文化产业属于资本密集型产业，其发展需要大量的资金支持，银行信贷作为我国文化产业融资的基本渠道，却因无法分散高风险抑制了文化企业的融资。

（三）资本市场融资方面

我国资本市场发展起步较晚，在我国资本市场上文化产业主要通过中小板市场或创业板市场进行融资。我国创业板市场的市场准入条件是具有发展前景和创新意识并能接受流通盘在5000万股以下的中小企业，在整体规则上几乎延续了主板市场的上市条件。而中小板市场则要求企业发行前股本总额不少于人民币3000万元；发行后股本总额不少于人民币5000万元以及相应的财务条件等。虽然创业板市场和中小板市场相较于主板市场的上市条件有所放松，但是对于很多新兴的文化企业尤其是中小文化企业很难达到"两版"的上市要求。另外，文化产业的独特性意味着文化产业的商业规则可能不能完全适应资本市场上对于上市企业的各种要求，并且对于已上市的文化产业，由于缺乏相应的优惠政策使得文化企业上市融资成本较高，从而造成很多已具备上市条件的企业丧失了上市融资的积极性，从而阻碍了文化企业的发展。

（四）信用担保机制设置方面

文化产业具有"轻资产""高风险"的特点，在其融资过程中缺少可供抵押的固定资产，而知识产权、使用权等无形资产由于评估困难，很难用其进行融资。国外对于这类问题的解决方式一般是设立系统的适合文化企业信用担保的机构及评级机构等，而我国，当前虽有个别省市已经有相关机构的设立，但是从全国范围来看则少之又少，整体上并不能适应我国文化产业的发展。另外，我国民间信用担保以及小额贷款等机构一直受到国家限制，很难同其他国家一样为文化企业提供信用担保。缺乏信用担保机构的设立使得相关贷款机构不愿贷款，从而抑制了文化领域中小微企业的发展。

（五）文化产业立法方面

在文化产业立法方面，我国对文化产业的立法相对较晚，并且没有形成完整的法律保护体系。2002年11月十六届全国人民代表大会，我国首次提出"积极发展文化事业和文化产业"；2003年9月，中国文化部制定并下发《关于支持和促进文化产业发展的若干意见》；2007年，党的十七大全国人民代表大会提出"大力发展文化产业，培养文化产业骨干企业和战略投资者，繁荣文化市场，增强国际竞争力。"而直到2009年我国国务院才真正通过第一部文化产业专项规划，即《文化产业振兴规划》。随后为落实规划文件的精神内涵，又出台了《关于金融支持文化产业振兴和发展繁荣的指导意见》《"十一五"时期文化发展纲要》《国家"十二五"时期文化改革发展规划纲要》以及2017年发行的《国家"十三五"时期文化发展改革规划纲要》等文件。虽然近几年我国出台了很多有关文化产业发展的文件，但可以看出这些文件大多以规范性文件出现，并没有形成系统的法律体系，并且缺乏对文化产业发展至关重要的知识产权保护法等法律。这些文件只能起到引导作用，并没有明确的补偿措施和优惠政策，缺乏强制性。因此，同美国、韩国等国外文化产业的立法相比较，我国文化产业立法尚不健全，这不利于我国文化产业的规范性发展。

二、文化产业融资平台建设经验借鉴

(一) 发挥政府投资的主导作用

文化产业具有经济性和意识形态性的双重属性,随着经济全球化的不断发展,各国政府都意识到文化产业发展的重要性,从而都制定相应的政策措施以求推进本国的文化产业发展。但是,从美韩文化产业融资平台的建设经验来看,各国政府在文化产业融资中所承担的作用还需取决于各国的具体情况。例如美国,其具有高度发达的市场经济,资本市场发展完善,拥有多元化的融资方式,文化企业可以轻松地通过市场进行融资,因此政府在其文化产业融资过程中则只需起到引导作用并对某些公益性文化产业发展提供部分资金支持。而韩国,其高度的政府集权决定了政府可以发挥主导作用来支持文化产业的发展,政府通过制定文化产业政策、不断扩大财政拨款,有目的、有针对性地支持文化产业的发展,从而使文化产业按照其规定的方向发展。我国拥有和韩国相似的文化情况,因此我国也采取了同韩国类似的政府主导支持文化产业融资模式,但是,我国与韩国具有不同的社会情况,我国人口众多、地域辽阔、经济发展具有区域性,政府财政支出往往不能支持全国性的文化产业发展。因此我国可以借鉴韩国建设文化产业园的方式促进资金集中、高效运行。也需要在坚持发挥政府主导模式的前提下,通过引进财团资本、市场资本形成官民共同建设文化产业的格局,从而缓解政府的财政压力,也增强社会公众对文化产业发展的重视程度。

(二) 加强推进投融资机制的市场化改革

由于我国市场机制的不健全,我国当前虽有上市融资、股权融资、债券融资等多元化的融资渠道,但是其渠道发展并不健全,文化企业融资大多依赖于政府投资,市场融资比重较小。但是文化产业作为资本密集型产业仅仅依靠政府投资只能是杯水车薪,无法真正解决文化产业的资金不足问题。通过对韩美文化产业融资平台的分析发现,他们都有健全的市场化融资机制,因此,要推进文化产业融资平台的建设,需要不断完善我国的市场化机制。首先,通过市场化改革,为文化产业营造良好的市场化投融资环境。在我国经常存在文化产业资金供需双方无法匹配的矛盾问题，一方面文化产业急需资金，另一方面大量优质的产业资本和金融资本只想投资于国有企业，而对发展前景好、具有创新优势的中小微企业持观望态度。因此，要吸引更多的社会资本进入文化产业，需要在全社会范围内营造一个公平、公正、公开的投融资环境，通过健全文化产业法律法规保障投资主体利益，通过加强文化产业市场环境建设，充分发挥我国多元化的融资渠道的融资作用。其次，应加强文化产业投融资项目的管理，来避免文化产业的投融资风险。政府或企业应该设置专门的部门和机构对文化产业投融资项目进行管理，其管理包括项目的计划、组织、指挥、协调、控制以及评价等各个方面。在项目的运行过程中可能会遇到各种各样的风险，包括完工风险、市场竞争风险、政策风险等，都可能会影响文化产业投融资的效率，通过对文化产业投融资项目的全过程进行管理，可以降低投资者投资风险，从而提高投资者的投资热情。

（三）推动文化金融产品和金融服务创新

同韩美两国相比，当前我国文化产业金融市场缺乏可供融资的金融产品，在金融产品的创新过程中，要从降低投资风险出发迎合投资者需求，例如，政府可以利用国家基金、贷款贴息、贷款担保等方式，降低文化产业贷款风险，引导各类金融机构支持文化产业。例如，对于中小微文化企业融资，银行可以为其建立担保基金，当企业遇到发展问题无法及时还贷时，担保基金可以分担银行的贷款损失。另外，金融机构可以将银行贷款证券化，从而做到分散风险。最后，中小微文化企业金融市场融资问题一直是我国文化产业存在的重大问题。为促进文化产业发展，证券市场应针对文化产业特点对文化企业制定专门的上市原则，尽量在保证控制风险的情况下，降低文化企业市场准入门槛，同时为文化企业的上市提供必要的税费减免，对于暂时不具备条件的企业，可以通过合并、重组、借壳等方式捆绑上市，从而为推进文化产业的快速发展提供资本支持。

（四）健全文化产业法律体系，提升文化产权保护意识

我国制定的文化产业相关法律法规，同韩美两国相比存在明显的数量不足、内容不完善、法律层次较低等问题。从韩美两国文化产业的发展实践来看，健全的法律政策能够为文化产业的发展提供优良的社会环境，只有将文化产业的规范

上升到法律高度，才能使其得到相应的重视。因此为促进我国文化产业的规范发展，我国应健全和完善我国的文化产业法律体系：第一，借鉴发达国家文化产业的立法经验，结合我国国情，在我国已有法律法规的基础上完善我国文化产业的相关法律法规。第二，对于不同的行业类型，可借鉴韩国的立法经验，对每一具体行业的发展制定相应法律法规来支持其发展。第三，在法律条文中，应该明确规定关于支持文化产业的金融政策，包括税收优惠、信贷利率以及融资利率等，通过法律的强制性保证每一时期政府财政拨款的及时性，有助于促使文化企业及其投资者形成良好预期，推动文化产业的长期稳定发展。第四，制定知识产权保护法，加大对知识产权的保护力度。我国长期存在的盗版意识不利于文化产业在我国的健康发展，文化产业以创意或产权作为无形资产进行营利，一旦创意或知识产权被盗用可能会影响整个企业的运行，因此完善文化产业知识产权保护法律法规，有助于增强大众的产权保护意识和提高文化企业发展的积极性。

第 八 章

天津市文化产业融资平台供给侧建设的对策

作为知识密集型、资金密集型产业，资金投入在文化产业发展的过程中尤为重要，对企业来说，是否具有良好的融资平台至关重要。在产品研发与创新阶段，企业往往需要投入巨额的资金，仅靠企业自身的现金流来支撑是远远不够的，应此必须要有完备的外部融资平台来支持企业的发展，在融资平台中，政府和金融机构无疑是最主要的两大融资平台。对天津市文化产业来说，政府和金融机构两大融资平台为文化产业的发展做出了重要的推动作用，但随着天津市消费者对文化产品的需求越来越高，对文化产品的质量要求也越来越高，必然刺激和带动文化产业的发展，此时融资平台的建设已然无法满足文化产业发展的需要，尤其在供给侧改革以及十九大召开以来，天津市文化产业面临新的腾飞机遇，政府和金融机构两大融资平台要不断进行改革创新，更好、更高效地为文化产业提供资金，为其发展提供资金链基础。此外，文化产业也必须发展自身实力，增强自主创新能力，提高融资能力，在与政府、金融机构的融资博弈中占得主动和先机，推动自身发展，实现自身价值。

第一节 加强政府融资平台建设

文化产业作为新兴产业，在其逐步发展和走向成熟的过程中，政府的引导和财政的支持是至关重要的。作为文化产业资本积累和资金来源的重要渠道之一，充分的政府引导和支持往往可以使文化产业更快地达到发展预期。对天津市文化产业来说，尤其是供给侧改革以来，去产能、提效率成为主要的发展方向，天津市政府更应加强对文化产业及其融资的管理，进一步加强财政支持力度。

一、加强财政支持，发挥引导作用

（一）发挥财政带动作用，转变扶持方式

政府财政在对文化产业支持时，要充分发挥财政资金对其他渠道资金的带动作用。要敢于树立榜样和旗帜，才可能吸引更多的其他渠道资金进入文化产业。财政支持要以国家发展文化产业的指导分析为基础，集中资金扶持一批重点的文化企业和项目。要在文化产业中树立领头企业，打造一批实力过硬、品牌良好、竞争力强且突出本地特色的文化企业。同时，财政在支持文化产业时要做到"有重点、多覆盖"，既要集中扶持优势企业，又要注意使更多的中小企业获益；既要符合国家文化事业发展的主流方向，又要因地制宜，突出本地区的特色和传统，真正做到扶持文化产业全面健康发展。

以往，政府财政支持的主要方式是单纯的项目投资和简单的企业注资，这种方式过于机械和死板，难以充分发挥财政资金的作用，不利于文化企业的健康持续发展。在新的供给侧改革要求下，政府财政支持要改变传统的方式，向综合投融资模式转变。要以政府资金为旗帜，吸引资本市场、社会集资及外资的共同参与，提高文化企业长期的、可持续融资能力，进而分担财政支持的压力。在对企业和项目进行支持时，要充分调查项目的现状、发展前景、未来盈利能力以及对社会的贡献程度等，在充分调查的基础上，选择企业实力强、未来发展前景好的企业和项目，分阶段、分层次对其支持，不能一次性投入全部资金，要给予企业、项目一定的压力，端正其努力经营、认真做事的心态，确保充分发挥财政资金的扶持作用。

（二）发挥财政担保作用，呼吁社会捐助

由于文化产业及其产品的特殊性，使其企业资产和市场价值具有很强的不确定性。文化企业在进行融资担保时，很难提供符合要求的担保资产，市场上也很少有担保企业愿为、敢为、肯为它们提供担保。这时，政府可以利用自身的公信力和财政资金为文化企业提供担保，可以拨出一部分资金成立专项担保基金，或者可以为市场上的担保公司提供支持，如通过委托性贷款、贷款份额入股等方式，进而为文化企业提供担保。对于一些市场信誉良好、资产状况良好的担保企业，可以直接将文化发展资金注入，从而吸引更多其他渠道资金进入文化产业。另外，对于文化产业市场上的大型龙头企业、重点国有文化企业以及高质量的文化项目，政府可以直接进行企业补贴和项目支持，以提高其资产实力，在进行融资抵押时更加容易和顺利。

政府财政对文化产业的资助和扶持固然是最主要的，但仅凭政府一种扶持途径是远远不够的。政府应充分发挥发展文化事业的职能，呼吁社会对文化产业进行捐助。通常，社会捐助文化事业项目主要集中于非营利性公益项目，如公益文化演出、非物质文化遗产实物征集、艺术品捐赠等，政府要鼓励和支持非公有资本以捐助或类似的方式进入公益文化领域，一方面回馈社会公众，另一方面体现企业价值和责任，增强自身形象和品牌。当然，政府也要给予一定的奖励或荣誉，作为其资助或捐助的回报，例如给予适当的税收优惠，在进行项目建设时给予企业冠名的权利，提高企业在公众中的正面形象。

(三) 加强财政文化资金管理，发挥投资基金作用

在设立文化企业专项资金的过程中，要加强机构、人员管理，成立专门的文化产业资金领导小组以及独立的管理机构和监督机构，培养专业化的人才进行管理，避免贪污、挪用现象出现。每一笔资金的使用都要建立完备的会计备案和详细的分析计划，对被资助的企业或项目要派小组进行实地调查，建立完整的企业信息档案库，在随后的项目开展过程中，实行定期、不定期相结合的抽查监督机制，对项目的实时运作情况、进度时点、建成效果、社会及经济效益都要进行记录和备案，一方面对企业和项目有督促作用，另一方面对下一步是否继续资助和扶持作参考依据。总之，要确保发挥专项资金的作用，促进文化产业发展。

文化产业专项发展资金更多地由政府管理，难以最大限度地发挥资本在市场中的配置作用，而文化产业投资基金则可以作为一种资本进入资本市场或者是私募基金市场，体现了去行政化的要求。文化产业投资基金的设立要根据《证券投资基金法》要求，充分体现市场主体的意愿，要设立严格的备案制度，保证充分发挥文化产业投资基金的市场作用，最大限度地发挥财政资金在文化产业市场中

的优化配置作用。

（四）充分发挥财政监管职能，完善文化产业投融资市场体系

在复杂多变的市场环境下，财政要充分发挥监管的作用，给予新兴文化产业一定的行业保护，打击市场上针对文化产业的投机行为，对积极向上、科技创新能力强的文化企业要进行奖励和表彰，对长期"混"于行业底端的企业要进行淘汰与整改。同时，要建立和完善文化市场的相关法律法规和规章制度，充分利用财政政策的奖惩补罚作用，建立一个相对稳定，文化企业积极向上，充满社会主义正能量的市场。

鉴于文化市场刚刚起步及其特有的产品属性，文化企业在投融资时往往面临诸多困难，市场上的各种金融机构和融资企业限于文化企业的高风险不愿意为其投资，致使文化企业只能更多依靠政府财政进行资助，文化产业投融资市场体系没有建立起来。对此，政府要充分利用财政政策降低文化产业的风险程度，吸引银行金融机构、市场其他金融公司、保险机构等进入文化产业，并逐步将文化企业融资的重点对象转移至市场，政府财政更多地起引导监督、查缺补漏的作用，甚至鼓励优秀文化企业在新三板或创业进行上市，与资本市场逐渐对接，从而建立完善的文化产业投融资体系。

二、完善税收优惠制度

在供给侧结构性改革的大背景下，政府要加强税收体制改革。其中，对于文化产业的发展现状，要着重考虑完善和健全针对文化企业的税收优惠和税收抵免政策。在促进文化产业的相关法律法规中，明确提出并系统阐述与文化企业相关的各类优惠政策，明确文化企业在前期资金投入、产品研发、中期项目开展、产权保护以及后期资本回收、设施利用等不同阶段可享受的优惠政策，如税收减免、税收返还、税收递延等方面的政策，从而建立起一套科学合理、奖惩清晰的文化企业税收优惠政策体系。除了对企业不同发展阶段有优惠政策外，对不同企业也要有明确优惠办法，例如，对文化创意企业要提高扶持力度，对涉及文化产业园区、文化创意平台以及文化中心的企业要重点予以支持，对"走出去"的企业在出口及税收方面给予减免。总的来说，由于文化产业处于发展培育期，为

了使该产业尽快成长起来,要建立相应的税收优惠政策予以辅助支持,使文化产业更好更快发展。

(一)扩大文化产业税收优惠范围,减轻文化产业税收负担

首先,针对"营改增"税收改革造成的文化产业存在的税负不均问题,对一般纳税人可以参照税改前3%和5%的营业税,对其进行适当降低。然后,逐步完善增值税进项税额抵扣政策,缓解知识产权、品牌价值、人力资源等成本在文化产业征收增值税造成的重复征税问题。最后,在扩大税收优惠范围方面,可以通过借鉴发达国家成熟的税收优惠政策经验,根据文化产业经营性质的不同,扩大税收的减免税范围,对于有意向我国偏远地区投资的资本,应给予更大的退税力度,优化我国文化产业的投资格局。对于规模较小的中小文化企业,政府应给予更大的税收优惠政策,如建立专项税收优惠激励中小文化产业提高技术。

(二)完善文化产业税收政策体系

针对我国文化产业税收优惠政策缺乏系统性和持续性问题。首先,应提升文化产业的立法层次。将国务院和国家税务总局制定的零散政策进行整理,取消对整个产业不合适的税收政策,借鉴国际经验增加对文化产业发展有利的税收政策,统一纳入税法,形成覆盖面全面,具有完整性、协调性的税收政策体系,充分发挥其在文化产业税收政策中的领导性作用。其次,根据不同文化产业特点,延长文化产业税收政策的时效,使文化企业在可预见的将来能形成合理预期,合理安排未来的发展战略。最后,文化产业具有公共物品属性,需要政府的支持,政府需要有计划、有步骤地推动文化产业财税体制改革,为完善健全文化产业税收政策体系提供财政支持。

(三)实行分地区、分行业差别税率,强化税收政策的针对性

文化产业在不同地区的发展基础、发展方向不同。文化产业内各行业的发展阶段、发展方向差别也较大,当前具有普适性的税收政策不能适用于所有行业及地区,因此,制定税收优惠政策应该根据不同行业的特征,对不同社会效用的文化产品、不同地区及特征的文化企业采用不同的税率。例如,针对文化产业地区

不同，对有意向欠发达地区的文化产业投资的资本给予更大的退税力度；对在欠发达地区发展的文化产业，给予更高的税收优惠。针对文化产业发展阶段不同，对处于幼稚期的文化产业，应给予过渡形式的优惠政策，如减免3年企业所得税；对处于成长期的文化产业，则应采取税收递延措施，以缓解企业的资金压力。针对文化产业的社会效用不同，对服务于农村、青少年及落后地区的书法协会等弘扬中华民族优秀文化的文化产业，适用低税率；对于保龄球馆、歌舞厅、高尔夫球场等奢侈型文化产业，应适用高税率，其所征收的税收收入主要用于扶持优秀文化和传统文化的发展。

（四）完善鼓励文化产业融资的税收政策

文化产业属于资本密集型产业，为促进文化产业的长远发展，除需要保证政府财政部门对文化产业的资金支持外，还需要积极拓宽文化产业的融资渠道，加大信贷优惠，吸引民间资本进入文化市场，通过建立合理的文化产业投融资机制，推进文化市场与资本市场的有机结合从而实现发展共赢。例如，在融资平台建设方面，支持社会资本设立各类文化产业投资基金、担保公司、小额贷款公司等，另外可通过对金融保险机构发展文化产业有关业务取得的收入给予免税优惠等措施，鼓励金融和保险机构积极开发有关文化产业的金融产品；在企业自身方面，可通过减免相关业务所得税等措施，鼓励文化企业通过兼并、重组等联合方式建立文化产业集团，鼓励文化企业增发股票、上市融资；在社会力量方面，鼓励从事文化演出、创作、展览的文艺工作，免征其商品劳务税。对于社会组织、基金会发出的公益性捐赠支出应该准许所得税前全额扣除，对于个人捐赠者给予免征个人所得税优惠。

（五）完善文化产业从业人员税收政策，鼓励人才吸收与培养

相比于其他文化产业发达国家，我国对文化产业从业人员的激励政策少之又少。文化产业竞争实质上是人才的竞争。我国应该借鉴国际经验，针对当前不利于文化产业从业人员发展的情况，完善税收政策，通过税收优惠鼓励文化产业人才的培育与开发。例如，对于文化产业直接从业人员，在征收所得税时，应允许从业人员在更长时期内以损益相抵后的净值作为计税依据，对其获得的风险性收入也应予以税收优惠；对于文化产业间接从业人员，如文化产业人才培训机构、

企业内设立的研发机构等，对其所得也应实施相应的税收优惠。

三、加强文化产权评估体系建设，强化知识产权保护

就文化产业市场来说，普遍存在企业资产不固定、资产价值难以准确度量的问题。对文化企业来讲，最有价值的资产是知识产权、品牌、商标等无形资产，然而，由于我国目前尚未建立起完备的知识产权及文化资产的评估体系，以至于这些无形资产在向银行申请贷款时难以进行合理的抵押或质押。对此，政府要充分发挥职能作用，组织银行金融机构、评估担保机构、会计律师事务所以及知识产权代理公司等建立起一套完备的文化产权评估体系。对于体系中主要的评估机构要加强资格审查，确保其具有专业的评估能力，可以根据市场形势的变化来适应新的市场需求。

体系中的各机构、各平台都要建立规范的评估制度和流程，保证在评估过程中，相关的要求和费用都要公开和透明，同时也要提高效率、简化流程，尽可能在减轻文化企业压力的同时更高效地完成评估项目。在产权评估体系中，还要设立一个独立于政府、评估机构、文化企业以及金融机构外的"第五方"监督平台，用严格的规章制度再辅之以独立的监督平台，文化产权评估体系方可较好地运行，发挥真正的市场作用。

除文化产权评估体系，知识产权保护机制在我国也发展得较为缓慢。没有良好的知识产权保护体系，文化企业的知识成果得不到有效保护，一方面会削减其创新的积极性，另一方面是大量盗版、侵权现象充斥市场，不利于文化产业的持续健康发展。政府对此要进一步加强市场管理，完善相关法律法规，做到行业全覆盖、企业全覆盖，同时要加大对侵权盗版的打击力度，及时处理产权纠纷，切实保护文化企业的权益。要鼓励企业将知识产权融入研发、生产及经营销售的全过程，加强对知识产权的运用、管理和保护能力。政府要在整个文化市场内加强知识产权保护宣传，形成良好的文化市场氛围，再配以相应的评估体系，真正发挥知识产权在融资时的作用。

四、完善投资市场、促进投资多元化

由于我国的政治体制和市场体制不同，我国资本市场的开放程度还不高。虽

然自市场经济体制改革以来，资本市场、货币市场对非公有资本及外资的限制大大减少，但从整体来看，开发程度还有待进一步提高，且出于保护我国企业和市场的初衷，对于个别产业，非公有资本、外资准入和占比有严格的控制。自供给侧改革以来，文化产业市场增加融资渠道、提高效率的呼声越来越高，在新经济背景下，政府应在不影响国家文化安全的前提下，进一步放松非公有资本和外资进入文化产业的限制。对于原有的国有文化企业进行投资改造，逐渐打破市场垄断和产业壁垒，完善公司治理结构和股权体系，最终形成现代化文化企业，更好地融入市场经济中，也有利于融资的进行；对于非公有资本进入文化产业，要鼓励和支持，对进入方式进行优化，如股份制、合伙制还有个体经营等，实现进入方式多元化，增加市场融资的选择；对于外资，以审慎的态度鼓励和引导其进入文化产业市场，活跃融资市场，同时，除资金外还要引入其先进的管理方式、经营模式等，学习和借鉴别人的经验来大力发展我国文化产业。

第二节　完善金融机构融资平台建设

一、银行金融机构

银行作为我国进入市场机制中最重要的环节之一，在维护资本市场稳定、理顺货币流通方面发挥着不可替代的作用。每当个人或企业出现资金短缺时，最先想到的是向银行金融机构申请贷款或融资。文化市场企业作为新兴产业中的一员，在发展时必然需要投入巨额的资金，仅凭企业本身是难以承受的。然而文化企业由于其特殊性，在向银行融资时会遇到种种问题，针对这些问题，银行金融机构也要做出适当的调整，来应对这些新兴产业资金需求，一方面为文化企业解决了资金问题，另一方面也增加了自身经营利润，更重要的是促进文化产业的发展，尽快完成文化产业与金融行业的对接。

（一）降低文化企业贷款门槛，开设绿色通道

商业银行在对文化企业贷款时，由于没有合适的抵押物和准确的风险预期，往往会拒绝其贷款申请。对此银行可以根据文化企业独有的特点做出调整，对于抵押物，可以扩大抵押物范围，除传统抵押物外，还可将企业仓单、知识产权、应收账款等纳入抵押物范围。对于风险，可以请专业评估公司对抵押物进行评估，以及要求企业提供担保企业作为还款的保障。此外要完善贷款业务流程和风险管理，将风险控制在合理范围之内，与此同时，在落实抵押物和把控风险的同时，可以适当下放贷款分支行的审批权限，为文化企业开设绿色通道，简化程序，减少环节，提高效率。此外，银行还可以针对文化企业资本回收期长，项目资金需求大等特点灵活调整授信期限和还款方式，缓解企业还款压力。

（二）开发对应产品，建立风险补偿机制

文化产业不同于传统产业，对此银行金融机构要开发出针对性较强的产品。对于品牌形象好、无形资产较多的大品牌文化企业，可以将知识产权作为主要的抵押物；对于资金流比较稳定，经营状况较好的文化企业，可以将其应收账款或交易合同等作为主要抵押物；对于租赁需求较多的企业，可对其发放融资租赁贷款，用多样化的产品来满足市场上不同文化企业的需求。对于贷款风险来说，银行应创新风险控制机制，探索新的控制风险方法，可以与其他金融机构或担保机构分担风险。对于中小企业贷款，可将它们集合起来，作为一个整体集中发放授信额度，避免因某一企业经营不善而无法收回贷款的风险。

（三）改善信用评级，鼓励集群互助融资

文化企业普遍具有轻资产、多无形资产的特点，作为新兴产业，具有较好的发展空间和成长。银行金融机构可以根据这一特点建立相对适合的信用评级体系，不应仅把资产作为主要评级依据，还要把企业未来发展空间纳入考虑范围，增加企业成长性指标在指标体系中的比重。通过专业化的分析评估工具，对企业商标价值、项目价值以及版权等无形资产的价值进行合理评估，作为对文化企业

信用级别的确定,以此来对授信额度进行调整。银行应考虑各方面因素,建立针对文化企业的信用考评体系,加强贷款风险管理,促进文化产业与金融业相结合,共同发展。

鉴于文化市场上企业多为中小型企业,单独通过银行融资难度大,风险也大,银行可以鼓励和引导需要资金的中小企业组成一个集团统一向银行贷款,或者可以让文化企业联合上下游企业形成一段产业链向银行贷款,这样银行能极大地降低贷款风险,提高授信额度。此外,银行可以根据市场行情,选择一家或几家生产经营稳定、未来前景较好的文化企业,购买其股份或债券,然后可派遣银行人员进入企业对生产经营活动进行监督与管理,加强企业与银行之间的沟通与融合。

二、非银行金融机构

文化产业作为新兴产业,风险大,但发展起来后利润和收益也是极其可观的。政府和银行能为其提供的支持也是有限的,而对银行外金融机构,如风险投资基金、私募基金等,这种风险和收益双高的企业更容易吸引它们,但由于我国资本市场发展较为落后,远远不能满足文化产业对资金的需求。

(一) 引导风险投资基金发展

对文化产业这种新兴产业,风险投资基金对其发展具有举足轻重的作用。它们风险承担力更强,可以做政府、银行做不了的选择。政府、银监会以及证券投资基金委员会要引导风险投资进入文化产业,鼓励实力较强的公司联合在一起,组成风险投资集团,以基金为纽带,将企业项目与风险资本联合起来,除了企业资金,要吸引民营资本、私募基金以风投的方式进入文化产业,实现风投基金的来源多元化。

(二) 实现知识产权证券化,吸引保险信托机构参与

资产证券化在我国市场历经数年的发展,已经日渐走向成熟,成为各企业进行融资的主要方式之一,而对于文化企业这种弱资产的企业来说,知识产权

证券化是其不错的选择。信托机构可以根据各文化企业的特点，利用自身专业的能力与知识将其知识产权证券化，从而对外销售获取资金，信托机构在自身盈利的同时，也帮助文化企业实现了融资。保险机构则可以通过购买文化企业债券、股份等方式向文化企业注入资金，或者开发针对文化企业的保险产品，提高文化企业抵御风险的能力。通过知识产权证券化和保险、信托机构参与，文化企业可以将自身的无形资产变成有价证券，变成资金，为自身的发展注入更多的活力。

第三节　提升企业融资能力

作为文化产业市场上的主体，文化企业不仅是融资的受益者，更是文化产业发展的主力元素。在融资的过程中，文化企业要提高自主创新能力，提高资产价值，全面提升企业自身实力，方可在融资博弈中占据主动，有更多的融资方式选择。在产业分类中，文化产业属于知识密集型产业，企业营业利润的主要来源是知识产权和文化产品创意，而这也正是文化企业的核心竞争力。对文化企业本身来说，要从核心竞争力入手，加强创新，提高效益，提高自身实力，创造更多、更好的融资条件。

一、加强自身积累，提高综合实力

文化企业要根据自身的优势与长处，充分利用地域资源、行业资源，挖掘和创造价值，开发出具有本地特色、本企特色的文化产品。不仅要迎合本地消费者的需求，更要走出去，走出本地区、本省市、本国，扩大自己的品牌价值，要加强研发能力，提高创新能力，生产出"人无我有、人有我优"的高质量文化产品。另外，要紧紧把握住国家大力发展文化产业的契机，搭上国家的顺风车，利用优惠政策，全面加强自身改革创新能力，将知识产权转化为经济收益，实现价值和资金的积累。

除产品创新外，文化企业还应加强自身管理，建立完善的企业规章制度和管理章程，通过各种方式来丰富企业现金流，如留存盈余、计提折旧、定额负债等方式,有了充足的现金流,企业才能更高效地研发与经营,提高自身利润。此外,企业要加强成本管理、人力资源管理,培养更多高素质的融资复合型人才,为融资预备人才,这样才可以大大地加强在融资时的谈判能力与选择性。

二、债券融资和创业板上市

近年来,企业在融资时,选择债券融资的意愿越来越强,因为债券有其独特的优势。随着文化产业在国家战略中越来越受重视,文化产业也吸引了更多投资者的重视,这为文化产业融资提供了良好的客观环境。文化产业中企业多为中小企业,在达不到上市条件时,可以尝试发行企业债券进行融资。根据实际情况选择短期、中期、长期债券,这样一方面融入资金,促进自身发展,另一方面也为投资者提供了合理资金收益,活跃了资本债券市场。

除发行债券外,文化企业还可以考虑上市创业板,对于中小企业来说,主板上市的要求是很高的,但是创业板就相对容易。如果可以在创业板上市,对企业融资能力来说将是质的飞跃,如果企业相对较弱,也无法达到创业板上市要求,那么就可以与行业内的其他上市公司或上下游的上市公司进行合作,如企业兼并、收购等方式。无论是发行债券还是上市融资,对企业都有一定的要求,对此,企业要加强自身结构改革,按照相关法律法规建立科学合理的现代化的企业制度,加强企业内部管理,提高资源配置效率。

在供给侧改革以及党的十九大召开的新形势下,天津市文化产业有着巨大的发展潜力,与此同时,文化产业融资平台建设也应紧跟时代步伐,为文化产业的发展提供资金基础。政府融资平台应不断加强自身文化体制机制改革创新,加大对文化产业的财政投入与支持,发挥财政带动作用,转变扶持方式;发挥财政担保作用,呼吁社会捐助;加强财政文化资金管理,发挥投资基金作用;完善税收优惠制度,提供税收优惠;加强文化产权评估体系建设,强化知识产权保护;完善资本市场,促进投资多元化。在金融机构融资平台中,银行金融机构要积极与文化企业沟通与交流,建立良好的银行企业关系,降低文化企业贷款门槛,为文化企业融资开设绿色通道;根据文化产业具体情况,开发出针对性较强的银行产品,同时建立风险补偿机制,探索新的风险控制方法;改善信用评级,改变以往的对文化企业的评级方法,建立新的评级方式,提高文化企业的整体信用水平,对于中小文化企业要鼓励集群互助融资,引导文化企业之间建立大型企业联合体，或与上下游企业建立产业链集合体，然后向银行进行融资申请。对于非银行金融机构，可以引导风险投资基金进入文化产业，实现知识产权证券化，吸引信托保险等机构参与，使资金来源多样化。文化企业自身也要加强产品创新，提高自身实力，借助政府和金融机构两大融资平台，在新形势下充分发展，实现自身价值。

第九章

结论与展望

2018年3月,中国人民大学在北京举行文化产业发布会,公布了2017年中国省市文化产业发展指数和中国文化消费发展指数,两大指数以国家统计局相关数据以及市场实际调研数据为基础综合分析计算得出,客观上能够反映我国各省市文化产业以及文化消费发展的基本情况、突出特点和未来趋势。从中国省市文化产业发展指数(2017)可以看出,综合指数中位于前十的分别是北京、上海、江苏、浙江、山东、广东、湖南、四川、天津以及河北。从指数数值观察可得,全国各省份文化产业均值2017年达到74.10,相比2016年的73.71略有增长;从指数增速来看,2017年指数增速高于2016年。2010~2017年指数的变动可以看出,我国文化产业发展指数平均值整体呈现正向增长的趋势。在经历了2010~2011年的高速增长、2012~2014年的稳步增长、2015~2016年的基本稳定之后,2017年文化产业发展指数再次呈现增长态势。从公布的数据来看,天津市文化产业发展指数位于第九,领先于全国的大部分省份,这也在另一方面体现了天津市文化产业近年来的发展速度和发展质量。

此外,根据中国文化消费指数(2017),我国文化消费综合指数持续上升,由2013年的73.7上升至2017年的81.6,平均增长率为2.6%;文化消费基本环境和消费满意度指数呈稳步上升态势,其中,上升速度最快的是文化消费环境指数,年平均增长率为6.9%。从数据可以看出,我国文化消费环境在过去的四年中有了极大的改善,文化产品种类日益增多,文化产品质量不断提高,消费者购买渠道也越来越多元化、便捷化,这些改善为居民文化消费营造了良好氛围。

2017年,全国文化产业有着较快的发展,全国规模以上文化及相关产业企业营业收入91950亿元,比2016年增长10.8%。根据国家工商总局统计,截至

2018年2月底,全国文化及相关产业企业数量为341.81万户,其中,广播电视电影服务企业数量增速为41.0%,在各行业企业增速中位居前列,同时,全国人民消费能力也有明显的提高,为进一步增加文化消费,提高生活质量提供了可能。在这样的大背景,天津市文化产业在2018年将创造更大的成就,这就要求更为巨大、更为稳定的融资平台予以支持,尤其是在供给侧改革进一步深化和"十三五"规划稳健开局的新形势下,天津市文化产业融资平台建设面临更多的挑战。本书结合供给侧改革新形势,着重对天津市文化产业融资平台建设进行了全面的分析,最后提出了一些可行的政策建议,旨在为完善文化产业融资平台建设,促进天津市文化产业发展提供参考。

第一节 天津市文化产业融资平台供给侧建设

天津市拥有极为丰富的文化资源,但就天津市文化产业来说,对这些资源的开发还远远没有达到其价值,另外,作为资金和知识密集型产业,文化产业缺乏足够的资金支持以至于发展极为缓慢。近些年来,天津市政府及市场通过各种途径为文化产业提供了资金支持,有力地促进了部分文化企业的发展。

在财政融资平台方面,天津市政府首先是设立了文化产业相关的财政专项资金,2016年天津市政府在文化领域共设立7大专项资金,金额共计8.289亿元,2017年天津市政府在文化领域共设立7大专项资金,金额共计7.7022亿元,财政资金的扶持为文化产业的发展提供了一定的资金来源,有力地推动了文化产业的进步。其次,天津市还整合各方资源,吸引本地区以外的资金流入,如通过建立多元化的产业园区和文化项目,与周边地区共建文化发展协会等,通过区域合作,刺激资本流动,为天津市文化产业的发展注入了活力;此外,每逢民俗节日,天津市通常会有自发的或有组织的民俗文化活动,政府为参加这些活动的文化企业补助一些资金,一方面使参与的文化企业提高了影响力,另一方面也为市民群众带来了一定的福利。供给侧改革以来,天津市财政为文化产业的融资建设做出了一定的成就,为文化产业发展打下了坚实的基础,营造了良好的环境,也为文化产业进一步发展、繁荣提供了保障。

天津市文化产业融资的另一大融资平台,也是主要的融资平台,是市场上的金融机构,其中还是以银行业金融机构为主,根据天津市银行业协会收集的数据，截至 2016 年末，天津银行业金融机构支持文化产业贷款总额 151.31 亿元，同比增长 0.56%。天津市银行业已经形成了集政策性银行、大型国有银行、股份制商业银行、城市银行、民营资本银行、外资控股银行、村镇银行及各类非银机构于一体的数量众多、种类齐全、功能完备、结构合理的金融机构体系，强大的金融机构体系能够为文化产业的发展提供源源不断的资金。其中在文化产业融资方面做得比较突出的有工商银行天津分行、天津西青国开村镇银行、交通银行天津分行、浙商银行天津分行、招商银行天津分行、天津滨海农商银行等，这些银行金融机构们通过多元化的方式为文化企业提供资金支持，有力地推动了文化产业的发展。

在供给侧改革的背景下，文化产业融资平台建设供给端发力，为融资平台建设提供了许多机遇。天津市政府为了进一步推进文化产业的发展和建设完善的融资体系，制定了一系列金融支持文化产业的政策，主要目的是为文化产业的发展提供良好的资金保障，建立健全文化市场融资体系。一是鼓励文化企业借助金融手段做大做强，支持本市文化企业上市融资，根据天津市新出台的《关于促进我市文化与金融融合发展的实施意见》，天津市将充分发挥多层次资本市场作用，支持文化企业在主板、中小板、创业板、中小企业股份转让系统、天津股权交易所、天津滨海柜台交易市场股份公司挂牌融资，庞大的资本市场将能够为文化企业提供充足的资金；二是搭建文化企业金融机构对接平台、加快构建配套服务环境体系，根据天津市出台的《关于促进我市文化与金融融合发展的实施意见》，天津市将搭建以文化产业投融资平台为主体的资金对接平台，完善与 11 家金融机构的战略合作机制，用好授信额度，同时鼓励和支持银行金融机构设立专门的文化企业融资支行，为文化企业提供专业化的融资服务，如鼓励银行建立文化产业支行，在机构设置、人员配备、专属产品开发和流程优化等方面为文化企业提供专业化服务，提供"一站式"金融服务，更加高效和稳定地满足文化企业资金需求；三是出台了一些促进文化企业融资的政策，如专利权、商标权可作质押贷款，设立文化产业支行等专业服务机构，建立金融机构与文化企业对接平台，推动本市重点文化企业上市进程等，这些政策在促进文化企业与金融机构融合方面发挥了积极的作用，也取得了显著成效。

但同时也要清楚地认识到，随着文化产业逐步发展壮大，原有的资金供给量根本无法满足文化产业发展的需要，并且在文化产业融资的过程中也存在许多的问题。在财政融资平台建设方面，天津市文化产业的整体观念比较滞后，文化思想有待进一步转变，这直接导致了相关部门对文化产业的重视程度不够，财政资金投入不足，受益对象比较有限，另外，天津市财政支持文化产业的方式手段比较单一，文化专项资金管理不够完善，人员专业性不强，以致不能充分发挥财政资金扶持的效果；在税收政策方面，"营改增"后，文化企业的税收存在不均的问题，造成部分文化企业和从业人员税负过重，税收政策较为单一，不具有针对性，在实施和管理上缺乏系统性和持续性，此外，没有具体适应于文化企业融资方面的税收政策，正常使用企业的税收政策对文化企业融资起到的效果不明显；文化企业通常没有可靠计量的固定资产，因此在进行银行抵押贷款时受到阻力较大，并且由于市场上多为中小企业，在与资本方进行谈判时处于弱势方，也没有专业的融资管理团队，所以文化企业想从银行融资难度较大；在文化企业融资政策实施和市场环境方面存在一定的限制，《国务院关于非公有制资本进入文化产业的若干规定》对民营资本进入文化产业方面设置了许多条件，一定程度上提高了进入门槛。一方面是进入领域和持股比例限制，即民营资本只能进入规定范围内的文化产业领域，并且不能在目标企业取得控股权，另一方面是民营资本在进入相关文化领域时，需要接受一系列的审核，审核通过和获得批准后方可进入。另外，国际资本进入文化产业，除了要符合《国务院关于非公有制资本进入文化产业的若干规定》，还必须遵守《关于文化领域引进外资的若干意见》中的各项要求，进入要求和审核更加严格，客观上限制了外资进入文化产业。

文化产业融资平台建设存在以上问题是有许多原因的：我国政治体制和市场机制在一定程度上限制了市场在文化产业融资方面的效果，政府对市场的过多干预不利于市场真正发挥其作用；文化产业作为新兴起步产业，投资风险较大，并且政府对文化产业的扶持资金也比较少，使整个文化产业融资陷入困境；在我国，证监会主导的证券市场、银监会主导的银行机构以及保监会主导的保险机构是金融市场和资本市场的主体部分，作为刚刚起步的中小企业，自主创新能力较差，核心竞争力不足，在与其他行业相比时不具有优势，很难在资本市场上占有一席之位，总之金融市场的不完善，金融产品不够多样化，落后的金融市场很难满足文化市场的发展；文化产业在我国仍主要属于意识形态的范畴，为保护我国文化产业的安全，政府为文化产业设立较高的进入壁垒，同时也为非公有资金进入文化产业设置了许多限制，提高了各方资本进入文化市场的难度。

尽管文化产业融资平台建设存在各种各样的问题，并且市场环境和金融机制也不够完善，但是仍要加大力度建设文化产业融资平台，为天津市文化产业的发展保驾护航。第一点，全国文化产业发展形势大好，国家统计局数据显示，2017年全国规模以上文化及相关产业企业营业收入91950亿元，比2016年增长

10.8%。根据国家工商总局统计，截至 2018 年 2 月底，全国文化及相关产业企业数量为 341.81 万户，其中，广播电视电影服务企业数量增速为 41.0%，在各行业企业增速中位居前列。中国电影票房首次突破 500 亿元大关，"现象级"影片《战狼 2》口碑票房"双丰收"；中国出版加快"走出去"步伐，面向世界讲述中国故事；《国家宝藏》《中国诗词大会》等热播，优秀传统文化焕发新生机……近年来，我国文艺创作精益求精，文化产业蓬勃发展，进一步增强了人民群众的文化获得感和幸福感。在全国文化产业发展形势十分乐观的情况下，天津市文化产业将面临巨大的压力，但同时也面临许多新的机遇，十九大后，天津市供给侧改革和进一步对外开放提上日程，这也为文化产业的发展带来了前所未有的机遇，天津市政府、文化融资机构、文化企业自身都应牢牢把握住这次机遇，搭乘国家文化强国的快车，努力建设文化企业融资平台，实现天津市文化产业的高质量发展。第二点，改革开放以来，天津市地区生产总值有了明显的提高，从 2005 年的 3905.64 亿元增加至 2016 年的 17885.39 亿元，其中第三产业增加值由 2005 年的 1534.07 亿元增长至 2016 年的 10093.82 亿元，另外天津市人均 GDP 近年来也有明显的提高，人均 GDP 也由 2005 年的 35783 元增加至 2016 年的 115053 元。因此，从文化产业供给端来看，文化产品和文化服务大幅增长，天津市文化产业有着强大的生产力。此外，随着经济发展水平的提高，天津市人民的收入水平、消费水平、用于教育文化和娱乐的支出也不断提高，天津市居民人均可支配收入由 2013 年的 23359.2 元提高至 2016 年的 34074.46 元，居民人均消费性支出由 2013 年的 20418.67 元提高至 2016 年的 26129.35 元，天津市居民家庭人均消费性支出中教育、文化和娱乐支出也有所提高，由 2014 年的 1833.76 元提高至 2016 年的 2403.97 元。因此，从需求端来看，天津市居民消费能力和水平也逐年提高，并且对教育、文化和娱乐的消费也越来越多，对文化产品和文化服务的需求也不断提升，总的来说，不断提高的供需两方面将使天津市文化产业到达一个新的发展高度，届时，原有的文化产业融资平台将不足以支持新的文化产业均衡点，所以必须不断地建设新的文化产业融资平台，改革旧有的文化产业融资平台，以匹配天津市文化产业新的发展高度。第三点，天津市文化产业融资能力相对落后，通过对我国 31 个省市的文化产业资本力指数指标体系分析，可以看出，2017 年，我国各省市的文化产业资本市场发展表现出了明显的差异性，总体来说，天津市文化产业资本力指数 2017 年有显著的提高，排名也由 2016 年的第十三名上升至第八名，这表明天津市文化产业投融资能力有较大的提升，但从全国来看，天津市作为重要的沿海开放城市，文化指数依然偏后，不说北上广，甚至整体能力都不如山东、江苏等省市。此外，单就文化产业融资能力来说，天津市还有很大的提升空间，尤其要坚强资本营运管理和加强创新融资，提高自身的资本运营力和创新筹资力，进而补充短板，实现整个文化产业资本力的提高。第四点，高水平的文化产业对提高国民经济发展质量和提升国家综合实力有着积极的影响。首先，我国经济发展进入新常态，过分强调市场需求而引发的低水平数量扩张经济发展模式已然不适应国家供给侧改革发展战略的要求，而大力发展文化产业则是推动经济发展方式转变的重要途径，大力推进文化产业发展一方面可以增加经济总量、提高经济质量，满足人民群众不断增长的精神文化需求，推动产业结构优化升级，减少能耗和污染，保护环境，另一方面充分体现了创新和技术在经济发展中的重要性。因此，大力发展文化产业是转变经济发展方式的重要方式；其次，"十三五"规划纲要指出要提高居民就业水平，在城镇新增就业5000万人以上，平均来算每年新增就业人口不少于1000万人，但在供给侧改革背景下，大量生产制造新企业逐步去产能、去库存，将导致大批劳动力下岗待业，这时，大力发展文化产业的优势就显现出来，一方面它可以通过推动文化旅游等服务业发展，直接在服务业中增加就业人口，另一方面通过上下游产业链来间接增加就业，如辅助文化产业的设备制造、建筑、交通等产业；再次，全球经济目前正处于调整期，低增长、低通胀、低需求同高失业、高债务、高泡沫等风险交织，经济形势的发展具有很大的不确定性，经济发展下行压力较大，这时急需发展一种新的产业来缓解和克服经济下行趋势，而文化产业正具备这种优势，在经济增长缓慢、失业率较高的时期，人们正好有大量的闲暇时间，可以通过文化娱乐等方式缓解压力，也为文化产业提高了大量劳动力，因此，经济下行在一定程度上对文化产业来说是一个重要的发展机遇；最后，文化产业的竞争不仅是经济上的竞争，也是国家软实力的竞争。大力推进文化产业发展，打造知名文化品牌，提高文化产品的出口能力和国际竞争力，提高在世界文化产业中所占比例，才能真正实现文化复兴，文化强国。

面对困境与问题，面对机遇与动力，面对发展必要性和重要性，天津市加大力度发展文化产业刻不容缓。因此，必须加强配套文化产业融资平台建设，构建完善的文化产业融资体系，为文化产业发展提供充足的动力与资金支持，保障文化产业又好又快发展。第一，在政府融资平台建设方面，要加强财政支持，发挥引导作用。发挥财政带动作用，转变文化产业财政扶持方式；发挥财政担保作用，呼吁社会捐助，为文化产业融资开辟新渠道；加强财政文化资金管理，发挥投资基金作用，最大限度地发挥财政资金在文化产业市场中的优化配置作用；充分发挥财政监管职能，完善文化产业投融资市场体系，完善文化市场的相关法律法规和规章制度，充分利用财政政策的奖惩补罚作用，建立一个相对稳定和健全的市场体系。第二，在完善税收优惠制度方面，扩大文化产业税收优惠范围，减轻文化产业税收负担；完善文化产业税收政策体系，推动文化产业财税体制改革；实行分地区、分行业差别税率，强化税收政策的针对性；完善鼓励文化产业融资的税收政策，完善文化产业从业人员税收政策，鼓励人才吸收与培养。第三，加强文化产权评估体系建设，强化知识产权保护，由于我国目前尚未建立起完备的知识产权及文化资产的评估体系，以至于文化企业利用无形资产在向银行申请贷款时难以进行合理的抵押或质押，因此要建立完善的评估市场体系，鼓励企业将知识产权融入研发、生产及经营销售的全过程，加强对知识产权的运用、管理和保护能力，政府也要在整个文化市场内加强知识产权保护宣传，形成良好的文化市场氛围，再配以相应的评估体系，真正发挥知识产权在融资时的作用。同时，要不断完善投资市场、促进投资多元化，增加文化产业融资渠道、提高融资效率，学习和引入发达国家先进的管理方式、经营模式等，学习和借鉴别人的经营来大力发展我国文化产业。第四，在金融机构融资平台建设方面，在银行金融机构方面，要降低文化企业贷款门槛，开设绿色通道，简化程序，减少环节，提高效率；开发对应产品，建立风险补偿机制，通过优势融资产品，一方面更加高效地为文化产业提供资金，另一方面也降低了因文化企业发展不顺利而承担的风险；改善信用评级，鼓励集群互助融资，鉴于文化市场上企业多为中小型企业，单独通过银行融资难度大，风险也大，银行可以鼓励和引导需要资金的中小企业组成一个集团统一向银行贷款，或者可以让文化企业联合上下游企业形成一段产业链向银行贷款，这样银行能极大地降低贷款风险，提高授信额度。在非银行金融机构方面，要引导风险投资基金发展，实现知识产权证券化，吸引保险信托机构参与，文化产业作为新兴产业，风险大，但发展起来后利润和收益也是极其可观的。政府和银行能为其提供的支持也是有限的，而对银行以外的金融机构，如风险投资基金、私募基金等，这种风险和收益双高的企业更容易吸引它们。第五，作为文化产业市场上的主体，文化企业不仅是融资的受益者，更是文化产业发展的主力元素。在融资的过程中，文化企业要提高自主创新能力，提高资产价值，全面提升企业自身实力，方可在融资博弈中占据主动，有更多的融资方式选择。在产业分类中，文化产业属于知识密集型产业，企业营业利润的主要来源是知识产权和文化产品创意，而这也正是文化企业的核心竞争力。对文化企业本身来说，要不断加强自身核心竞争力的建设，提高自主创新水平，提升企业效益水平和整体实力，努力创造更多、更有优势的融资条件。

综上所述，天津市文化产业及其融资平台建设问题与机遇并存，困境与解决办法并存，在供给侧及党的十九大的新形势下，天津市文化产业有了新的战略定位和发展方向，加强融资平台建设对文化产业的发展至关重要。良好的天津市文化产业融资平台，一方面能够为文化产业发展提供强有力的资金支持，推动文化产业进一步提高经济效益和社会效益，另一方面，如果文化产业能够和金融产业较好地融合在一起，共同发展，这对金融市场也有很好的反促进作用，激励金融机构不断开发出新产品，提高创新能力，适应时代的发展。

但是在天津市文化产业发展尚不充分以及金融市场体制尚不完善的背景下，针对文化产业建立完备的金融支持体系还有很长的路要走，只有在实践中，让文化产业和金融支持主体相互磨合，互帮互助，才能逐渐建立较好的联系，创造出新的、高效的金融支持文化产业模式，在促进文化产业发展的同时也完善了金融支持体系。

第二节　天津市文化产业发展展望

作为著名的历史文化名城之一，天津市有着深远的文化发展史，文化艺术内涵丰富，底蕴深厚，历史悠久。天津市是临海城市，从古至今，在我国对外开放和国际交流的过程中，天津市是一个重要的跳板与桥梁，为我国与国外往来做出了重要的贡献，同时众多文化汇集于此，形成了独特的天津文化。在天津，内陆文化与海洋文化相互融合，传统文化与现代文化交相辉映，中华文化与外来文化相互借鉴，天津文化整体体现着开放性、包容性和多元性的魅力。

文化是城市的灵魂，也是城市发展的精神动力。新中国成立以来，特别是改革开放以来，天津市经济建设取得重大的成就，社会不断进步，人民生活水平有了极大的改善，天津市文化事业和文化产业建设与人民群众共同努力，紧跟时代步伐，取得了重大的成就。科学发展观的提出和社会主义和谐社会的战略构想，为中国特色社会主义文化的繁荣提供了前所未有的战略机遇。国家重要战略部署，开发开放滨海新区，进一步促进了天津市科学发展、和谐发展、率先发展，为天津文化的发展繁荣开辟了更加广阔的天地。天津市政府本着"经济发展高水平、文化发展高品位、人的发展高素质"的要求，围绕把天津市建设成为富有独特魅力和创造活力的文化名城的目标，继承和发扬民族优秀文化，开阔和创新现代都市文化，充分展示近代历史文化，努力繁荣特色群众文化，着力推进"文化天津，和谐社会"建设，为推动天津市全面发展和文化与经济、政治、社会的协调稳定发展，把天津市建设成为国际港口城市、北方经济中心和生态城市创造良好的文化条件。天津市文化产业在政府的大力扶持下，在人民文化需求日益增长的带领下，在企业自身的自主创新下，在未来有广阔的发展空间。

一、结合当地特色，天津市文化产业未来发展方向

（一）以历史建筑为资源，结合旅游业共同发展

天津是我国著名历史文化名城，当地的建筑风格可谓是一绝。不仅有中式传统建筑，还有西式近代建筑以及融合中西方文化的中西合璧式建筑。

坐落于天津市的中式传统建筑，蕴含着浓厚的人地关系统一思想，这与北方风水学说有着深厚的渊源；中轴纵贯南北，东西两侧对称；组群结构，主次分明；等级森严，体现封建伦理观念，充分反映了封建社会的传统文化和社会道德规范。例如，位于天津市西青区杨柳青镇的石元仕故居。其建筑结构独特，砖木石雕精美，堪称现存天津名人故居中式建筑的典范。

由于天津特定的历史条件和文化冲击，近代以来天津市出现了大量的西方近代建筑，形成了一种独特的建筑文化。其中以居住为主要目的的建筑多集中在马场道、睦南道、大理道、常德道、重庆道附近，大部分是庭院式独居住宅，建筑外形具有各国民俗特点。例如，位于和平区赤峰道78号院的张学良故居，位于和平区睦南道20号的孙殿英故居以及位于和平区花园路12号的李吉甫故居等。

随着西方国家建筑文化的冲击，中西方建筑文化不断融合、折中，催生了许多风格独特的租借地建筑。西方建筑进入天津后吸收了中国的砖雕艺术；与此同时，天津古建筑也受到西方建筑的影响，如柱式结构及塔楼、角楼、围墙及花饰的采用，是天津城建历史上第一次中西文化大融合。如位于河北区平安街81号的鲍贵卿故居。

天津市的历史建筑文化资源十分丰富，在天津市文化产业未来的发展中，可以以此为基础，集合旅游业共同发展。文化企业可以联合旅游公司，共同开发出高质量文化旅游产品，将文化元素融入旅游产品中，再以历史建筑为载体向游客或消费者展现出来。例如，每年春季都是天津市的旅游旺季，天津市和平区将在五大道举行丰富多彩的文化旅游活动，包括第四届五大道赏花节、第五届五大道

国际文化艺术节、五大道国际摄影双年展和民园广场"城市记忆"文化艺术季，这将对五大道文化旅游区创建国家5A级旅游景区，建设全域旅游示范区，进一步提升五大道在国内外的知名度和影响力，满足群众对美好生活的新期待起到积极作用，同时也推动了以资源特色为基础的文化产业。

表9-1 2018年天津市五大道文化旅游活动

时间	活动	活动具体内容
4月	第四届五大道赏花节	时间为4月1~30日，在清明节期间，连翘花、玉兰花、榆叶梅、樱花正值盛花期，以大理道近西康路处的连翘、睦南公园内的玉兰花及大理道的山碧桃效果最好；4月中旬大理道的行道树西府海棠正值盛花期，道路两旁的海棠花竞相开放，行走其中犹如遨游在一片粉色花海之中，黛粉的花瓣如霏雪般婉转而下，遍布着整片天空。此外，睦南道、常德道、重庆道上各种花卉清明节后也将陆续开放，为游客提供浪漫的赏花之旅，更值得各地的摄影爱好者到此一游
5月	第五届五大道国际文化艺术节	时间为4月29日~5月1日小长假期间，在民园广场举办"第五届五大道国际文化艺术节暨'一带一路'沿线国家民族歌舞艺术展演"，届时将有来自波兰、斯洛伐克、黑山等欧洲国家的文化艺术团体，为市民和游客轮流上演充满浓郁欧陆风情的民族歌舞。相同时间在先农大院分会场举办艺术暨"一带一路"沿线国家民族歌舞展演，来自斯里兰卡、菲律宾等东南亚国家的小型乐队进行民族歌舞艺术展演，同时举办"简良集"创意文化市集。天津外国语大学4月27日举办第五届五大道国际文化艺术节暨外大国际文化节，来自世界30多个国家的留学生举办文艺演出和创意产品市集
6月	2018年五大道国际摄影双年展	时间为6月15~18日端午节小长假期间，第一部分为"美丽天津——魅力五大道"摄影大赛，《天津日报》3月中旬开始连续刊登征稿活动信息，并在6月15日双年展开幕前后整版刊登获奖部分作品，全部征集的100幅获奖和入围作品双年展期间在民园广场展出。第二部分为中外摄影名家五大道摄影作品专题展览。由新华网、欧洲旅游委员会有关国家组织专业摄影家4月底~5月初前来五大道采风，拍摄摄影作品，每人提交30幅作品，双年展期间在五大道民园广场展出
6~9月	第二届民园广场"城市记忆"文化艺术季	计划于6月22日~9月22日连续三个月的每个周五、周六晚上在民园广场下沉广场举办第二届民园广场"城市记忆"音乐会，计划演出近30场。其间的周六和周日在民园广场举办各种小型高雅的弦乐四重奏和文化艺术表演活动，形成周周有演出的文化艺术氛围
10月	第十五届五大道旅游节	"十一"黄金周期间在民园广场等重要点位继续举办"第十五届五大道旅游节"，届时将有来自世界各地的文化艺术团队和游客共同参与

注：数据内容由天津市财政局整理得到。

第九章 结论与展望

（二）以天津曲艺为特色，传承且创新

"弦中参妙理，曲里寄深情"，天津曲艺有着十分悠久的历史。目前，天津流传下来且传承比较好的曲种就有十几种，分别有京韵大鼓、京东大鼓、河南坠子、相声、西河大鼓、单弦、天津时调、梅花大鼓、快板书、铁片大鼓、天津快板、评书、山东快书等，这些曲种在市民广泛传播，深受人们的喜爱。此外，还有一些失传的曲种，如滑稽大鼓、梨花大鼓、莲花落、子弟书、西城板、太平歌词等，虽然已经失传，但仍有学者和曲艺家坚持在民间收集各种资料，希望重新发现与传承。

为了对天津曲艺进行传承和发扬光大，天津市专门成立了天津曲艺团。作为中国北方著名的曲艺表演艺术团体，天津曲艺团成立于1953年，几十年来，编演了许多脍炙人口的曲艺节目，如相声《买猴》《十点钟开始》《精打细算》《开会迷》《批三国》《论捧逗》《挖宝》《聊天》《纠纷》；快板书《劫刑车》《孙悟空三打白骨精》；京韵大鼓《剑阁闻铃》《光荣的航行》《珠峰红旗》《探晴雯》《宝玉娶亲》；梅花大鼓《黛玉葬花》《二泉映月》；河南坠子《宝玉探病》《偷石榴》；天津时调《放风筝》《春来了》；单弦《游春》《地下苍松》；西河大鼓《百亭争秀》《一百单八州》；乐亭大鼓《太公卖面》《良心》；山东琴书《选路》等。

天津市曲艺团还聚集了众多曲艺表演艺术家，如张寿臣、马三立、郭荣启、赵佩如、常连安、常宝霆、苏文茂、骆玉笙、石慧茹、王佩臣、钟俊峰、王毓宝、花五宝、花小宝、李润杰、王凤山等，阵容强大，曲种齐全，实力雄厚，享誉海内外。在老一辈艺术家逐渐离开舞台以后，一批优秀中、青年艺术家迅速崛起，继承了优秀传统文化之精髓，成为曲艺舞台上异彩纷呈、生机勃勃的一代新人。如京韵大鼓演员赵学义、张秋萍、刘春爱、杨凤杰；乐亭大鼓演员姚雪芬；梅花大鼓演员籍薇；单弦演员刘秀梅；西河大鼓演员郝秀洁、杨雅琴；天津时调演员高辉；著名相声演员马志明、李伯祥、魏文亮、谢天顺、刘晰宇；山东快书演员储从善等。在国内外的演出中均体现了天津曲艺的风格和特点，受到各界的赞誉。近年来，一大批优秀青年曲艺人才的成长，使天津曲艺团又注入新的生力军，如京韵大鼓演员王莉、冯欣蕊；梅花大鼓演员王喆；河南坠子演员张楷。令人耳目一新，在全国的曲艺大赛中均有获奖。近年来天津市曲艺团多次到澳大利亚、美国及港、澳、

台等地区进行演出，享誉海内外。目前，天津市曲艺团已形成了老、中、青三代继承发展的繁荣局面，为了弘扬民族文化，它将以更大的步伐再创辉煌。

拥有如此丰富的曲艺资源，天津市文化企业应充分加以利用，继承这些优秀的曲艺文化，同时加以改造和创新，开发出更符合人民群众需求的产品。文化企业可以以这些曲艺资源为出发点，以人们喜闻乐见的形式为载体，如大型惠民曲艺活动、曲艺下乡进村活动等，这些活动一方面传承了曲艺文化，另一方面作为公益活动，更能受到政府的支持及社会的捐助。例如，每逢春节期间，天津市西岸相声剧场的演出几乎场场爆满，欢乐的笑声陪伴来听相声的市民度过了一个"爆笑"春节。2018年，河西区将服务融入文化产业管理当中，进一步巩固现有文化产业项目"聚集地"，做好"西岸"品牌已有项目的健康运营，筹办2018天津西岸图书展，服务好区内各文化产业园区、文化产业示范基地的培育和发展，繁荣剧院演出市场；培育发展新的文化产业"孵化器"，着力培育创新、创造型文化企业，大力扶持优秀文化企业的创新性项目，加强文化产业招商引资力度，打造文化创意街区，培育扶持市级文化产业示范园区、基地；落实好各类文化产业政策"助推剂"，发挥对产业的扶持引领作用，促进文化与科技、教育、金融、旅游跨界融合。

（三）以非物质文化遗产元素，融入产品设计

非物质文化遗产指各民族人民世代相承的、与群众生活密切相关的各种传统文化表现形式（如民俗活动、表演艺术、传统知识和技能，以及与之相关的器具、实物、手工制品等）和文化空间。非物质文化遗产的范围包括：口头传承，以及作为文化载体的语言；传统表演艺术（含戏曲、音乐、舞蹈、曲艺、杂技等）；民俗活动、礼仪、节庆；有关自然界和宇宙的民间传统知识和实践；传统手工艺技能；与上述表现形式相关的文化空间。天津市作为历史文化名城，非物质文化遗产极为丰富，这为天津文化产业繁荣提供了丰富的资源，天津市第一批市级非物质文化遗产和第二批市级非物质文化遗产一共有80项，涵盖了民间艺术、民间舞蹈、传统戏剧、传统手工技艺、民俗、曲艺、杂技与竞技、传统医药等十余个领域。

表9－2　天津市第一批市级非物质文化遗产名录

类别	序号	项目名称	申报地区或单位
民间艺术	1	杨柳青木版年画	天津杨柳青画社
	2	泥人张彩塑	天津泥人张彩塑工作室
民间舞蹈	3	挂甲寺庆音法鼓	河西区
	4	杨家庄永音法鼓	河西区
	5	大沽龙灯	塘沽区
	6	汉沽飞镲	汉沽区
	7	刘园祥音法鼓	北辰区
	8	林亭口高腿子高跷	宝坻区
	9	海下文武高跷	津南区
	10	（虫八）（ba）蜡庙小车会	北辰区
传统戏剧	11	天津京剧	天津京剧院
	12	评剧	天津评剧院
	13	卫派河北梆子	天津河北梆子剧院
传统手工技艺	14	风筝魏风筝	南开区
	15	杨村糕干制作工艺	武清区
民俗	16	天津皇会	南开区
	17	天津天后文化信仰	南开区
	18	葛沽宝辇出会	津南区
曲艺	19	天津时调	天津市曲艺团
	20	京东大鼓	宝坻区
	21	天津相声	天津市艺术研究所
	22	骆派京韵大鼓	天津市曲艺团
	23	李派快板书	天津市曲艺团
	24	雷琴拉戏	天津市曲艺团
杂技与竞技	25	回族重刀武术	红桥区
	26	拦手门武术	河东区
	27	霍氏练手拳	西青区
	28	北仓少练老会	北辰区
	29	北少林武术	蓟县
传统医药	30	天津隆顺榕中药生产技艺	河北区

注：内容由天津市文化局整理所得。

表 9-3 天津市第二批市级非物质文化遗产名录

	序号	项目名称	申报地区或单位
民间文学	1	排地歌谣	东丽区
	2	秦城歌谣	宝坻区
传统音乐	3	小王庄民间吹打乐	大港区
	4	韩家墅上善道乐锣鼓艺术	北辰区
	5	北塘飞钹	塘沽区
传统舞蹈	6	东于庄同乐花鼓	河北区
	7	金狮大轿	河北区
	8	塘沽河头落子	塘沽区
	9	高王院莲花落	武清区
	10	寺各庄竹马会	武清区
传统戏剧	11	宝坻皮影戏	宝坻区
传统体育、游艺与杂技	12	竞技麻将	和平区
	13	无极拳	东丽区
	14	鲍式八极拳	北辰区
	15	李式太极拳	武清区
	16	毕式"一指禅"拿手推	和平区
	17	永良飞叉	武清区
	18	大六分村登杆圣会	静海县
	19	独流通背拳	静海县
	20	古典戏法	和平区
传统美术	21	杨柳青剪纸	西青区
	22	大郑剪纸	东丽区
传统体育、游艺与杂技	23	盛锡福毡礼帽制作技艺	和平区
	24	老美华手工制鞋技艺、服装制作技艺	和平区
	25	老美华中式连袖男装制作技艺	和平区
	26	老美津派旗袍制作技艺	和平区
	27	汇蚨源吉祥手工布艺技艺、蒸馏酒传统酿造技艺	红桥区
	28	义聚永高粮酒传统酿造技艺、配制酒传统酿造技艺	和平区
	29	义聚永玫瑰露酒传统酿造技艺	和平区
	30	义聚永五加皮酒传统酿造技艺	和平区
	31	天津"狗不理"包子制作技艺	和平区

续表

	序号	项目名称	申报地区或单位
	32	天津桂发祥十八街麻花制作技艺	河西区
	33	天津"耳朵眼"炸糕制作技艺	红桥区
	34	大福来锅巴菜制作技艺	红桥区
	35	子火烧、一品烧饼制作技艺	蓟县
	36	赤土扣肉制作技艺	东丽区
	37	独流老醋酿造技艺	静海县
传统体育、游艺与杂技	38	沙窝萝卜种植与窖藏技艺	西青区
	39	古铜（银）鎏金器修复及复制技艺	河西区
	40	津门蔡氏贡掸制作技艺	南开区
	41	刘海空竹制作技艺	南开区
	42	周记宫灯制作技艺	东丽区
	43	皮影雕刻技艺	蓟县
	44	盆罐村制陶技艺	宁河县
	45	"一掌金"速算技艺	宝坻区
传统医药	46	达仁堂清宫寿桃丸宫廷秘方及其传统制剂工艺	天津中新药业集团
民俗	47	潮音寺民间庙会	塘沽区
	48	独乐寺庙会	蓟县
	49	运河文化（杨柳青段）	西青区
	50	天津茶楼文化	南开区

注：内容由天津市文化局整理所得。

天津市拥有众多的非物质文化遗产，对文化企业来说是一项极为重要的资源，文化企业可以根据各区域的非物质文化遗产，将这些文化遗产元素融入产品设计中，生产出新颖独特的产品，吸引更多的消费者。例如，每年年末，天津市西青区都会举行盛大的文化旅游节，利用各项非物质文化遗产，举办丰富多彩的活动，喜迎众多的游客，发展本地区的文化产业。2017年农历腊月二十三，第十五届西青区民俗文化旅游节在杨柳青镇如意大街意合堂会正式拉开帷幕。活动期间，西青区如意大街节日氛围异常浓郁，一串串大红灯笼将街区装点得喜庆祥和；年画娃娃舞蹈表演热情洋溢，尽显民俗特色；舞狮表演威风凛凛，栩栩如生；年货一条街上，杨柳青年画、春联、吊钱、花灯等各种年货琳琅满目、杨柳青酥糖、茶汤、熟梨糕等各种当地特色小吃应有尽有，众多慕名而来的市民和游客争相购买年货，品味小吃，呈现了一派节日的热闹景象；西青区的各主要景区在活动现场集中宣传西青旅游景区资源，前来咨询的游客络绎不绝。

第十五届西青区民俗文化旅游节由市旅游局、西青区政府主办，西青区旅游局、西青区商务委、西青区文广局、杨柳青镇政府和如意大街承办，时间从腊月二十三开始到正月十六结束，内容丰富，亮点多多，共推出了19项特色活动和5项优惠措施。其中石家大院精彩的京剧、评剧、河北梆子堂会演出让游客领略到不一样的西青民俗味道；杨柳青庄园冰雪节除了雪山、滑雪道、雪地游艺等雪地项目外，还加入了儿童单板滑雪项目，这在天津市乃至华北地区的儿童冬季冰雪节都是首例；曹庄花卉植物园冬季雨林文化节的异族风情表演让游客领略不一样的中国味道；社会山文旅港民国街的正式开业，给西青旅游增添了又一特色亮点；精武门·中华武林园的大型庙会，如意大街的年货节将充分在满足广大游客节日期间各种购物需求的同时，让广大游客充分感受到来西青过年的别样味道。除此之外，在2017年的元宵节期间，杨柳青的灯展、各街镇的秧歌花会表演，中国·杨柳青第三届国际民俗摄影大展、迎新春书画篆刻作品展、电影公益放映周等也将为广大市民和游客提供一道丰盛的文化盛宴。

二、结合新时代文化战略，天津市文化主要创新方向

供给侧改革以来，尤其是十九大召开后，党和国家将文化的定位提升到了新的高度，作出了新的部署，为新时代文化发展提供了重要的理论指南和行动纲领。新时代文化产业工作要以习近平新时代中国特色社会主义思想为指导，进一步坚定文化自信，增强文化自觉，遵循把握正确发展导向、完善和落实文化经济政策、充分发挥市场主体作用、注重发挥创新的引领作用、促进与相关领域深度融合、推动城乡区域协调发展、扩大和引导文化消费、推进开放发展与合作共赢8个方面的思路，并以推进文化产业园区建设和企业发展为重要抓手，促进文化产业转型升级、提质增效，推动文化产业在新时代持续健康快速发展、迈上新台阶。全国文化系统要把学习贯彻十九大精神作为首要政治任务，牢固树立"四个意识"，增强"四个自信"，加强组织领导，抓好贯彻落实，提升管理服务，扎实推动文化产业各项工作落到实处。

在天津市第十一次党代会上，市委领导提出：现代化关键是人的现代化，现代化的天津不仅要在物质上极大丰富，更要在精神文化上极大丰富。这从天津市

的整体发展层面强调了对文化发展的高标准要求，对此，文化产业要不断地进行自主创新，顺应天津市整体发展方面，全面提高天津市文化软实力以及文化产业发展水平。

（一）文化观念创新进一步加强

观念是方向，创新是行动，如果观念错了，再高水平的创新也是走错了路。文化创新一定要以科学、正确的文化观念为指导，然而我们的文化观念相对保守和落后，在现代，科学技术迅猛发展，人们观念日新月异，我们的文化观念也要进行创新。作为文化企业，应时刻关注文化产业在天津市发展战略中的定位，牢牢把握住先进文化的前进方向，树立科学的文化发展观念。要转变以往对文化产业、文化产品、文化市场、知识产权的观念，紧跟市场步伐，时刻掌握消费者的文化观念，从而对自身的文化观念进行调整。文化企业要把转化文化观念贯彻落实到文化产业的各个环节，从研发到生产、从市场调查到产品销售，都应该时刻进行文化观念的创新，这样才能不断提高自身实力，进而促进整个文化产业的发展。

（二）文化体制改革进一步深化

科学健康的文化机制能够有力地促进文化产业发展，相反，落后腐朽的机制只会束缚文化产业的发展。天津市要不断加强文化体制机制改革，适应市场发展趋势，大力发展非营利公益性文化事业，加大财政投入，积极举办文艺惠民活动、文艺下乡进村活动等，普及文化知识，全面提高市民的文化认知能力。针对文化企业，要进一步简化审批流程，提高效率，降低企业进入文化产业的门槛；要加强产业园区和文化集群地建设，发挥文化产业规模效应，降低文化产业的公共设施成本；要进一步完善文化产业市场体系建设，改变城乡文化资源、文化资金流通受限的局面，在全市范围内建立统一开放、竞争有序的现代文化市场体系，促进文化产业平稳持续健康发展。

（三）文化内容创新进一步推进

文化产品通常要通过文化内容来体现，它代表了一个文化企业的核心竞争力，是文化发展的根本。文化企业应不断加强内容创新，创造出人民群众喜闻乐见的产品，在对优秀传统文化继承的基础上，不断改造和创新，迎合人民的文化需求。此外，文化产品还应来源于人们的现实生活，反映人民群众的主体地位，能够启迪人们的思想，使人们身心感到愉悦，审美得到享受。天津市文化企业可以结合本地区优秀的人文历史资源、中西方建筑文化资源、传统曲艺资源，紧紧围绕国家发展文化的总方针，摒弃庸俗文化，代表先进文化，积极向上，努力实现社会效益和经济效益，融合并呈现天津市数十年来社会主义建设的伟大成就和天津市人民群众的辛勤劳动成果，创造出弘扬真善美的高质量文化产品。

（四）文化形式创新进一步改良

文化形式是文化传承、发展和传播的基础条件，文化形式不仅要有"阳春白雪"，还要有"下里巴人"，只有这样，才能够满足不同层次消费者的文化需求。天津有各种各样传统的文化形式，企业要在传统的基础上，不断探索新的文化形式，在新的时代背景和市场条件下，适应消费者随时变化的文化需求。文化企业可以借助现代先进的科学技术，将其融入产品中，改进和完善文化形式。此外，文化企业之间可以经常学习与交流，不断地融合传统与现代文化、东方与西方文化，促进文化传播，改善文化形式。

（五）文化传播途径进一步创新

优秀文化的传播和优秀文化产品的影响力不仅取决于自身价值与质量，还与文化传播的途径息息相关，先进强大的文化传播手段对文化传播有极强的推进作用。天津市的文化传播方式是多样的，也是强大的，天津市广播覆盖率、电视覆盖率以及有线电视覆盖率基本达到百分之百，以及电影播放、各种文化活动等都为文化传播提供了途径。但鉴于文化产业未来极大的发展空间，现有的传播方式和手段是不足的，政府和企业都要探索新的文化传播方式，加强文化传播自主创新，提高文化传播能力和发展文化产业，提高天津市文化的影响力。

（六）文化业态加强创新

随着社会进步与文化产业发展，文化新业态、新模式不断出现是时代的趋势。新文化业态出现不仅有利于文化产业的升级和发展，还为经济社会创造了新机遇。在当前科学技术日新月异的背景下，要持续加强文化业态创新，利用发达的电子数据、数码影视、网络传输等科技，加强对旧有文化业态的改造和创新，积极发展文化博览、文化创意、影音动漫、数码游戏等新兴产业，将科学技术与文化产业相融合，创造出文化产业新的增长点。加强文化业态创新符合文化产业发展的基本方向，有利于天津市文化产业形成自主知识产权，提高自身核心竞争力，推动天津市文化产业的整体发展。

三、结合区位优势，京津冀协同发展

天津市毗邻北京市、河北省，又处于渤海之滨，具有十分优越的区位优势。近些年来，京津冀一体化战略迅速发展，京津冀三省作为一个整体已经登上历史舞台，在整体协调，全面发展的大背景下，天津市文化产业的发展应与其他两省市取长补短，合作共赢。

（一）深化体制改革，享受政策红利

在京津冀协同发展的基础上，天津市要加强文化体制改革，与友邻省市进行交流与合作，使文化体制相互接轨，充分发挥文化资源在区域市场上的配置作用。天津市应以京津冀协调发展的文化战略及本市文化产业发展战略为指导，调整文化管理机构及相关配置机关，去除冗余，提高效率，充分发挥政府和市场对文化资源的优化配置作用，促进天津市文化产业升级和发展，利用其他区域的优质资源，如先进的文化技术、高质量的文化人才等，来实现本市文化产业的腾飞。

（二）区域化发展，共享规模效益

文化产业的发展繁荣离不开产业集群和规模经济，天津文化市场上企业多为中小型企业，企业难以形成规模化生产，单位成本较高，不利于整体文化产业发展。在京津冀协同发展的背景下，三地要整合文化资源，建立文化交流市场、金融扶持平台等，支持文化企业在更大范围内集群发展，充分发挥规模经济。天津市文化产业可以积极参与文化交流平台建设，取长补短，弥补自己的不足，提高自身的自主创新能力，增强核心竞争力。

(三) 加强交流互动，打造区域品牌

天津市文化产业要充分利用自身优越的地理位置，与周边的北京市、石家庄市、秦皇岛市等积极开展文化交流，资源共享，互惠共赢。可以学习国内外打造文化品牌的方式与途径，利用本地特色文化打造"近代中国看天津"的文化品牌，以历史文化名人、中西结合的历史建筑以及传统优秀曲艺文化为基础，首先在京津冀区域内打响品牌，再逐步向外发展。

如2018年3月，由通州区旅游委、武清区旅游管理服务中心、廊坊市旅游委联合举办的"通武廊"旅游摄影展在武清区落下帷幕。本次活动旨在扎实推进"通武廊"旅游合作联盟深入发展，充分展示"通武廊"三地优质旅游资源。此次"通武廊"旅游摄影立足于三地自然之美、人文之美、社会之美、生态之美，面向全国摄影爱好者进行了摄影作品征集，以北运河为主线，将宝贵的自然资源、丰富的文化遗产、新兴的生态旅游业态串连成线，展现出了"通武廊"三地自然风光、景观建筑、节庆活动、旅游景点等精彩瞬间。2017年以来，随着京津冀协同发展不断深入，武清区不断加强与通州区、廊坊市之间的沟通，协调开展工作，努力推动三地区旅游资源融合，加快了文化共享、旅游共建的步伐，力求开创京津冀区域旅游协同发展新局面。三地旅游部门联手，相继成立了"通武廊"旅游合作联盟，召开了"通武廊"旅游产业发展大会，标志着三地携手打造京津冀旅游协同发展实验示范区的合作正式拉开帷幕。随着三地旅游一体化各项工作稳步推进，武清区将以北运河为主线脉络，积极配合通州、廊坊串联三地旅游资源，打造精品旅游线路，形成知名品牌，不断丰富节庆活动，进一步助力三地游产业发展提质增效，激发更强的市场活力。

四、深化对外开放，推动文化国际交流

随着"一带一路"倡议的不断推进，我国对外开放程度也逐步提高，并且在"文化兴国、文化强国"的指导思想下，我国的对外文化贸易也有着迅速的发展。据商务部数据显示，2017年，我国文化产品和服务进出口总额1265.1亿

美元，同比增长 11.1%。其中，文化产品进出口总额 971.2 亿美元，同比增长 10.2%；文化服务进出口总额 293.9 亿美元，同比增长 14.4%。在文化产品方面，出口实现快速增长。文化产品出口 881.9 亿美元，同比增长 12.4%；进口 89.3 亿美元，同比下降 7.6%。顺差 792.6 亿美元，规模较 2016 年同期扩大 15.2%。出口结构趋于优化。文化产品出口的技术含量有所提升，具有较高附加值的游艺器材和娱乐用品、广播电影电视设备出口同比增长 19.4%，占比提升 2 个百分点至 34.5%。

我国文化产品和服务的国际市场更加多元。美国、中国香港、荷兰、英国和日本为中国文化产品进出口前五大市场，合计占比为 55.9%，较 2016 年下降 1.8 个百分点。我国与"一带一路"沿线国家进出口额达 176.2 亿美元，同比增长 18.5%，占比提高 1.3 个百分点至 18.1%；与金砖国家进出口额 43 亿美元，同比增长 48%。在文化服务方面，进口增势明显，出口结构不断优化。文化服务进口 232.2 亿美元，同比增长 20.5%，其中视听及相关产品许可费、著作权等研发成果使用费进口分别同比增长 52.1%、18.9%。文化服务出口 61.7 亿美元，同比下降 3.9%；其中，处于核心层的文化和娱乐服务、研发成果使用费、视听及相关产品许可费等三项服务出口 15.4 亿美元，同比增长 25%，占比提升 5.7 个百分点至 24.9%，出口结构呈持续优化态势。

天津市作为对外贸易的桥头堡，在文化产品和服务出口方面有着得天独厚的优势，天津市文化企业要充分把握优势条件，不断提高自身实力，加大出口，同时以政府为桥梁，积极与国外进行文化交流，提高企业知名度，宣传中华优秀传统文化。例如，春节是中华民族的传统佳节，在春节期间开展"走出去"对外文化交流已成为向世界展示中华传统文化的重要窗口和精彩舞台。2018 年 2 月 10～17 日，"欢乐春节·魅力京津冀"活动分别走进美国洛杉矶比佛利山市、哥斯达黎加圣何塞市、巴拿马巴拿马城三地，将中华文化传递给三地市民，与他们共渡难忘的中国年。本次活动由中国对外文化交流协会，北京、天津、河北三省市对外文化交流协会与洛杉矶比佛利山市政府、哥斯达黎加旅哥恩平工会、巴拿马华商总会联合主办，中国驻洛杉矶总领馆、驻哥斯达黎加使馆、驻巴拿马使馆支持。为促进中美旅游业共同发展，实现互利共赢，此次活动还在洛杉矶举行了天津旅游专场推介会，为两地旅游合作提供了更为广阔的发展空间。除了文艺演出，美洲三地还举办了中华传统文化雅集展示，北京的茶道、香道、插花表演，天津的杨柳青木版年画展览和工艺流程展示，河北蔚县剪纸展览和表演等引发当地市民的极大兴趣和热情关注。杨柳青木版年画传承人何舒然表示，文化提振精神、凝聚力量，也是开拓对外交流的突破口，文化工作者将不忘初心、牢记使命，让更多更好的文化产品走出国门。出访期间，为深化与各主办方、支持方及当地主流媒体合作，"欢乐春节·魅力京津冀"访问团还开展系列走访活动，通过与当地相关工作人员座谈，在加深对彼此城市发展及地域文化了解的基础上，就促进双方文化交流等进行了沟通，并为天津市更好开展"走出去"对外文化交流奠定了基础。

总的来说，天津市文化资源是极其丰富的，在未来的发展方向也是多样的，但作为新兴产业，文化企业崛起还需要不断地努力。文化企业要清楚地认识到目前发展的优势与不足，了解可利用的优势资源，结合本地区优秀特色资源，如历史建筑、传统曲艺以及非物质文化遗产走特色文化发展道路；在新时代文化发展背景下，天津市文化产业要不断加强文化观念创新、文化体制机制创新、文化内容创新、文化形式创新、文化业态创新，进一步加强全面的自主创新能力，走时代潮流发展之路；在京津冀协同发展的背景下，天津市文化产业要积极与京津冀区域内其他文化企业加强文化交流与合作，取长补短，开拓创新，打造区域品牌，实现文化产业腾飞发展。

第三节　天津市文化产业融资平台发展展望

天津市文化产业的发展离不开配套融资平台的建设，良好的融资平台是产业发展的基础，产业迅速发展也会拉动融资平台的建设，天津市文化产业的高速发展对融资平台有着很好的带动效果。随着供给侧改革的不断推进，文化产业及文化产业融资平台建设将在供给端不断发力，通过整合生产要素，提高全要素生产率，文化产业投融资体系将更加完善。

一、投融资体系多元化发展，非公资本作用日渐显著

面对巨大的资金缺口，单靠企业自身和政府扶持是远远不够的，文化企业应正确认识市场形势，不断提高文化创新能力，在资本市场上吸引更多的资金。文

化企业主要的资金应来源于资本市场,如通过上市发行股票、债券等,或以良好的发展前景吸引风险投资,政府或其他渠道资金对文化企业资金需求应仅起补充作用,从而建立结构合理、健康稳定、多元化的投融资市场体系。

在多元化的融资体系下,非公资本乃至外资对文化产业的促进效果将更加显著。党的十九大报告中再次强调了深化供给侧结构性改革和加快完善社会主义市场经济体制的新发展理念,在文化产业领域,必将发生一系列重大变革。原有的国有混合所有制企业经进一步深化改革,转变为一般国有文化企业,体制转型一方面可以提升国有文化企业的经营效率和市场效益,另一方面也可以放大国有文化资本的影响力和控制力。在文化产业融资方面,借助互联网和大数据技术,文化产业和金融体系将能够更加高效地对接与合作。在文化产业资本结构多元化发展的同时,多层次的文化产业投融资市场也将逐步建立:其一,信贷资本市场对于文化产业的支持力度不断加大,文化金融创新日趋深化;其二,随着中国多层次证券资本市场建设推进,文化产业的股权交易日益活跃;其三,在政策利好与文化消费活跃的促进下,各类风险资本进入文化产业的积极性不断高涨,文化产业的直接融资比重将大幅度提升;其四,以文化产权交易所为主要载体的文化要素市场在治理整顿之后浴火重生,特色化发展和兼并重组将为丰富和健全中国文化产业投融资体系做出重要贡献;其五,以互联网平台为主要增长点的文化产业互联网金融将大有作为。

此外,随着股权交易市场的不断完善,各类风险或权益类资本正大举进入文化产业领域,日益成为最有活力的产业推进剂,中小文创企业的融资途径日渐丰富和多样化。2014年1月24日,全国中小企业股份转让系统(简称"全国股份转让系统",即新三板)首批全国285家企业在北京集体挂牌后,可以说,中国基本形成了主板、中小板、创业板以及由新三板为代表的场外交易市场组成的多层次资本市场体系。这一方面为文化产业的股票融资提供了更多平台,设置了更多渠道,另一方面为风险投资与私募股权投资投资文化产业提供了更多的退出方式。尤其是后者,对于中国文化产业的未来发展举足轻重。文化产业的本质是内容创新与科技创新的融合,是一个典型的高风险领域。银行可以对那些已经形成资产规模的企业或产品价值相对确定的项目提供金融支持,但文化产业中承载创新及其伴随性风险的那些小微文创企业或项目则很难得到银行融资,这就需要风险偏好型的资本来支持。长期以来,由于中国的风险投资本身发展不够充分,加上文化产业也是方兴未艾,风险资本进入文化产业总体上很谨慎,规模很小。当前,国家明确了文化创意与科技、旅游等相关行业融合发展的战略思路,这会进一步提升和完善文化产业的商业模式及其价值实现方式,加上风险投资的信用环境、退出机制等进一步改善,风险投资与私募股权投资对于文化及相关产业的投入会更有信心,这非常有利于创新型文化产业的发展。

二、文化产业变革与互联网金融革命进一步融合

文化创意革命与互联网金融革命逐渐融合,文化要素市场从线下逐渐向线上发展,这将成为中国文化产业投融资发展中最令人期待的景观。近年来,各类文化产权交易所相继涌现,但大部分并不具备成为重要的文化产业投融资平台的潜质。2009年6月,上海文化产权交易所揭牌,这是国内首家成立的文化产权交易所。2009年11月,深圳文化产权交易所挂牌,试图打造面向全国及全球的文化产权交易平台、文化产业投融资平台、文化企业孵化平台与文化产权登记托管平台。2010年11月天津文化艺术品交易所在天津成立,推动艺术品份额化交易迅速火爆,但由于其不规范交易和严重的泡沫化危机,在一年后被政府紧急叫停,全国各类文交所进入治理整顿期。目前,我国的文交所显得有些无所适从,知识产权交易微乎其微,不成气候,文化企业股权交易并不专业,艺术品资产交易险象环生,文化产权显得虚无缥缈。下一步,中国文化产权交易市场必然面临大调整大变革。一方面,必须进行大规模的兼并重组,现有二三十个交易所归并为3~5个具有规模效益和特色业务的交易平台,如具有专属税收优惠和监管功能的艺术品交易所,减少文交所数量,提高文交所质量;另一方面,必须积极回应互联网的挑战,大力拓展文化要素的线上交易模式,如将特色文化创意与小众文化需求有机融合的众筹网金融模式,随着互联网金融的政策环境不断改善,文化众筹必然会有着广泛的发展空间。

三、京津冀合作融资与突出滨海新区特色共同发展

文化企业的融资来源可以是多方位、多地域的,不仅仅限于天津市市场,例如,可以以京津冀区域发展为契机,扩展企业融资方式,申报优秀的文化项目,获得国家级的财政支持。另外,文化企业要提高走出去能力,多与本地区以外的优秀文化企业进行合作,共同融资,分担风险,提高规模效应。

此外，作为国家级开发区的滨海新区，无论是在政策上还是区位优势上，都有着更好的文化产业发展和文化产业融资前景，对天津市文化产业来说，滨海新区文化产业将是一个新的发展重点和发展机会。近年来，滨海新区推出了各种各样的优惠政策，搭建产业发展融资平台。在智慧山文化创意产业园专门搭建文化企业融资平台，为中小企业放贷2亿元。2014年，滨海新区成功举办第五届中国（天津滨海）国际文化创意展交会，据不完全统计，现场成交额3000余万元。滨海新区出台的第五批重点项目，共有108项，计划总投资406.6亿元，其中超亿元项目29个，2014年完成投入79亿元。9个项目获得了天津市文化产业发展专项资金支持，支持金额1260万元，有3个项目获得国家文化产业专项资金支持，支持金额1815万元。"天津出版产业园"挂牌运营，共吸引22家国有和民营出版企业，注册资金3.9亿元，图书企业贡献税收共计1.7亿元。空港经济区国家数字出版基地争创国内一流综合性数字出版产业基地，目前基地共聚集了约50家重点企业和项目，实现产值约40亿元。

总体来说，作为开发区，滨海新区在建设文化产业融资平台方面能够充分调动各方资源，一系列优惠的政策也逐渐吸引力大量的文化企业进入以及大量优秀的专业人才流入，为新区和天津市文化产业的发展与建设不断注入新的活力。

如2018年，滨海新区安排文化产业专项资金1500万元，大力支持文化产业发展。具体举措包括，支持繁荣演出市场活动，进行低票价补贴；支持文化部、财政部批准滨海新区为引导城乡居民扩大文化消费第一批试点城市，组建一支文化消费企业联盟，打造利用好百姓互动文化平台文化随行APP，发行文化消费卡；支持天津滨海第八届国际文化创意展交会等多项文化产业活动。有效提升新区文化演出市场的活跃度，激发滨海新区各剧场和演出单位的积极性。通过政策推动，创造良好环境，充分调动和发挥文化企业与人才的积极性、创造性。培育、引进一批特色鲜明、创新能力强的文化科技企业，吸引更多高层次、创新型文化科技人才到新区创业。为周围地区和全国乃至世界的优秀企业家和创意人士提供创业的沃土和合作的摇篮。

附录一

天津市 2017 年文化广播影视工作总结

2017年，在市委市政府的坚强领导下，天津市文化广播影视系统以习近平新时代中国特色社会主义思想为指导，全面贯彻落实党的十八大和十八届三中、四中、五中、六中、七中全会精神，深入学习贯彻党的十九大精神，紧紧围绕"五位一体"总体布局和"四个全面"战略布局在天津市实施，牢固树立以人民为中心的工作导向，牢牢把握意识形态工作领导权，以高度的政治责任感和使命感，积极培育和践行社会主义核心价值观，公共文化服务水平不断提高，艺术创作持续繁荣，文化产业健康发展，中华优秀传统文化广泛弘扬，广播影视管理持续优化，文化强市建设迈出了新步伐。

一、迎庆学习宣传贯彻党的十九大工作成效显著

（一）迎庆党的十九大文化活动隆重热烈

成功举办迎庆党的十九大优秀剧目展演、天津市宣传贯彻落实党的十九大精神大型交响合唱音乐会、"永远跟党走"群众文化系列活动、"喜迎十九大·文脉颂中华"非物质文化遗产大型网络传播活动等十九大专题群众文化活动。组织《党的十八大以来治国理政成就展》《古代廉洁主题展》《京津冀三地红色文化联展》《时代的精神，永远的雷锋》等主题展览。以农村数字公益电影放映工程为依托，围绕中国梦、社会主义核心价值观、"五位一体"总体布局等主题持续开

展系列公益广告放映和"迎接党的十九大,共圆小康中国梦"主题放映活动,开展"喜迎十九大爱国主义影片展映周"活动,组织天津城市公益电影放映平台开展"喜迎十九大"主题观影活动,以及"喜迎党的十九大·坚定不移跟党走"市文广系统诗歌朗诵交响音乐会、"榜样的力量"——最美文化人物先进事迹宣讲、"文化自信担重任、砥砺奋进谱新篇"——文化广播影视工作回顾展等活动,在全市营造了迎庆党的十九大的良好文化氛围。

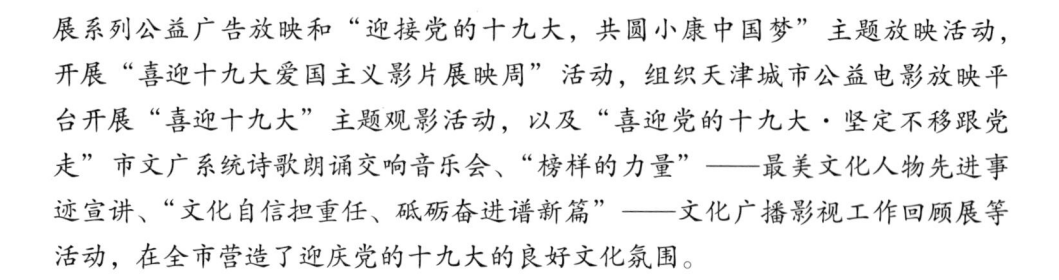

(二)党的十九大宣传报道和安全播出工作扎实有力

组织各级广播电视播出机构开设"砥砺奋进的五年"专栏,转播《不忘初心继续前进》等重大专题片,制作广播电视公益广告540条,宣传党的十八大以来改革发展辉煌成就以及全市喜迎十九大生动局面;深入宣传阐述十九大精神,唱响践行习近平新时代中国特色社会主义思想的时代主旋律。加强广播电视监听监看,编发《收听收看报告》32期,首次覆盖网络视听节目,监管效能有了新提升。实施《迎接党的十九大正面宣传计划》,通过组织各网络视听节目网站开设"喜迎十九大"专区、转播十九大重要活动等方式,强化网络视听舆论正面宣传引导。开展广播电视荧屏声频专项清查整治,妥善处理中国联通天津分公司IPTV业务传输分发服务违规问题。修订《天津市广播电视安全播出应急预案》,制定《天津市广播电视网络安全应急预案(试行)》,完善安全播出机制。全市各播出机构共投入5000余万元用于技术设备提升改造,提高了安全播出保障能力。组织开展全市广电系统安全大检查,督促相关单位落实整改任务,排除安全隐患。全市广电系统参与值班5000余人次,广播电视节目播出未发生停播事故。天津市保障十九大期间安全播出工作受到国家新闻出版广电总局通报表扬,天津市文化广播影视局被确定为党的十九大安全保障工作突出贡献集体。

(三)积极学习贯彻党的十九大精神

党的十九大召开期间,市文化广播影视局组织局系统党员干部集体收看党的十九大开幕直播,召开局党委会、局党委理论学习中心组学习会、局党委扩大会以及局系统领导干部座谈会及基层党支部组织生活会,集中学习讨论党的十九大精神。党的十九大闭幕后,出台《局党委学习宣传贯彻党的十九大精神工作方案》,采取党组织书记讲党课、送演出和展览进社区、进军营等形式集中组织开展党的十九大精神宣讲活动，组织局系统学习贯彻党的十九大精神培训班，培训处级以上干部149名，轮训在职党员1000余名，在78家社会组织中开展了宣讲和培训。组建宣讲团队29个、宣讲小分队51个，围绕学懂、弄通、做实，利用丰富多彩的形式开展宣讲190余场，迅速兴起学习宣传贯彻习近平新时代中国特色社会主义思想和党的十九大精神热潮。

二、京津冀文化协同发展深入推进

（一）京津冀文化协同发展工作机制进一步健全

成立市文化广播影视局推进京津冀文化协同发展工作领导小组，制定出台《2017年天津市文化广播影视局推进京津冀文化协同发展工作要点》。深度参与《京津冀文化产业协同发展规划纲要》编制，推荐天津市重点文化产业项目13个。签署《京津冀文化产业协同发展行动计划》，确定了"一个会议、两个平台、十项活动"工作机制。三地会展交流更加频繁，圆满完成北京国际文化创意产业博览会、河北省特色文化产品交易会等参展任务；三地合办的"京津冀文化产业协同展"受到广泛关注，得到文化部肯定。天津自然博物馆与首都博物馆、河北博物院成立"京津冀博物馆协同发展战略联盟"，李叔同故居纪念馆发起成立"京津冀名人故居联盟"，三地省级公共图书馆共同签署青少年经典导读活动资源战略合作协议。武清区与北京市通州区、河北省廊坊市共同签署了《通武廊三地文化领域协同发展战略框架协议》，全面推进通武廊地区文化发展。

（二）积极打造京津冀文化品牌

成功举办2017"炫彩青春"京剧联盟院团暨京津冀优秀青年演员交流展演和京津冀《缤纷国乐》名家名曲音乐会。与京、冀文化厅局共同举办2017年京津冀优秀剧目展演（河北站），遴选推荐4台剧目参加展演。天津市第二届市民艺术节专题打造京津冀及区域文化交流板块，推出京津冀曲艺邀请赛、京津冀京东大鼓书会等系列活动，京津冀图书馆共同举办"守望青春"我与图书馆的故事阅读推广活动。东丽区依托文化惠民演出引进京冀两地优秀剧目来津展演，组织届时两个月的京津冀文化交流演出季。成功举办京津冀文化产业创意策划、行政管理和经营管理培训班。《聚焦京津冀》新媒体节目共制作播出 78 期联制联播节目。组织举办《京津冀古代生活展》《京津冀的燕国时代》《京津冀近代文化名人故居风貌展》《京津冀三地红色文化联展》等多个主题展览。联合开展京津冀文物保护科研课题研究工作，牵头主持《京津冀近代银行建筑保护与利用研究》项目。三地文博学术交流刊物《博物院》正式创刊。第二届京津冀博物馆陈列展览创新与发展论坛成功举办。

三、艺术创作演出繁荣活跃

（一）艺术创作生产机制更加健全

出台《天津市舞台艺术创作生产三年规划（2018～2020 年）》，对艺术创作生产的引导持续加强。召开 2017 年天津市艺术创作工作会，对艺术创作工作进行部署推动。出台《天津市舞台艺术评论员管理办法》，加强和规范了舞台艺术评论工作。组织开展国家艺术基金 2017 年度、2018 年度资助项目申报，18 个项目获准立项，资金总额 905 万元。

（二）艺术创作空前繁荣

围绕弘扬社会主义核心价值观，着眼天津特色和爱国主义题材，组织创作推出了中国首部芭蕾舞国标舞舞剧《海河红帆》、廉政题材音乐剧《一盏明灯·焦裕禄》和交响乐《天津市组曲 2》《海河组曲》、话剧《天下粮田》、儿童剧《梦娃》等新作品 30 余部，加工提高、复排京剧《狄青》、评剧《海棠红》、歌剧《爱之甘醇》等剧目 100 余部，均创历史新高。审查通过电视剧 12 部、动画片 5 部、电影 18 部。重大革命和历史题材电视剧《换了人间》被中宣部、国家新闻出版广电总局确定为"迎庆党的十九大胜利召开优秀影视剧展播剧目"，作为 2018 年开年大剧在中央电视台一套黄金时间播出。影片《战狼》荣获第十四届精神文明建设"五个一工程"优秀作品奖。重大理论文献电视片《有个学校叫南开》在中央电视台纪录频道播出，引起国内外强烈反响。电视动画片《梦娃》

被国家新闻出版广电总局定为 2017 年度重点创作项目，并在全国省级卫视重点排播。电视剧《京港爱情故事》《血染大青山》分别入选国家新闻出版广电总局 2017 年庆祝香港回归 20 周年、庆祝建军 90 周年参考剧目。少儿电视栏目《糖心家族》《锋狂实验室》荣获国家新闻出版广电总局 2016 年度少儿节目精品发展专项资金扶持项目"优秀少儿电视节目"表彰。

（三）文艺演出精彩纷呈

全年共演出 3804 场，平均每天 10.42 场，观众 92 万人次。深入开展文化惠民演出，成功举办天津市 2017 年名家经典惠民演出季，组织市属 11 家艺术院团，集中演出经典剧节目 161 台、353 场，惠及观众 30 万人次。成立天津市文化惠民演出联盟，发行天津市文化惠民卡 13.5 万张。开展"农民点戏戏进农家"活动，全年演出 100 余场，基本实现乡镇全覆盖，惠及农村观众 4 万余人。天津歌舞剧院推出 2017"活力天津·扬帆起航"文化惠民演出年活动，演出 262 场，接待观众 21 万人次，并推出《国风浩荡》《丝路风情》等多个大型民族音乐会。组织完成了天津市 2017 年春节军民联欢晚会、天津市庆祝建军 90 周年大型交响合唱音乐会等重大演出和全国舞台艺术优秀剧目展演、第十三届全国运动会、"金砖五国"文化部长会议等重要演出参演任务。京剧《狄青》《墙头马上》等剧目参加第八届中国京剧艺术节演出广受赞誉。宝坻区双馨评剧艺术团《回杯记》参加全国基层院团戏曲会演，进一步展示了基层院团传承发展戏曲艺术、服务人民群众的良好风貌。

四、公共文化服务水平不断提高

（一）标准化、均等化建设迈上新台阶

组织开展学习贯彻《公共文化服务保障法》培训，出台《天津市图书馆文化馆总分馆制建设实施意见》和《街镇基层综合性文化服务中心建设和服务规范》《村居基层综合性文化服务中心建设和服务规范》等文件。全市少儿图书馆通借通还服务体系建设和专题绘本馆建设启动。全市第三批国家公共文化服务体系示范区（项目）通过文化部中期督导，滨海新区、河东区成功申报创建第四批国家公共文化服务体系示范区和示范项目。文化志愿服务全面推进，举办志愿服务活动8000余场，服务群众250万人次。组织公益文化普及活动776场，向1500名残疾人和15300名符合条件的老年人提供免费观看演出服务，1200名中小学音乐教师免费赏析音乐会，惠及人数再创新高。河北区配齐了各街社区公益岗人员。静海区通过政府购买公益岗位全部落实了383个村文化管理人员。宝坻区制定了《村（社区）综合文化服务中心管理员聘用管理实施方案》，做好管理员聘任管理工作。

（二）服务效能进一步提升

在全国率先实施全区域各级公共图书馆免押金借阅服务，更换、新办理免押金借阅证近20万个，退还押金借阅证6万余个。完成全国第六次公共图书馆评估定级工作，本评估期内各级政府共投入建设资金22.6亿元，新增馆舍面积15.4万平方米。全市公共图书馆接待到馆读者1127.3万人次，外借图书1681.9万册次，分别较2016年增长11%、10%。全市博物馆充分发挥文物传承历史文明、展示优秀文化的作用，全年举办《清代前期绘画特展》等特色展览467个，接待观众1166万余人次。印发《天津公共数字文化工程管理办法》，推进文化共享工程资源建设、公共服务云平台建设、数字图书馆建设、数字群艺馆建设等国家公共数字文化项目建设，创新数字化服务模式。东丽文化云平台建成启动。完成全市各区街镇和近20%村居综合性文化服务中心服务效能抽查，督促各区及时整改问题、提升服务水平。累计放映农村公益数字电影4.4万场，超额完成年度场次任务，影片观赏性、服务"三农"水平进一步提高。滨海新区文化馆、西青区张家窝镇文化广播电视服务中心、宝坻双馨评剧艺术团、天津评剧院三团、天津评剧之友俱乐部、武清区文化市场行政执法大队、滨海新区公益电影放映队、静海区电影发行放映服务站、天津广播电视网络有限公司宝坻分公司等10个单位被中宣部评为第七届全国服务农民、服务基层文化建设先进集体。推动中央广播电视节目无线数字化覆盖工程建设，天津广播电视台完成6套中央电视节目和3套中央广播节目的无线数字化覆盖建设任务。组织天津公益电影放映平台开展"唱响中国梦助力'海河号'"公益电影放映活动和"喜迎十九大"主题观影活动，为环卫工人、运动员、社区工作者等群体和全体市民免费提供高质量放映服务，"城市电影惠民"力度进一步加大。

（三）公共文化活动品牌影响不断扩大

开展迎全运系列文化活动，组织16个区近5000名群众演员完成开闭幕式暖场演出；广泛开展"文化惠民共享全运"群众文化活动，通过少儿舞蹈大赛、"南开杯"新广场舞大赛、天津市传统体育类非遗项目展演等活动，营造了全民参与、隆重热烈的氛围。成功举办第二届市民文化艺术节，五大板块40项市级活动贯穿全年，形成声势和特色。"戏曲名家进社区公益辅导千场工程"覆盖社区100个，举办专业辅导课程1016场，组织"戏迷大舞台"演出44场，受到广大社区居民热烈欢迎。天津市第七届国学文化节、第26届"东丽杯"梁斌小说评选活动成功举办。宝坻区第三届津宝音乐节广受欢迎。

（四）公共文化设施设备更加完善

天津歌舞剧院、天津交响乐团迁址扩建工程和新建天津非物质文化遗产馆工程稳步推进；天津群星剧院修缮完成。滨海新区文化中心建成开放。和平区非物质文化遗产展览馆建成并投入使用。东丽区投入2900万元完成区博物馆、美术馆提升改造。武清区投入400多万元完成区群艺馆、美术馆提升改造，投入800多万元新建镇（街）文化广场4个，新建和提升改造镇（街）综合文化服务中心9个、村级综合文化服务中心82个。津南区、宁河区文化中心等一批基层文化设施建设提升工程扎实推进。蓟州区积极策划以图书馆、文化馆、博物馆、大剧院等文化设施为重点的城区文化中心设计，推进州河公园文化长廊建设。争取市级文化传媒资金3000余万元，支持区级播出单位提升改造播出系统设备，85%区级播出单位播出系统设备实现数字化、自动化，50%区级播出单位播出系统实现高清化。

五、文化产业和文化市场健康发展

（一）文化产业供给侧改革持续深化

扩大文化消费试点工作成效显著，开展全国首批扩大文化消费试点城市创建，争取 600 万元市级财政经费，支持滨海新区、武清区开展试点，实现了以点带面的良好成效，得到文化部肯定。文化供给更加丰富，修订《天津市繁荣演出市场专项资金管理办法》，对符合条件的 500 余场剧院演出进行了补贴，补贴金额将近 200 万元，进一步发挥了专项资金在规范演出市场、激发剧场积极性、推动演出市场繁荣发展方面的积极作用；组织举办 2017 天津小剧场戏剧嘉年华活动，从来自全国的近 60 个申报剧目中遴选 20 个优秀剧目，在全市 10 余家剧场演出 40 场，《中国文化报》和本市主要媒体对活动给予宣传和肯定；编发《天津城市文化艺术手册》12 期、25 万册，在近 100 个点位向市民免费发放。加强电影消费引导，开办"影院做客直播间"专题直播活动 10 期、《天津新锐影评人·大师公开课》栏目 20 余期，举办天津市第二届"新锐影评人大赛"，有力引导了电影消费。联合市财政局出台《天津市国家电影事业发展专项资金征收使用管理实施办法》《天津市国家电影事业发展专项资金使用管理实施细则》，电影专项资金管理制度化水平再上新台阶。

（二）文化创新驱动能力进一步增强

首创省级文化产业示范园区、基地考评机制，在全国各省市率先制定出台评估考核办法及配套指标体系，完成全市 20 家园区和 54 家基地的评估考核工作，进一步提高了管理水平和效能。文化创意产业项目取得突破，北方文创集团以"文化＋科技＋创意"为主题，推出了"全息梦娃"系列，与国家博物馆签订战略合作协议，加盟文创中国项目；成功举办第七届滨海文化创意展交会、天津数字文化产业发展论坛和首届数字视效国际大师工作坊活动；全市 9 个项目获得中央文化产业专项资金扶持，18 个项目入选《2017 年中国文化产业重点项目手册》；滨海新区将 13 个动漫创意项目列入区现代服务业综合试点并给予专项资金支持。在中国传媒大学联合 16 所高校和文化产业研究院所共同组织开展的评选活动中，河西区入选 2017 年中国年度十大文化影响力城市。指导支持全市各类文化企业孵化器、公共服务平台、众创空间等双创服务平台开展工作，扶持文化小微企业发展，美域文化"灵动众创"双创空间获得文化部 2017 年度文化产业双创服务体系建设扶持。

（三）文化市场规范化建设持续推进

实施许可证管理制度、文化市场主体年度报告制度、文化市场管理约谈工作制度；调整完善娱乐场所审批政策和内容管理手段，确立文化市场经营场所从业人员培训工作制度及文化市场经营单位内容自审和管理制度；开展网络文化市场和营业性演出管理政策落实督查，规范营业性演出票务市场经营秩序，文化市场事中事后管理制度进一步健全。开展全市电影市场秩序专项治理，责令存在不规范经营行为的21家影院限期整改，规范了全市电影市场经营秩序。加强文物市场管理，制定《文物流通市场专项整治行动工作方案》，开展全市文物流通市场专项整治。加强文物拍卖标的审核，共审核标的35场次、18827件，撤拍22件。开展文物商品售前审核4次，允许销售2543件，禁止销售10件。

六、文化遗产保护与传承迈出新步伐

（一）文物保护进一步加强

召开全市文物工作会议，传达贯彻习近平总书记、李克强总理关于文物工作重要指示批示精神和《国务院关于进一步加强文物工作的指导意见》《关于实施中华优秀传统文化传承发展工程的意见》。市政府出台《关于进一步加强文物工作的实施意见》。认真落实国家文物局长城执法专项督察"回头看"反馈意见，进一步健全长城保护长效机制，扎实做好长城（天津段）保护工作。完成世界文化遗产大运河保护现状调研评估，协助做好大运河文化带建设。不可移动文物信息平台建设稳步推进。投入市级财政专项资金1800万元，实施天津市重点文物保护工程8项。完成觉悟社旧址、女星社旧址和泰山行宫修缮、前干涧段长城1号敌台保护等项目。对蓟州少林寺多宝佛塔维修过程中发现的文物进行抢救性清理，共出土文物57件（套）。蓟州区实现对72处各级各类文物保护单位的日常巡查和常态化检查。天津博物馆可移动文物预防性保护项目二期工程完成验收，天津自然博物馆、周恩来邓颖超纪念馆、平津战役纪念馆及武清区博物馆预防性保护项目全面展开。

（二）博物馆事业取得新进展

"北疆博物院复原陈列"荣获第十四届（2016年度）全国博物馆十大陈列展

览精品奖，引进了《超现实主义大师萨尔瓦多·达利艺术大展》和《从古埃及到拜占庭的地中海文明》两个高端展览。充分发挥文物服务重大国家发展战略、重大活动的作用，围绕"一带一路"倡议、纪念建军90周年、第十三届全国运动会等举办了《汉唐长安她生活》《丝绸之路自然大观》《钢铁长城强军梦》《永远的红军》《中华古代体育文物展》《伟大的军事家周恩来》《周恩来与新中国体育》等展览，为全党全国和天津市中心工作营造了良好氛围。天津博物馆馆藏甲骨入选"世界记忆名录"。数字课堂教育公共服务平台等3个项目入选2017年度"互联网＋中华文明"示范项目库，并获得国家文物局"互联网＋中华文明"专项资金支持。元明清天妃宫遗址博物馆和平津战役纪念馆改陈扎实推进。完成2016年度全市博物馆运行考评工作。大力提高博物馆公共服务水平，打造"文博讲堂""美术讲堂""自然探索课堂"等品牌讲座，全年举办讲座203场，受众3.4万人次；开展进社区、进校园等活动360余场，受众36万余人次。积极推进文化创意产品开发，出台了《关于推动文化文物单位文化创意产品开发的实施意见》。天津博物馆文化创意产品开发试点工作成效显著。深入开展中小学博物馆教育，本市博物馆与170所大中小学签订了馆校合作共建协议，周恩来邓颖超纪念馆和平津战役纪念馆被教育部公布为第一批全国中小学生研学实践教育基地。

（三）非遗传承保护取得新成绩

出台《天津市传统工艺振兴实施意见》，天津市成为全国第二个出台贯彻落实国办《中国传统工艺振兴计划》文件的省市。市政府公布第四批市级非遗代表性项目，新增市级项目95项。市级非遗保护专项资金对22个非遗项目予以重点保护扶持，经费支持力度进一步加大。举办五期中国非遗传承人群研修研习培训班，培训京津冀学员近200名。市文化广播影视局与南开大学签署非遗保护教育传承战略合作框架协议，将非遗讲座纳入学校通识选修课程，促进非遗保护与现代教育融合。精心组织"文化和自然遗产日"宣传展示系列活动，举办了天津"非遗与生活"新作品双年展、"留住运河记忆、传承文化薪火"——运河记忆非遗宣传展示系列活动等各类宣传活动百余场，受益群众达百万人次。西青区举办"运河记忆"非物质文化遗产宣传展示系列活动，集中展示京杭大运河沿岸的非遗项目。

（四）戏曲传承积极推进

完成2017年天津市"名家传戏"工程，资助9名戏曲表演艺术家与天津市优秀青年表演人才结成"传戏对子"传授戏曲剧目。制定了《2018年天津市"剧本扶持"工程实施方案》，积极扶持包括京剧、地方戏在内的若干舞台艺术剧本创作，发掘、培养剧本创作。新编京剧《狄青》《墙头马上》等戏曲进校园活动促进了京剧艺术普及。推动完成"像音像"工程14个入选剧目录制工作，多部剧目在中央电视台戏曲频道播出，反响热烈。

七、文化交流与合作频繁活跃

（一）文化交流服务国家发展大局的作用进一步增强

天津武术表演团随刘延东副总理出访印度尼西亚，参加中印尼两国副总理级人文交流机制专场联合演出，成为近三年来全国随高访团组出访频率最高的省市。受文化部委派，组派艺术团赴巴巴多斯举办中巴建交40周年专场文艺演出，并参加"第17届哈瓦那中国文化节"。承办第二届金砖国家文化部部长会议获得广泛赞誉，文化部致信市人民政府感谢。落实国家"一带一路"发展倡议，"丝路津韵"系列活动走进摩尔多瓦、斯里兰卡、尼泊尔。"美丽天津"艺术团圆满完成赴俄罗斯、泰国、蒙古执行"欢乐春节"交流任务。成功举办"丝路友城视听新媒体作品交流季"活动，40多家广电新媒体举办联合直播，开展全国性活动30多场，网络参与超过500万人次。该项目荣获优秀项目奖，市文化广播影视局荣获中俄媒体交流年优秀组织奖。开展2017年度"丝绸之路影视桥工程"项目申报，天津广播电视台《丝路通》、天影迅龙掌上院线股份有限公司《丝路非遗专题节目新型联制联播》入选"丝绸之路影视桥工程"2017年度项目储备库。华夏未来少儿艺术团赴"一带一路"沿线国家访演，行程6万公里，共出访10个国家和地区。开展国际友城文化交流，成功举办"天津—费城姐妹城的影像故事"主题摄影展，天津歌舞剧院民族乐团应邀赴五个友城举办10场巡回演出。为庆祝中日建交45周年，天津京剧院受邀赴日本进行为期17天的巡演，获得我驻日大使及日本前首相高度评价。市文化广播影视局与天津市人民政府侨务办公室签订了《文化交流与合作协议书》，共同打造对外文化交流品牌。

（二）重点文化交流项目影响广泛

加强与毛里求斯、尼泊尔中国文化中心合作，组派"美丽天津市"艺术团、"国风雅韵"民乐团参加毛里求斯唐人街美食文化节和国际音乐艺术节，举办"京剧之美——中毛建交45周年"文化大讲堂、二胡演奏培训班、声乐培训班和《隔洋相望——中毛水彩画艺术家联展》活动；"记忆·天津"非物质文化遗产展览应邀赴尼泊尔参加"中国文化周"活动，天津交响乐团赴尼泊尔首都加德满都举办新年音乐会，促进了中毛、中尼文化交流。天津歌舞剧院应邀参加庆祝香港回归20周年演出活动、2017台湾"竹堑国乐节"、中国与乌克兰建交25周年交响音乐会等演出活动，芭蕾舞剧《天鹅湖》在毛里求斯的演出是中国艺术团首次在非洲国家自主运作的商业演出，是探索演艺项目走进非洲市场的一次成功尝试。批准举办"法语电影荟萃活动"和《法国经典喜剧电影展》《香港主题影展》，城市电影市场开放度进一步扩大。天津交响乐团与意大利斯卡拉歌剧院合作，开创了文化交流从单次展示演出到艺术机构之间长期合作共赢的新模式。成功举办第五期非洲武术学员培训班。加强对台文化交流，成功举办首届天津京剧培训班和首届天津曲艺培训班，丰富了天津对台文化交流内容。

（三）与各省市文化交流进一步加强

落实《天津—长春区域发展战略框架协议书》，邀请长春文化企业参加第七届滨海文化创意展交会；在天津"非遗与生活"新作品双年展中特设长春展区，邀请长春市满族剪纸、葫芦画、皮雕画等非物质文化遗产代表性项目参展，加强了天津市与长春市的文化交流。天津京剧院文华大奖获奖剧目《康熙大帝》先后赴石家庄市、郑州市、武汉市、长沙市、岳阳市、太原市、成都市等地巡演15场，京剧《青石山》剧组赴南京市参加折子戏专场演出；天津歌舞剧院2017"津津有味"巡演活动赴福州市、莆田市、上海市、济南市等6座城市巡演；天津博物馆原创展览《清初"四王"的艺术世界》在旅顺博物馆展出，《金陵画派、新安画派绘画作品联展》赴云南省博物馆展出，均获得圆满成功。

(四) 落实文化对口援助任务

市文化广播影视局与青海省黄南州文体广电局签署对口援助交流协议；与甘南州开展对口帮扶合作交流，天津歌舞剧院、天津市群众艺术馆、天津博物馆、天津图书馆与甘南州对应文化单位签署合作协议。将"春雨工程"全国文化志愿者边疆行与天津市对口援助工作相结合，积极组织有关单位赴西藏自治区、青海省、新疆维吾尔自治区等地开展图书馆分馆建设、文化设备捐赠、大舞台、大展台、大讲堂等活动。天津市文化志愿者在西藏自治区贡觉县和卡若区精心策划了2场大舞台文艺演出，开展了3场大讲堂艺术培训，举办了两地书画家开展书法美术交流笔会，并向西藏自治区昌都市贡觉县捐赠了电脑、图书和乐器；在青海省西宁市、黄南藏族自治州同仁县、海西蒙古族藏族自治州德令哈市，精心组织开展了3场大舞台展演活动，并捐赠了文化器材。和平区文化志愿者团队走进新疆和田地区举办6场大舞台演出，河西区文化志愿者团队走进西藏林芝，进行3场大舞台演出，北辰区与昆明市联合举办北辰现代民间绘画作品展，展出现代民间绘画精品164件。

八、文化发展保障能力显著增强

(一) 文化改革不断深化

推进局属事业单位岗位设置，完成局属16家单位岗位设置方案审核备案。全面推动公共文化机构法人治理结构建设，组建天津市群众艺术馆、天津自然博物馆第一届理事会。推进局主管各系列职称改革，全面启动艺术系列、文博系列职称评审标准调研修订工作，起草了《天津市艺术系列专业技术职称评审条件》《天津市文物博物专业中、高级专业技术资格评审标准》和《局属事业单位职称评审推荐评委专家库管理暂行办法》。局属国有文化企业混合所有制改革稳步推进。天津市文化广播影视监测中心筹建工作深入实施。优化机关内设机构设置，在局党委巡察办加挂审计处牌子。

（二）依法行政深入推进

充实调整了市文化广播影视局依法行政工作领导小组、政务公开领导小组，加强了对依法行政工作的领导。印发了《天津市文化广播影视局2017年依法行政工作安排》，明确7个方面23项重点工作和责任单位。《天津市公共文化服务保障与促进条例》列入市人大常委会预备审议项目，完成《天津市非物质文化遗产保护条例（草案）》、起草说明和立法调研报告，立法前期准备工作取得新进展。制定了局贯彻落实《法治政府建设实施纲要（2015~2020年）》实施方案，从6个方面提出22项具体任务。全面推行政府法律顾问制度。统筹推进调查研究，完成调研课题71项。

（三）文化领域"放管服"改革继续深化

调整2017年版行政许可事项目录，确定文化局行政许可事项15类36项。出台《天津市文化广播影视局关于建立权责清单动态管理机制工作的意见》，建立权责清单动态管理联席会议制度，实施权责清单动态管理。取消局系统行政许可中介要件12件。落实非主审材料制度，梳理编制行政许可和公共服务事项办理指南，为申请企业提供便利服务。取消5项行政许可事项。全年共受理审批事项1300件。

（四）文化经费保障与管理能力显著提高

完成国家重点文物、非遗保护、中央补助地方公共文化服务体系建设、中央广播电视无线覆盖运行维护等中央专项资金申报。加强预决算管理，完善预算管理流程。印发《部门预算管理办法》《系统资金支出管理办法》《行政事业单位国有资产管理办法》和《文化设施建设项目管理办法》，财务和内部控制制度进一步健全。全局系统行政事业单位内部控制建设稳步推进。组织开展专项审计、财务收支审计和审计整改"回头看"检查，审计监督得到加强。

（五）安全生产持续加强

开展消防安全大排查大整治大防范、安全生产隐患大排查大整治等六个专项行动，局领导带队认真排查深层次安全隐患，组织专项督查和整改情况"回头看"，安全形势持续稳定。制定下发《天津市文物建筑消防安全管理规定》，规范了文物建筑火灾预防、宣传教育、应急演练、火灾应急处置。《反恐怖防范管理规范》"文博场馆影剧院"分则开始实施。投入1500万元改造局系统消防安防设施。向国家文物局申请专项经费597万元，支持全市7个国保单位的安防消防防雷设施设备提升改造。

九、党的建设全面加强

（一）思想和政治建设取得新进展

制定《局系统2017年党委（党总支、支部）理论学习中心组学习安排意见》和《局党委关于进一步加强和改进党委（党总支、支部）理论学习中心组学习的实施细则》，规范了各级理论中心组学习。组织局党委理论学习中心组学习以及中心组扩大学习17次，并指导推动基层党组织中心组理论学习。持续深入肃清黄兴国恶劣影响，制定专项工作方案，在坚定理想信念、牢固树立"四个意识"等7个方面提出32项整治措施，先后3次组织召开党员领导干部民主生活会和组织生活会，着力营造风清气正的政治生态。坚持局党委班子集体领导，修订印发《局党委会议事规则》，累计召开党委会36次，讨论各类事项150余项，民主决策制度得到有效落实。制定局党委《深入贯彻落实〈关于新形势下党内政治生活的若干准则〉实施意见》、落实全面从严治党主体责任的实施意见、落实全面从严治党主体责任检查考核办法和直属单位党组织主要负责人向局党委述责述廉办法等多项制度，坚决落实管党治党主体责任，全面净化政治生态。

（二）意识形态工作不断加强

认真落实中央、市委关于落实意识形态工作责任制的部署要求，牢牢把握意识形态工作领导权，制定出台《局党委落实意识形态责任制实施细则》《局党委落实意识形态工作责任清单》《关于加强网络安全和信息化工作的措施》，在局系统召开"增强'四个意识'、反对圈子文化和好人主义，开展警示教育，强化意识形态工作"专题民主生活会，举办局系统落实意识形态责任制领导干部培训班，开展专项行动、净化网上舆论环境专项整治行动、扫黄打非专项行动、政治谣言和政治有害信息专项清理整治、意识形态专项清查整治等文化安全保障工作。制定《市文化广播影视局关于加强网络安全和信息化工作的措施》，建立局系统意识形态和舆情动态监测管理机制。

（三）领导班子和干部队伍建设得到新加强

全年共充实调整局属事业单位领导班子12个，涉及干部进退留转32人。选派3名机关干部到局属单位挂职锻炼。对机关10名正处级干部、9名副处级干部的职务职级晋升。组织126名处级干部开展个人有关事项报告工作，对不如实填报个人事项、落实主体责任不力、不作为不担当的40名干部做出批评教育、诫勉、党内严重警告等相应处理。对18个单位领导班子和118名处级干部开展年度述职考核，有针对性地做好帮助教育工作。

（四）党的基层组织建设不断改进

开展"维护核心、铸就忠诚、担当作为、抓实支部"主题教育实践活动，推进"两学一做"学习教育常态化制度化，局系统各级党组织书记讲党课300余次，各级党组织开展讨论180余次。围绕增强"四个意识"、反对圈子文化和好人主义，开展警示教育，强化意识形态工作等主题组织召开3次基层党员领导干部专题民主生活会，党内政治生活的政治性明显增强。运用"四种形态"监督执纪，局领导班子成员运用"第一种形态"处理110余人次，局属各单位党组织开展谈话提醒236次。14个基层党组织按期完成换届选举，6个党委单位全部建立了纪委。

（五）党风廉政建设深入开展

制定印发《局党委关于深入贯彻和严格执行中央八项规定精神实施细则》，管党治党制度"笼子"进一步织密。推进不作为不担当专项治理和作风纪律专项整治，加大监督问责力度，驻局纪检组处置问题线索67件。回复党风廉政意见函118人次，严把干部选拔任用政治关、廉洁关。开展巩固落实中央八项规定精神持续整治"四风"问题专项检查，对局属8家单位进行明察暗访，查处违反中央八项规定精神的案件7件，查处党员干部7人。把反腐倡廉教育放在重要位置，组织参观《利剑高悬警钟长鸣——天津市警示教育展览》，召开全系统领导干部警示教育大会，组织处级及以上干部专题学习习近平总书记重要论述和李鸿忠同志在全市警示教育大会上的讲话；以白××、刘××案为鉴戒，警示教育全体党员干部。对局属8家单位开展巡察，推进巡察反馈问题整改落实，党内监督有了新加强。开展"党章党规党纪在我心中"等宣传教育活动，组织"家风大家谈"活动，编印《海河清风》图书，举办廉洁文化专场演出活动，推动廉洁文化深入人心。

2017年文化广播影视工作虽然取得了一些成绩，但与党的十九大、市第十一次党代会的新要求新部署相比，与新时代人民群众日益增长的美好生活需要相比，还存在一些薄弱环节。主要表现：艺术创作生产有"高原"缺"高峰"的局面未从根本上扭转，精品力作不够多；推进公共文化服务标准化、均等化，提高公共文化机构服务效能还需下更大功夫；文化产业质量效益有待提高，创新创意能力仍然不足，文化产品和服务与满足人民群众高品质、多样化的文化需求有差距；文化遗产保护传承和利用发展的关系处理还不到位，保护好和"活"起来还有较大提升空间；文化开放度还不够高，文化贸易需要进一步发展壮大；文化行政部门职能转变还不到位等。

2018年，全市文化广播影视系统将深入贯彻落实党的十九大和市第十一次党代会精神，坚持以习近平新时代中国特色社会主义思想为指导，紧紧围绕"五位一体"总体布局和"四个全面"战略布局的天津实施，坚持中国特色社会主义文化发展道路，坚定文化自信，坚持以人民为中心的工作导向，坚持为人民服务、为社会主义服务，坚持百花齐放、百家争鸣，坚持创造性转化、创新性发展，担负起新的文化使命，为建设社会主义现代化天津做出新的贡献。

附录二

天津市 2018 年文化广播影视工作要点

2018年是贯彻党的十九大精神的开局之年,是全面建成小康社会决胜阶段的关键之年。全市文化广播影视工作总的要求:全面贯彻落实党的十九大精神,深入学习贯彻习近平新时代中国特色社会主义思想,认真落实市委、市政府、文化部、国家新闻出版广电总局、国家文物局部署和要求,以推进社会主义文化繁荣兴盛为主题,以抓行业管理为着力点,以全面从严治党为基础,牢固树立以人民为中心的工作导向,积极服务重大国家战略,着力推进社会主义主流意识形态建设、着力弘扬社会主义核心价值观、着力加强思想道德建设、着力繁荣发展社会主义文艺、着力推动文化事业和文化产业发展,奋力推进习近平新时代中国特色社会主义思想在津沽大地生动实践,为厚植文化自信,建设文明幸福的社会主义现代化天津做出积极贡献。

一、深入学习贯彻党的十九大精神,着力践行习近平新时代中国特色社会主义思想

(一)积极营造浓厚氛围

把学习宣传贯彻党的十九大精神作为首要政治任务,教育引导广大党员干部用习近平新时代中国特色社会主义思想武装头脑、指导实践、推动工作。指导协调群众文化团体和各级广播电视播出机构、制作机构、网络视听节目持证机构和

艺术创作、文博等单位围绕学习贯彻十九大等重大主题和重要活动,全力创作推出优秀作品,做好宣传报道、艺术创作生产、展览展示,弘扬社会主义核心价值观,唱响践行习近平新时代中国特色社会主义思想的时代主旋律。

(二) 推进社会主义主流意识形态建设

落实广播电视节目播出备案管理制度,加强上星综合频道播出管理。加强广播电视节目收听收看,重点强化新闻节目、综合娱乐节目监管,确保广播电视节目导向正确。加强对广播电视广告播放的管理力度,及时制止违法违规问题,提高主流媒体公信力和影响力。坚持网上网下"同一导向、同一标准、同一尺度",完善网络视听节目规范管理工作机制,将意识形态要求贯穿于网络视听管理工作的每个环节,增强持证机构和从业人员的政治意识、导向意识、责任意识,确保网络视听节目安全健康、有序发展。加强审查、评论人员队伍建设,出台《关于加强我市博物馆意识形态主阵地建设做好展览备案管理工作的暂行规定》,严把舞台艺术作品、影视剧和展览内容关。印发《市文化广播影视局关于加强舆情风险管理的指导意见》,建设局信息中心,加强文广领域网络舆情监测,营造清朗网络空间。

(三) 确保广播电视播出安全

全面落实安全播出责任制,指导各级安全播出责任单位加强安全播出制度建设,完善应急预案,加强预案演练,及时有效应对各类安全播出突发事件,确保"元旦""春节""两会""国庆"等重要保障期及重大活动、重点时段、重要节目的安全播出。建成天津市广播电视监测中心,实现对全市广播电视节目、互联网视听节目、广告等节目的监听监看和广播电视技术质量监测、安全播出调度指挥,实现从结果管理向过程管理转变,从管脚下向管天下转变。

二、严格落实从严治党要求,全面加强新时期党的建设

(一) 加强思想政治建设

组织好"不忘初心、牢记使命"主题教育。大力加强政治理论学习,强化

中心组织对理论学习的引领作用，办好局管干部、基层党组织书记、年轻干部、在职党员、预备党员、发展对象等系列培训，将干部培训工作与文化工作紧密结合，与解决干部在工作上的难题、能力上的短板紧密结合，提高干部队伍整体素质和能力。

（二）加强党员干部队伍建设

严格执行《党政领导干部选拔任用工作条例》，坚持党管干部原则，严把选人用人政治首关，打造高素质干部队伍。优化局属各单位领导班子结构，做到合理搭配、增强合力。强化干部队伍梯队建设，建立优秀年轻干部队伍库。实施《市文化广播影视局系统所属单位科级干部选任工作监督办法》，严格基层科级干部选任。加强干部管理监督，认真落实干部个人有关事项报告制度，探索完善干部考核评价机制，强化审计、巡察、测评成果运用。

（三）加强基层组织建设

坚持强基固本，认真贯彻落实《〈关于新形势下党内政治生活的若干准则〉的实施意见》。推动基层党建工作规范化，严格执行党员发展标准和作风要求，健全党建工作考核评价机制，深化"五好党支部"创建工作，落实党员民主评议制度，加强考核结果综合运用，着力解决个别基层党组织软弱无力问题。按时完成基层党组织的换届选举。加强基层党组织书记队伍建设，强化各级党组织书记"第一作为""第一担当"意识，夯实党的执政基础，进一步增强基层党组织的凝聚力和战斗力。完成驻村帮扶工作任务。

（四）加强党风廉政建设

把政治纪律和政治规矩摆在首位，把讲政治要求贯穿监督执纪全过程。深化党风廉政建设责任制，纠正四风，紧盯"四风"新动向和隐形变异问题，严厉整治不作为、不担当问题，加大通报曝光力度，持续释放执纪必严的信号。有效运用监督执纪的"四种形态"，认真做好问题线索处置，保持惩治腐败高压态势。完善处级干部廉政档案，加强廉洁文化建设和廉洁教育，积极营造"不想"的浓厚氛围。进一步强化巡察工作，制定完善《局党委巡察工作实施办法》《局系统被巡察党组织配合巡察工作规定》，建立巡察组长库、巡察干部库，探索"一托二"、机动式巡察等方式方法，确保在2018年底前完成对局属各单位党组织的巡察全覆盖。

三、围绕重大国家战略和重点工程，探索长效机制

（一）贯彻《天津市贯彻落实〈京津冀协同发展规划纲要〉实施方案》

签订京津冀三地博物馆协同发展合作框架协议，实施《京津冀文化产业协同发展规划纲要》和行动计划，建立健全博物馆教育与行业协同发展新型合作模式等文化合作交流长效机制，推动京津冀文化协同发展向更广领域、更深层次发展。整合三地文化资源，举办京津冀交响乐名曲专场音乐会、京津冀第二届民族器乐邀请赛、第二届京津冀"守望青春"我与图书馆的故事阅读推广活动等系列文化活动，联合主办2018年京津冀精品剧目展演，培育更多品牌活动。打造跨区域合作交流平台，建设图书馆馆藏古籍数字资源平台，推出"文化一体　绿色未来"京津冀博物馆教育研学项目，组织京津冀文化产业项目推介、投融资路演、京冀文化企业天津行、《京津冀文化产业协同展》等活动，指导推动京津冀CDR数字音频广播一体化覆盖项目和京津冀IPTV协同发展合作项目。引进《古中山国文物精品展》，推出《纪念冀东抗日大暴动八十周年史料展》《京津冀青年名家作品邀请展》《京津冀非遗联展》等特色展览展示，提升文化遗产保护利用合作水平。落实《京津冀三地文化人才交流与合作框架协议》，探索人才异地挂职锻炼，建立京津冀非物质文化遗产曲艺类项目传承培训基地，推动京津冀文化人才信息库建设，组织京津冀古籍修复人才研修班项目，进一步深化京津冀文化人才交流合作。

（二）全面深化与"一带一路"沿线国家的文化交流合作

以"丝路津韵"为主题，组派综合艺术团赴意大利、法国、美国、巴巴多斯等"一带一路"沿线国家，开展"欢乐春节"精品文化访演等系列活动，提高天津的国际影响力。打造"一带一路"文化艺术季，将国外优秀的文化资源引入天津，推动天津的文化发展。充分利用泰国曼谷、毛里求斯海外文化中心，

进一步探索交流形式、拓展交流内容，促进中华优秀文化"走出去"。推动《赶大营》等丝路题材影视作品创作生产。

（三）隆重纪念改革开放40周年

加强创作选题引导，以纪念改革开放40周年为重点，组织生产创作，力争推出大型当代舞剧《春天的故事》、交响乐作品《海与城市的交响》、电视剧《七七年》等一批重点剧节目。广泛开展群众性文化活动，组织群众文艺新作品展演。举办《纪念改革开放四十年——贵州、宁夏、内蒙古、青海、天津五省区市群众美术优秀作品巡回展》《改革开放40年成果展》《纪念改革开放40周年图片展》等特色展览。组织好纪念改革开放40周年等重大演出活动，营造浓厚氛围。

（四）做好世界文化遗产保护

起草《天津市长城保护管理办法》《天津市大运河保护管理办法》，完善世界文化遗产保护制度体系。加强大运河遗产本体及周边环境的整治力度，开展"蓟县古长城"石质长城保护维修试点工作，进一步强化长城"四有"基础工作、保护维修和执法督察，改善世界文化遗产的保存状况。围绕雄安新区建设，深入开展天津市大运河文化带沿线各类历史文化遗产资源调查，研究津冀运河通航规划，探索保护利用新模式。更新和完善长城档案资料，做好大运河（天津段）遗产监测预警平台数据填报工作。

四、坚持以人民为中心的创作导向，推动全市文艺繁荣发展

（一）加强艺术生产创作演出

坚持以人民为中心的创作导向，大力推进现实题材艺术创作。实施《天津市舞台艺术创作生产规划（2018~2020年）》，研究设立影视作品生产引导、扶持奖励的政策举措，启动天津市"剧本扶持"工程，力争推出舞剧《春天的故事》、交响乐《海与城市的交响》、话剧《不忘初心》《海河人家》、评剧《王武

强》、河北梆子《我们村里的年轻人》系列之《剪影》、儿童剧《我心飞翔》、杂技剧《情系利顺德》等现实题材重点作品，对《伙头军客栈》《眷村啊眷村》等重点影视作品进行全程跟踪服务。持续开展"深入生活、扎根人民"主题实践活动，围绕重大时间节点开展专题创作采风。组织好2018年春节军民联欢晚会等重要时间节点重大演出任务。

（二）推动戏曲传承发展

进一步贯彻落实《天津市关于支持戏曲传承发展的实施意见》。举办2018年天津市梨园金秋戏曲展演，引进天津市以外的优秀戏曲剧目演出不少于20场。实施2018年天津市"名家传戏"工程，组织天津市戏曲名家向青年演员传授戏曲剧目。推动局属京剧院团做好京剧音像的录制工作，力争推出25部。举办天津市戏剧戏曲编导培训班，提高天津市戏剧戏曲艺术水平。

（三）加强文艺评论和文艺理论研究

充分发挥国家艺术基金、全国艺术科学规划项目、天津市艺术科学规划项目等引领作用，加大天津文化发展战略研究比重，切实增强艺术科学规划项目理论研究和应用研究。启动天津艺术史立项工作，完成《天津市曲艺老艺人口述史研究》结项工作，为天津市艺术传承与发展提供理论探索与支撑。建立文艺评论人员深入院团长效机制，持续开展以调研促评论，以评论促创作活动。

五、坚持满足人民群众新期待，推动文化事业发展

（一）着力增加公共文化供给

办好第三届市民艺术节，进一步丰富活动内容，创新活动形式。办好2018年天津市名家经典惠民演出季，坚持高标准、高质量，坚持低票价文化惠民。持续做好"戏曲名家进社区、公益辅导千场工程"和"戏迷大舞台"活动，完成社区辅导1000场，"戏迷大舞台"演出30场。进一步提升文化惠民卡效能，全年发

行15万张，提供惠民演出3500场。继续推进"农民点戏 戏进农家"项目，确保实现每年向天津市涉农区的每个乡镇街送一场演出。实施公共图书馆分馆建设工程，在天津市建成100个街镇图书馆分馆，900个图书馆村居基层服务点。组织好文化志愿服务，推动群众文化活动扎根基层。办好华夏未来国际少儿艺术节。

（二）着力提升公共文化服务效能

印发实行《关于加强天津市群众文化活动规范管理的意见》，进一步研究修订天津市公共文化服务体系建设考核的相关细则，进一步建立健全公共文化服务制度体系。开展2018年各区公共文化服务体系建设考核工作。组织召开基层综合性文化服务中心建设推动会，开展达标街镇和村居综合性文化服务中心创建工作，将街镇和村居综合性文化服务中心达标率纳入对各级政府绩效考核，提升基层公共文化服务标准化、均等化水平。开展街镇、村居综合性文化服务中心管理员培训，力争实现全覆盖。提升农村公益数字电影放映效能，确保年度总场次，提高放映质量，进一步推进由室外向室内、由流动向固定放映转变。深化天津市电影公益放映平台建设，不断拓展公益放映服务覆盖范围和覆盖人群，进一步巩固和提升"城市电影惠民"活动品牌。

（三）加强文化遗产保护和管理

贯彻《天津市人民政府办公厅关于进一步加强文物工作的实施意见》，建立协调机制和定期巡查制度，督促各区政府落实文物安全主体责任。制定《天津市文物保护工程管理办法》《五大道历史街区总体保护规划》，切实加强文物保护工作。开展全市不可移动文物保存现状调查，组织实施孙氏宗祠修缮工程、静海火车站修缮工程、宝坻石经幢修缮工程、蓟州渔阳鼓楼修缮工程等重点文物保护项目，进一步改善天津市不可移动文物的保护状况，确保文物安全。加强革命文物保护工作，开展现状调查，制定保护规划。推进第八批国家级文物保护单位和第五批天津市文物保护单位推荐申报工作，编撰《天津市文物保护单位汇编》。充分利用第一次可移动文物普查资源，推动建立天津市文物信息管理平台建设，逐步实现文物资源动态管理。落实天津市传统工艺振兴计划，探索曲艺类项目有效保护方式，组织国家级和市级非遗代表性传承人抢救性记录，启动第四批市级非遗代表性传承人评审认定工作。开展非遗数据库采集及数字化建设，推动非遗保护成果出版。建立非遗保护年度调研和市级项目保护任务落实督导检查机制，实现非遗保护工作的动态监管。

（四）提升文物资源利用水平

配合国家重大战略和活动，举办《天津博物馆建馆100周年成就展（暂定名）》《茶马古道文物展》《京津冀名人名作名物展》《周恩来邓颖超的家风》《生态天津》等主题展览。组织开展全国一级博物馆运行评估及二级、三级博物馆定级申报工作。开展天津市2017年度博物馆运行评估工作，提升博物馆管理和服务水平。完善博物馆青少年教育功能，建立中小学生利用博物馆学习的长效机制，做好"互联网+博物馆在线教育"平台、"互联网+为中华之崛起而读书"励志课堂等工作。开展天津市非国有博物馆藏品备案工作，加强对中小博物馆陈列展览、藏品修复等方面对口帮扶。开展天津市文物建筑开放可行性调研工作，探索文物建筑向公众开放途径。确定市级博物馆文化创意产品开发试点单位，培育具有天津市特色的文化创意产品品牌。

（五）扩大文化交流合作

坚持"走出去"与"引进来"两手抓，借鉴天津交响乐团与意大利斯卡拉歌剧院的成功合作经验，引进世界高水平设计创意、交响乐团等项目落户天津，提升天津市的城市品位和国际化水平。举办第六期非洲武术学员培训班，进一步加强与非洲的文化联系。参与实施"展翅高飞寻梦团—天津实习团"计划，安排香港大学生到天津博物馆和天津美术馆实习，增进两地文化联系。做好春雨工程等文化对口援助项目和对口援助交流演出活动，落实扶贫攻坚战任务。

六、完善政策和制度建设，着力构建现代文化产业体系和市场体系

（一）深入推进文化产业供给侧改革

大力引导和扩大文化消费，增加演艺、文旅、节庆和文化活动的供给，完善

电影专项资金和全市影院"一卡通"票务平台建设，全方位高标准推进滨海新区和武清区第一批国家文化消费试点创建工作。加大主流媒体影讯宣传、票房统计、影院排名、影评信息等宣传报道力度，举办天津市第三届"新锐影评人大赛"，进一步提升《天津新锐影评人·大师公开课》栏目影响力，推动城市电影市场繁荣发展。发挥天津市繁荣演出市场专项资金的激励作用，鼓励剧场增加演出，满足群众文化生活的需求。扩大《天津城市文化艺术手册》影响力，为群众提供更丰富、更权威、更及时的文化资讯。搭建企业展示交流平台，办好第八届滨海文交会、中日韩文化产业发展论坛和数字视效大师工作坊等活动，组织好北京文博会、国际动漫节、河北特博会等重要节展的参展工作。

（二）促进文化产业转型升级

深化文化产业融合发展，围绕"文化＋""互联网＋"，推动文化产业与相关产业深度融合，拓展发展空间，发展数字文化产业、智能文化产业等新兴文化业态。以组织申报文化产业示范园区和示范基地为抓手，积极培育壮大骨干文化企业，提升企业社会责任感和文化产品的内涵和质量，发挥示范引领作用。实施项目带动战略，加快文化产业重点项目库、文化产业智库建设，推进数字内容服贸平台、文化金融服务平台、"梦娃"产业提升等重点文化产业项目建设。提升内容原创和产品研发、生产能力，推进"馆企对接"合作新模式，鼓励文化企业与文博单位合作开展文创产品开发。扎实开展首批特色文化产业示范乡镇（街区）创建，组织开展创建验收工作，推动特色文化资源与现代生活相融合。推进文化产业数据统计工作，为供给侧改革和科学决策提供有力支撑。

（三）加强文化市场事中事后监管

坚持分类施策，出台"网络文化市场管理工作指引"和"营业性演出管理工作指引"，切实推动行业精细化管理。大力实施文化市场综合管理能力提升工程，进一步健全和完善部门联席会议机制，探索实施文化市场分级分类管理，建立红名单、黑名单管理制度，不断推进文化市场事中事后监管和诚信体系建设。深入推进文化市场转型升级，实施阳光娱乐行动计划，继续丰富上网服务场所经营业态，以融合发展、创新供给、拓展受众、提升形象为总体思路，激发文化市场发展和创新活力，实现社会效益和经济效益相统一。

(四) 持续推进简政放权

编制确定2018年文广系统行政许可目录，实现行政许可事项动态调整。开展文化市场政策落实和行政审批规范化督查工作，推进行政许可标准化审批和文化市场技术监管平台与行政审批服务网互联互通。实施减事项、减要件、减环节、减时限为重点的改革，简化审批服务流程，提高行政审批效率。

七、提升保障服务能力，打牢文化改革发展基础

（一）提高依法行政水平

完善文化法律法规体系，推进《天津市公共文化服务保障与促进条例》《天津市非物质文化遗产保护条例》《天津市公共图书馆条例》立法进程，贯彻《公共图书馆法》，加快推进《公共文化服务保障法》部分配套制度研究及出台，提高天津市文化建设法制化、规范化水平。贯彻落实《天津市文化广播影视局推进法治政府建设实施方案》。全面推进政务公开，重点推进重大决策预公开、重要文化政策解读、推进公共文化服务单位办事公开。完善法律顾问制度，发挥法律顾问在制定文化重大决策、推进依法行政中的作用。推动各区文化广播影视行政部门、局属各单位普遍建立法律顾问制度。

（二）加快公共文化设施建设

完成大港古林古海岸遗迹博物馆提升改造、宁河区文化艺术中心基础设施建设工程；推进天津歌舞剧院、天津交响乐团迁址扩建、天津非物质文化遗产馆工程；启动天津文化中心各文化场馆、天津图书馆（复康路馆）、杨柳青画社、天津文庙博物馆、滨湖剧院、中华剧院、天津工艺美术职业学院修缮工作。推进元明清天妃宫遗址博物馆、平津战役纪念馆的改陈和北疆博物院聚落建设、大沽口炮台遗址公园环境整治规划及防汛工程规划建设。

（三）深化文化体制改革

深入推进公共文化机构法人治理结构改革工作，进一步完善天津图书馆、天津自然博物馆、天津市群众艺术馆法人治理结构制度建设和运行机制。积极推进经营类文化事业单位改革，统筹研究、科学制定《市文广局系统经营类文化事业单位改革实施方案》，推动转企改制工作取得实效。持续推进局属事业单位岗位设置管理工作。严格执行事业单位绩效工资制度，完善考核分配方案，加强督导检查。推动各涉农区妥善解决乡镇（公社）电影老放映员历史遗留问题。

（四）加强人才队伍建设

坚持党管人才原则，制定党委联系服务专家人才制度。实施《天津市文化广播影视局（天津市文物局）人才项目管理办法》和《局系统人才引进与培养三年行动计划（2018~2020年）》，有针对性地引进和培养一批文化艺术领军拔尖人才和紧缺人才，逐步建成一支门类齐全、业务精湛的文化艺术人才队伍，全面提升人才项目建设为文化事业发展服务水平。修订《天津市舞台艺术拔尖人才奖励办法》，建立科学、客观的人才评价与激励机制。搭建人才培养平台，举办全市性文物保护管理、群众文化人才、非遗保护、文化经营管理人才等系列培训。加强文化艺术职业教育学科建设，打造在全国有影响的学科体系，培养文化艺术新人。

（五）加强财务管理

加大资金监管力度，完善专项资金管理使用制度体系，推动2015~2016年国家重点文保、国家级非遗保护、无线覆盖、数字资源、文化产业发展等中央专项资金问题整改落实到位，规范资金管理和使用。做好国有资产盘点工作，加强对外投资和房屋租赁审批、监控，确保国有资产安全完整。推动内控体系建设，力争2018年3月底前实现局系统全覆盖。加强培训和指导，组织会计准则、政府采购、资产管理等培训，提高财务人员的综合素质。

(六) 维护文化系统安全稳定

牢固树立安全发展理念，不断完善安全责任体系。制定《安全生产督导检查办法》《消防安全责任制实施办法》等，加强安全责任制考核，逐步形成齐抓共管合力。加强安全生产基础建设，完善组织机构建设，强化科技保障和宣传培训，不断提升安全监管能力。持续开展安全隐患排查整治，进一步建立完善安全常态化监管机制。增强各类突发事件应急处置能力，完善突发事件应急预案，认真做好反恐怖安全防范和应急演练，督促局属重点消防单位建好用好微型消防站，坚决遏制安全事故。

认真做好老干部、统战、工会、共青团及档案、史志、保密、信访、建议提案办理等工作，提高后勤保障和服务水平，为文化广播影视发展繁荣创造和谐环境。

附录三

天津市文化广播影视"十三五"规划

为贯彻落实党的十八届五中全会和市委十届八次全会精神,建设文化繁荣、社会文明的魅力人文之都,根据《天津市国民经济和社会发展"十三五"规划纲要》《天津市文化改革发展"十三五"规划》和文化部、国家新闻出版广电总局、国家文物局"十三五"时期相关规划,编制本规划。

序　言

"十二五"期间,全市文化广播影视系统认真贯彻落实市委、市政府决策部署,大力实施文化强市战略,扎实推进文化事业和文化产业发展,文化综合实力和竞争力显著提升。

公共文化服务体系建设取得突破。建成天津文化中心等重大公共文化设施。各区图书馆、文化馆、街道(乡镇)文化站、村(社区)文化活动室基本实现全覆盖并免费开放,四级公共文化设施网络更加完善。完成公共电子阅览室建设计划。天津图书馆和市内六区图书馆实现通借通还。在全国率先出台《关于加快构建现代公共文化服务体系的实施意见》。3个区、5个项目入选国家公共文化服务体系示范区和示范项目。基层文化活动更加活跃。

艺术创作演出更加繁荣。京剧《香莲案》、河北梆子《晚雪》、评剧《赵锦棠》等优秀作品荣获全国大奖。35个项目获得国家艺术基金资助。出台《天津市舞台艺术创作生产规划(2015~2017年)》,组建艺术指导委员会,进一步加强对艺术创作生产的组织引导。成功举办第七届中国京剧艺术节。组织天津市优秀剧目展演、名家经典演出季,推出文化惠民卡,艺术院团惠民演出形成常态化。

文化产业快速发展。全市文化产业增加值年均增长20%以上,2015年超过780多亿元。文化与创意设计、金融、科技、旅游融合更加深入。国家数字内容贸易服务平台落户天津。新增国家文化产业示范基地4家。市级文化产业示范基地达到47家,示范园区19家。一批原创动漫作品取得良好社会效益和经济效益。

文化市场规范有序。放管结合优化服务,落实先照后证,放宽准入限制,促进文化市场健康发展。运用技术手段加强文化市场事中事后监管,文化市场技术监管与服务平台上线应用。出台《天津自贸区文化市场开放项目实施细则》。互联网上网服务行业转型升级成效明显。

文化遗产保护成效显著。大运河(天津段)入选世界文化遗产名录。圆满完成第三次不可移动文物普查,共调查登记不可移动文物2082处。天津市全国重点文物保护单位达到28处,市级文物保护单位212处。划定公布《天津市境内国家级、市级文物保护单位保护区划》。天津自然博物馆迁入新址,杨柳青木版年画博物馆建成开放,天津市各类博物馆达到72家。对各级各类博物馆开展绩效考评,博物馆社会服务水平进一步提升。非物质文化遗产保护体系进一步健全,国家级、市级代表性项目分别达到32个、157个,国家级、市级代表性传承人分别达到20名、221名。

广播影视管理不断加强。电视剧《辛亥革命》《寻路》、纪录片《五大道》等影响广泛。农村电影放映工程、中央广播电视节目无线数字化覆盖工程稳步推进。截至2015年底,全市数字影院达到58家,银幕398块,观众人次和票房收入保持两位数增长。圆满完成重要保障期安全播出任务。深入开展专项治理,广播电视传输秩序进一步规范。

对外文化交流不断扩大。五年共办理对外文化交流项目541项。圆满完成"欢乐春节"等重点文化交流任务。与文化部共建斯里兰卡中国文化中心正式成立。华夏未来少儿艺术团"中国梦·世界梦"全球巡演影响广泛。霍元甲文武学校被文化部授予"对非文化培训基地"。我市连续两年获得文化部"对外及对港澳台文化交流贡献奖"。

文化体制改革进一步深入。推进文化行政部门职能转变,公布权责清单,加强依法行政。深化行政审批制度改革,精简、下放、整合一批行政许可事项。国有文艺院团改革任务按期完成,天津北方演艺集团有限公司、天津北方文创产业集团有限公司成立。天津图书馆法人治理结构建设试点扎实推进。

京津冀协同发展迈出新步伐。与京冀文化和广电部门签署交流合作协议,成立京津冀演艺联盟、公共文化服务示范走廊发展联盟、图书馆联盟等区域合作组织。开展京津冀河北梆子优秀剧目巡演、精品剧目展演、文化产业项目推介会、非物质文化遗产大展暨传统手工艺作品设计大赛等系列活动,京津冀文化交流合作更加紧密深入。

人才队伍建设不断加强。加大拔尖领军人才培养和引进力度,新增中宣部"四个一批"人才2名、文化部优秀专家3名、享受政府特贴专家2名、天津市宣传文化"五个一批"人才44名,1人入选国家"千人计划",7人入选天津市"131"创新型人才培养工程,4人荣获中国戏剧梅花奖。完成文博系统"名师教室"第二期培养任务。艺术职业教育特色更加突出。实施"千村百站"农村文艺骨干和"千人百团"社区艺术团文艺骨干培训,基层文化队伍素质明显提升。

天津市文化改革发展还存在一些问题和短板:城乡文化发展还不均衡,基层公共文化服务相对薄弱;艺术创作存在"有数量缺质量、有高原缺高峰"的现象,推出精品力作的任务仍然十分繁重;文化产业规模和质量有待提升,骨干企业和知名品牌较少;广播电视管理缺乏有效的技术支撑;文化遗产保护任务依然艰巨;文化治理能力和管理水平需要进一步提高,文化企事业单位发展活力还不够强;高层次文化人才比较紧缺。

"十三五"时期,是加快实现中央对天津定位、全面建成高质量小康社会的关键时期,是建设文化强市的重要时期,也是天津市文化发展大有作为的重要战略机遇期。全面小康既包括物质生活的小康,也包括精神文化的小康,需要着力提高城乡文化发展的均衡性和协调性,打牢基础、补齐短板,努力实现高质量文化小康;适应和引领经济发展新常态,需要更好地发挥文化在稳增长、促改革、调结构、惠民生方面的重要作用;天津市大战略机遇叠加为文化发展提供了广阔空间;高新科技的广泛应用催生了文化生产、传播、消费方式的深刻变革。在新的历史起点上,必须以新的发展理念引领文化发展,乘势而上,奋发有为,不断开拓文化改革发展的新局面。

一、指导思想和发展目标

(一)指导思想

高举中国特色社会主义伟大旗帜,以马克思列宁主义、毛泽东思想、邓小平理论、"三个代表"重要思想、科学发展观为指导,深入贯彻习近平总书记系列重要讲话精神,紧紧围绕"四个全面"战略布局,坚持社会主义先进文化的前进方向,牢固树立创新、协调、绿色、开放、共享的发展理念,以社会主义核心价值观为引领,以满足人民精神文化需求为出发点和落脚点,以改革创新为动力,努力建设文化繁荣、社会文明的魅力人文之都,为加快实现中央对天津定位、全面建成高质量小康社会提供强大精神动力和文化支撑。

(二)方针原则

1. 坚持正确方向

贯彻"二为"方向、"双百"方针,"三贴近原则",弘扬主旋律,提倡多样化,培育践行社会主义核心价值观,始终把社会效益放在首位,做到社会效益和经济效益的有机统一。

2. 坚持以人为本

坚持以人民为中心的工作导向,做到文化发展为了人民、文化发展依靠人民、文化发展成果由人民共享,着力提高人民群众文化参与度,提升市民素质和社会文明程度。

3. 坚持服务基层

坚持工作重心下沉,资源配置下移,强基层,补"短板",着力解决城乡基层特别是农村地区文化建设薄弱的突出问题,促进基层文化繁荣,推动城乡文化一体化发展。

4. 坚持改革创新

积极探索有利于解放和发展文化生产力的新举措、新途径,深化文化体制改革,推进文化内容形式、体制机制、传播手段创新,推动文化与其他领域融合发展,增强文化发展动力,激发文化创造活力。

(三)发展目标

到2020年,文化强市建设取得重要进展,城市文化软实力显著增强。基本建成覆盖城乡、便捷高效、保基本、促公平的现代公共文化服务体系，公共文化服务各项指标位于全国先进水平。舞台艺术繁荣发展，创作生产更多传播当代中国价值观念、体现中华文化精神、富有天津地域特色的优秀作品。现代文化市场体系更加完善，以内容监管为重点、信用监管为核心的文化市场事中事后监管体系基本建立。文化产业布局结构优化升级，质量效益显著提升，成为国民经济支柱型产业。广播影视综合实力显著增强，传统媒体与新兴媒体融合发展取得重要成果。历史文化遗产得到有效保护，优秀传统文化传承体系加快构建。文化开放水平不断提高，天津文化国际影响力日益扩大。文化体制机制改革深入推进，文化管理体制和文化产品生产经营机制充满活力、富有效率。文化人才队伍发展壮大，人才素质进一步提升，人才结构更加合理。

（四）主要指标

到 2020 年：

——全市公共图书馆、文化馆达标率100%，基层综合性文化服务中心设置率100%；全市人均拥有公共图书馆藏量不少于1.2册；每个村（社区）每月组织群众文化活动至少1次。

——新创排舞台艺术剧节目20部以上，其中在全国有影响的大戏5部左右，力争8至10部作品入选国家艺术基金资助项目。

——文化产业增加值年均增长12%以上，占全市生产总值的比重达到6.5%；建设一批主业突出、代表文化产业发展方向的园区基地。

——全国重点文物保护单位和市级文物保护单位"四有"工作完成率100%、重大险情排除率100%；国有博物馆一、二、三级文物藏品建账建档率100%，年举办陈列展览400个以上，接待观众1100万人次以上。

——推荐国家级非物质文化遗产代表性项目20个，推荐国家级非物质文化遗产代表性传承人40名，评选市级非物质文化遗产代表性项目100个，认定市级非物质文化遗产代表性传承人120名。

——全市实现数字广播电视户户通，地面无线数字广播电视实现100%覆盖。各区播出机构台内数字化率基本达到100%。全市电影票房年均增长15%以上，影院银幕数达到500块。

——培养引进50名在国内具有引领作用的文化人才、80名复合型经营管理人才、100名创新型青年人才。

二、构建现代公共文化服务体系

（一）推进基本公共文化服务标准化均等化

以区为基本单位，全面落实天津市基本公共文化服务实施标准和区实施方案。健全公共文化设施运行管理和服务标准，规范各级各类公共文化机构服务项目和流程。推动公共文化资源向城乡基层特别是农村延伸，拓展文化惠民项目服务"三农"内容，促进城乡公共文化服务一体化发展。坚持普惠与特惠相结合，开发和提供适合老年人、未成年人、残疾人、生活困难群众等群体的公共文化产品和服务，将外来务工人员纳入常住地公共文化服务体系。

（二）完善公共文化设施网络

按照人口分布和发展，合理规划、建设公共文化设施，完善城乡"15分钟文化服务圈"，使城乡居民就近、便利享受公共文化服务。完成天津歌舞剧院、天津交响乐团迁址扩建和天津群星剧院、元明清天妃宫遗址博物馆修缮，推动平津战役纪念馆改陈、天津泥人张彩塑工作室等文化设施提升改造。新建、改扩建一批区文化馆、图书馆、博物馆，统筹建设一批街道（乡镇）和社区（村）综合文化服务中心，推动各级公共文化设施达到国家标准。加强流动文化设施建设，每个区配备用于图书借阅、文艺演出和电影放映等服务的流动文化服务车。

（三）提升公共文化服务效能

推动公共文化服务从硬件建设为主向提升服务效能为主转变，全面提升公共文化设施运营管理水平。创新天津文化中心公共文化服务内容方式，打造公共文化服务品牌。深入推进公共文化设施免费开放，鼓励文物建筑及遗址类博物馆、非物质文化遗产项目保护单位面向群众定期免费开放，逐步将行业博物馆等纳入免费开放范围。依托图书馆广泛开展全民阅读，努力营造书香社会。举办"天津市民艺术节"，形成贯穿全年、覆盖全市的市民文化活动格局。推动公共文化服务数字化发展，建设数字图书馆、文化馆、非遗馆等，提高数字文化产品和服务供给能力。建立群众文化需求反馈机制，发挥"公共文化民心桥"互动平台作用，推动文化惠民项目与群众需求有效对接。

（四）创新公共文化管理体制和运行机制

建立和完善公共文化服务体系建设协调机制，加强政策衔接、标准制定和督导检查。推进图书馆、文化馆总分馆建设，全面实现天津图书馆与各区图书馆通借通还服务，建立市、区文化馆与基层综合文化服务中心"结对帮扶"长效机制，促进资源共享和有效利用。推动公共文化服务社会化发展，加大政府购买公共文化服务力度，开展委托社会机构运营基层文化设施工作试点，探索公共文化服务第三方评价机制。大力开展文化志愿服务活动，实现文化志愿服务常态化发展。

（五）促进京津冀公共文化服务协同发展

发挥京津冀图书馆联盟、公共文化服务示范走廊联盟的作用，健全京津冀群众艺术馆合作机制，共同举办群众文化活动。建立京津冀公共文化资源库，加强地方特色数字文化资源建设，依托文化信息资源共享工程、公共电子阅览室和数字图书馆、文化馆等，构建标准统一、互联互通的公共数字文化服务网络。加强公共文化大数据采集、存储和分析处理，探索建立覆盖京津冀公共文化服务单位的信息管理平台，推进数字文化资源共建共享。

三、构建优秀艺术作品创作推广体系

（一）创作生产优秀文艺作品

坚持以人民为中心的创作导向，把推出优秀作品作为中心环节，加强对艺术创作生产的规划引导。聚焦"中国梦"时代主题，抓好现实题材、爱国主义和革命历史题材、天津地方特色题材的创作生产，推出一批质量上乘、影响广泛的文艺精品。围绕庆祝建党95周年、中华人民共和国成立70周年等重大活动,开展主题创作和展演展示活动。发挥艺术指导委员会作用,推进剧目立项、演出推广、绩效评估等工作。

(二) 推动优秀传统艺术传承发展

全面落实国务院办公厅《关于支持戏曲传承发展的若干政策》,促进天津戏曲繁荣发展。开展天津地方戏曲剧种普查,加强对京剧、评剧、河北梆子等传统艺术门类的扶持。加大优秀戏曲剧本创作扶持力度。坚持复排传统剧节目、新编历史戏和创作现代戏并重,推进中国京剧"像音像"集萃工程,推动京剧电影拍摄,进一步振兴以京剧和曲艺为代表的"津派艺术"。

(三) 加大惠民演出力度

办好"天津市名家经典惠民演出季",打造舞台艺术演出品牌。积极开展送戏下乡、进社区、进军营、进校园、进企业等公益性演出活动。继续实施低票价惠民演出政策,鼓励在商业演出中安排一定数量的低价票。支持举办"曹禺戏剧节""歌剧舞剧节"等演出活动。创新艺术传播渠道,鼓励艺术院团、剧场、演出经纪机构等利用现代传播技术,促进优秀文艺作品多渠道传播、多平台展示、多终端推送。

(四) 加强文艺理论建设

积极开展文艺评论,形成健康理性的评论氛围。加强文艺评论阵地和队伍建设,建设专兼职结合的舞台艺术评论骨干队伍。提升文化艺术科研水平,发挥天津市艺术科学规划项目的导向作用,以重大理论和现实问题为主攻方向,推出一批高质量的文化艺术研究成果。

(五) 推进京津冀演艺领域合作

组建京津冀演艺联盟,共同建设京津冀演艺网络平台,实现剧本推介、演出营销、人才交流等线上线下双向互动。统筹三地资源,深化院团合作,共同创作艺术作品，培育演艺品牌。举办"京津冀精品剧目展演""京津冀音乐节"等系列活动，集中展示三地优秀剧（节）目。建立京津冀演艺资讯统一发布平台，通过媒体宣传、项目推介等方式，整体打包推出三地的优秀剧（节）目。

四、构建文化产业和文化市场发展体系

（一）推动文化产业转型升级

推进传统文化业态和新型文化业态协调发展，促进演艺娱乐、文化旅游、工艺美术等提质增效，加快发展创意设计、动漫游戏、数字文化服务等新型业态。加强示范引导，推动文化与创意设计深度融合。鼓励文化文物单位利用馆藏资源优势，采取合作、授权、独立开发等方式，开发特色鲜明、有影响力的文化创意精品。支持原创动漫创作生产和宣传推广。实施"文化＋"计划，促进文化产业与制造、建筑、信息、旅游、农业、体育等相关产业融合发展，推动互联网在文化生产、消费领域拓展应用，催生文化新业态、新产品和新服务。深入挖掘天津特色文化资源，创建一批特色文化产业示范乡镇（街区），引导文化产业特色化、差异化发展。

（二）培育壮大文化市场主体

加强文化产业园区基地的规划建设和动态管理，推动从数量速度型向质量效益型转变，新评选命名一批主业突出、代表文化产业发展方向的园区基地。推进国家动漫产业综合示范园、国家文化科技融合示范基地、中国天津3D影视创意园区建设，打造引领行业发展的协同创新中心。着力培育核心竞争力强的骨干文化企业，鼓励有实力的文化企业跨地区、跨行业、跨所有制兼并重组和上市融资。支持北方文创产业集团做优做强文创品牌。扶持文化产业领域创新创业，支持各类中小微企业"专、精、特、新"发展。

（三）引导和扩大文化消费

从供需两端着力，扩大有效供给，改善消费条件，激活和释放文化消费需

求，提升文化消费总量。探索拉动城乡居民文化消费试点，调动市场力量，增加有效供给，培育新的文化消费增长点。扶持、引导文化企业建设文化消费载体，改善文化消费环境，提供个性化、多样化的文化产品和服务。推进杨柳青年画、泥人张彩塑等"津味"特色文化资源与现代消费需求有效对接，拓展大众文化消费市场。建设城市文化消费服务平台，鼓励研发商业演出、动漫游戏等领域的移动支付系统，提升文化消费便利化水平。

（四）优化文化产业发展环境

建设文化产业项目服务平台，加强文化产业项目征集发布、宣传推介、合作对接服务，提高文化产业领域公共服务水平。实施文化产业人才培训计划，加强对经营管理、创意策划、专业技能和产业管理人才的培养。提升天津滨海文创展交会专业化、市场化水平，共同打造京津冀文化产品展示、交易平台。深化文化金融合作，创建国家文化金融合作试验区，鼓励金融机构针对文化企业特点创新产品和服务，推广无形资产质押融资，建立文化企业征信体系、融资风险补偿和信用担保机制。

（五）提高文化市场监管水平

依法加强文化市场管理，创新文化市场监管模式，综合运用法律、行政、经济、科技等手段提高管理水平，加强文化市场技术监管与服务平台建设与应用。构建以信用监管为核心的文化市场监管体系，落实"一个平台管信用"，建立文化市场基础数据库，完善市场主体信用信息记录，建立文化市场守信激励和失信惩戒机制。建立健全文化市场警示名单和黑名单制度，对从事违法违规经营、屡查屡犯的经营单位和个人，依法公开其违法违规记录，使失信违规者在市场交易中受到制约和限制。落实市场主体守法经营的主体责任，指导其加强事前防范、事中监管和事后处理工作。推动行业协会等社会组织建立健全行业经营自律规范、自律公约和职业道德准则，引导行业健康发展。规范艺术品市场，建立健全集艺术品评估、交易、展示、保险等服务于一体的艺术品交易全产业链，规范鉴定服务市场，引导艺术品市场有序发展。建立文化行政部门与文化市场综合执法机构的信息共享与工作联动机制，形成分工负责、相互支持、密切配合的文化市场管理工作格局。

五、构建文化遗产保护传承体系

（一）切实加强文物保护

实施文物登录制度，建立文物信息管理平台，实现文物资源动态管理。推进各级文物保护单位和一般不可移动文物核定、公布工作，开展第五批天津市文物保护单位遴选和推荐。完成全国重点文物保护单位、市级文物保护单位"四有"工作。编制实施长城（天津段）保护规划，加快推进各级文物保护单位保护规划编制和公布实施。积极推进水下文化遗产保护。明确文物保护单位管理使用单位的日常养护责任，建立年度报告制度。加强文物保护工程资质管理。对存在重大险情的文物保护单位开展抢救性保护，实施 50 项文物保护重点工程。完成第一次全国可移动文物普查，建立全市博物馆藏品和国有单位收藏文物数据库。建立馆藏文物保护修复平台，加强预防性保护。编制文物建筑集中分布区消防专项规划，组织实施一批文物安全防护工程，推动将文物安全纳入政府绩效考核和社会管理综合治理。

（二）完善博物馆服务功能

以经济社会发展物证征集收藏展示为重点，拓展博物馆藏品征集范围，丰富博物馆藏品资源。合理进行博物馆基本陈列改造提升，增加临时展览数量，鼓励联展、借展、巡展，提高博物馆藏品利用率。建立陈列展览评价体系，畅通公众评价渠道，加强对优秀展览的推广力度。完善博物馆青少年教育功能，研发博物馆青少年教育课程，增加面向中小学生的陈列展览项目，建立中小学生利用博物馆学习的长效机制。积极发展民办博物馆，加强引导，规范管理。加强对中小博物馆陈列展览、藏品修复等方面的对口帮扶。对各级各类博物馆开展运行评估，提高博物馆公共文化服务水平。

（三）促进文物合理适度利用

挖掘研究文物价值内涵，充分发挥文物资源在传承文明、服务社会、促进发展中的作用。推动文物保护工程与展示利用整体设计、同步实施，开展保护利用综合试点。推动有条件的行政机关、企事业单位管理使用的文物保护单位定期或部分对公众开放。健全京津冀文物保护利用协同机制，打造京津冀长城、运河文化遗产长廊。探索实施"互联网＋中华文明"行动计划，促进文物资源与互联网深度融合。加强社会文物管理，规范文物经营和民间文物收藏、鉴定行为。制定文物交易负面清单制度，推动文物拍卖企业和购销企业建立征信制度。编纂出版《天津文博志》。

（四）提高非物质文化遗产保护传承水平

完善非物质文化遗产代表性项目名录体系和保护机制，制定国家级、市级非物质文化遗产代表性项目保护规划，落实保护职责。认定两批市级非遗项目代表性传承人。以国家级和市级非物质文化遗产代表性传承人为重点，开展抢救性记录工作，加强抢救性保护成果的整理和利用。实施非物质文化遗产代表性项目和传承人保护传承评估制度，建立动态管理机制。建设天津市非物质文化遗产馆，搭建非物质文化遗产展示交流平台。加强非物质文化遗产生产性保护，促进非物质文化遗产走进现代生活，增强传承活力。对历史文化积淀丰厚、存续性良好，具有重要价值和鲜明特色的非遗形态进行整体性保护。设立市级文化生态保护区，积极申报国家级文化生态保护区。

六、构建广播影视传播体系

（一）加强广播电视内容管理

坚持团结稳定鼓劲、正面宣传为主的方针，坚持"三贴近"，深化"走转改"，不断增强广播电视媒体的舆论引导能力和传播力、影响力。深入开展广播电视节目创新创优，推出一批导向正确、特色鲜明、效益显著的品牌节目栏目，加大对公益服务类节目扶持力度。加强影视剧创作规划引导，健全优秀影视创作扶持机制，把社会主义核心价值观和中国梦主题融入影视剧、纪录片、动画片、微电影、网络剧等作品创作的各个方面，加大对弘扬民族精神、时代精神影视作品的扶持力度。推进京津冀广播影视协同发展，鼓励广播影视制作经营机构联合发展。

（二）发展壮大电影市场

鼓励电影院线开展特色经营和差异化竞争，支持民营企业投资国有电影院线改造。鼓励发展巨幕电影、4K电影、动感电影、沉浸式声音和新型光源电影放映，提高影院服务水平。推进电影一卡通票务平台覆盖全市数字影院，实现在线票务支付。拓展影讯宣传渠道，加强新片推介，国产影片市场份额达到55%以上。拓宽影片海外发行渠道，利用"丝绸之路影视桥工程""中非影视合作工程""中国影视节目海外推广项目——中国联合展台"等载体，支持优秀津产电影进入国际主流电影市场。

（三）推动广播影视公共服务

推进地面无线数字广播电视覆盖，通过数字音频提供不少于15套广播节目，通过地面数字电视提供不少于15套电视节目。指导各级播出机构利用现有广播电视设施实施应急广播工程，实现城乡应急广播全覆盖。巩固农村电影放映"一村一月一场"成果，增强影片观赏性、适用性和吸引力，提升服务"三农"影片放映比例，运用技术手段加大场次监管力度。每学期为中小学生至少放映两场爱国主义教育影片。鼓励电影院线深入社区、工地、企业和军营放映。

（四）提升广播影视科技创新能力

推进广播电视技术创新，推动广播电视技术与云计算、大数据、宽带无线等新一代信息技术的融合创新。推进广电宽带网络建设，加快推进有线电视网络数字化、双向化、信息化改造，促进高清电视、互动电视、交互式网络电视、手机电视等新业务发展。推动广播电视传统媒体与新媒体融合发展，推进"三网融合"，指导广电、电信业务双向进入、优势互补、共同发展。推进电影技术创新，推动全市影院实现电影数字拷贝卫星传输和接收，建立互联互通、资源共享、可管可控的数字电影放映体系。举办"丝路友城——中俄视听新媒体作品交流季"。

（五）提高广播影视监管能力

全面落实广播电视安全播出机构的主体责任，提高播出、传输管理的自动化水平，确保广播电视播出安全。依法加强广播电视设施管理，指导、督促广播电视设施管理单位提高管理能力，保证设施安全。推动广播电视监管中心建设，建立广播电视综合监管平台，实现从结果管理向过程管理转变。建立广播电视节目、互联网视听节目综合评价体系，推动建立与"三网融合"相适应的管理机制和技术监管体系。依法加强广播电视广告管理，履行广播电视媒体公益广告制作播出的社会责任和法定义务。

七、构建对外文化开放体系

（一）不断扩大对外和对港澳台文化交流

坚持政府统筹、社会参与、官民并举、市场运作，加强天津对外文化整体形象的策划与推广，打造"美丽天津"品牌。深化部市合作机制，进一步拓宽对外文化交流渠道，提升对外文化交流的规模和质量。围绕"一带一路"倡议，加强与沿线国家及天津友城的文化交流与合作，充分展示和传播天津文化精粹及其内在精神价值。发挥斯里兰卡中国文化中心的平台作用，积极开展市情宣介、交流演出、文化展示等活动。加强对非文化培训基地建设，以培训带动交流，促进天津与非洲国家文化交流互鉴。办好天津国际少年儿童文化艺术节。广泛借鉴吸收世界各国文明成果，积极引进国外文化艺术精品。发挥天津市特色文化优势，提升对港澳台文化交流水平，加强面向港澳台青少年的文化交流。

（二）大力发展对外文化贸易

结合天津自由贸易试验区建设，搭建对外文化贸易平台，开拓对外文化贸易渠道，争取国家对外文化贸易基地落户天津。推进国家数字内容贸易服务平台建设。鼓励和支持演艺、影视、动漫、游戏、工艺美术等符合国外受众特点和文化消费习惯，代表"美丽天津"品牌的文化产品和服务以商业形式进入国际市场，不断扩大贸易份额。建设对外文化贸易项目资源库，推动更多文化企业和项目进入国家文化出口重点企业和重点项目目录。支持文化企业参加国际性文化展会，拓宽对外文化贸易渠道。

八、构建文化人才队伍支撑体系

（一）加大文化人才培养引进力度

深入落实天津市宣传文化"五个一批"人才培养工程、宣传文化百家工程和青年文艺人才工程，着力培养造就一批国内一流、业内公认的拔尖文化人才。实施天津市"名家传戏——当代戏曲名家收徒"、青年戏曲编导人才孵化、文博人才"名师教室"等培养项目。创新艺术职业院校人才培养模式，采取定向招生和校团、校企联合培养等方式，积极培养后备人才。加大文化人才培训力度，依托高等院校、文化单位、文化产业园区、大型文化项目等，建立一批文化人才实训基地，开展岗位培训、业务培训、专题培训。制定《天津市文化广播影视局系统引进急需紧缺人才实施意见》，采取多种方式引进文化拔尖人才、高层次人才和急需人才。

（二）加强基层文化队伍建设

落实基层文化人才队伍建设规划，完善学习培训、待遇保障等政策措施。配好配齐乡镇综合文化站专职人员，设立社区公共文化服务岗位。重视发现和培养贴近群众、扎根基层的乡土文化能人、民族民间文化传承人。实施基层文化队伍培训计划，对区图书馆、文化馆和基层综合文化服务中心人员进行全面轮训。发展文化志愿者队伍，鼓励专业文化工作者和社会各界人士参与基层文化建设和群众文化活动，形成专兼职结合的基层文化工作队伍。

（三）加强职业道德和作风建设

引导文化工作者自觉践行社会主义核心价值观，坚守社会责任，加强自身修养，克服浮躁心态，追求德艺双馨，努力做道德品行和人格操守的示范者。深入开展"深入生活、扎根人民"主题实践活动，鼓励文化工作者深入改革开放和现代化建设第一线，进一步增强对国情市情的了解、增加对基层的体验、增进对群众的感情，切实做到为人民抒写、为人民抒情。

（四）优化文化人才发展环境

健全人才培养开发、评价发现、选拔任用、流动配置、激励保障机制，建立以岗位职责为基础，以品德、能力和业绩为导向的人才评价考核体系，为优秀人才脱颖而出创造有利制度环境。坚持在实践中锻炼人才，在重大文化工程、重点文化项目实施中发现和培养人才。加大优秀文化人才宣传推介力度。对非公有制文化单位人员评定职称、参与培训、申报项目、表彰奖励实行同等对待。

九、保障措施

（一）加大文化财政保障

进一步健全与经济社会发展水平相匹配、与人民群众文化需求相适应的文化财政保障机制，加大政府投入力度。合理划分各级政府基本公共文化服务支出责任，按照基本公共文化服务标准，落实保障基本公共文化服务所需资金，将购买公共文化服务资金纳入各级政府财政预算。转变投入方式，通过政府购买、项目补贴、定向资助、贷款贴息等方式，引导和鼓励社会力量参与文化建设，建立政府主导、社会参与的多元文化投入机制。建立健全财政文化资金监督管理机制，提高资金使用效益。

（二）完善文化经济政策

鼓励和支持社会力量通过投资或捐助设施设备、兴办实体、资助项目、赞助活动、提供产品和服务等方式参与公共文化服务体系建设。推动建立健全公开透明的社会捐赠管理制度。鼓励党政机关、国有企事业单位和学校的各类文化设施向社会免费或优惠开放。推动落实有利于非物质文化遗产生产性保护、文化内容创意生产、小微文化企业发展的税收优惠政策。推动出台扩大文化消费的相关政策。加大财政、税收、金融、用地、外贸、人才等方面对文化发展的政策支持力度，推动已有政策落地。

（三）深化文化体制改革

完善文化管理体制和运行机制，建立健全党委领导、政府管理、行业自律、社会监督、企事业单位依法高效运营的文化管理体制和富有活力的文化产品生产经营机制。按照政企分开、政事分开原则，进一步理顺文化行政部门与文化企事业单位的关系，加快文化行政部门职能转变，简政放权，放管结合，优化服务。深化公益性文化事业单位内部改革，推动文化馆、博物馆等文化事业单位建立法人治理结构，健全决策、执行和监督机制，强化服务功能，提高运行效率。加快国有文化企业公司制、股份制改造，建立体现文化企业特点、符合现代企业制度要求的资产组织形式和经营管理模式，确保把社会效益放在首位、实现社会效益和经济效益相统一。

（四）加强文化法治建设

完善文化法律法规体系，推进《天津市公共文化服务保障条例》《天津市非物质文化遗产保护条例》《天津市文化产业促进条例》立法进程，提高立法质量。修订《天津市文物保护条例》。统筹安排营业性演出、艺术品市场、社会文物管理等领域立法，及时将文化建设的重大政策上升为地方立法。建立文化领域知识产权保护机制，发挥知识产权对文化事业和文化产业发展的创新驱动作用。全面推进依法行政，实施权责清单，深化行政审批制度改革，推进政府信息公开，推动局属文化单位、区文化行政部门普遍建立法律顾问制度。深入开展"七五"普法，推进文化系统全员法治培训，提高运用法治思维和法治方式管理文化事务的能力。把法治文化建设纳入公共文化服务体系，支持法治作品创作推广，弘扬法治精神。

（五）强化规划组织实施

文化广播影视系统各单位、各部门要充分认识实施《天津市文化广播影视

"十三五"规划》的重大意义，积极推动各级党委和政府把文化建设摆在全局工作重要位置，纳入经济社会发展总体规划，列入绩效考评和领导干部政绩考核体系，做到文化建设与经济建设、政治建设、社会建设和生态文明建设同部署、同落实。各单位、各部门要细化落实本规划提出的主要目标任务，结合实际制定实施方案，纳入年度工作计划，明确时间表、路线图和责任人，扎实推进各项工作。要建立规划评估机制，加强对规划执行的评估督查，做好中期评估和期末评估，强化问责机制，确保规划确定的各项任务有序推进、取得实效。

天津市文化广播影视局
2017 年 2 月 24 日

参考文献

[1] 龙怒. 美国文化产业投融资模式分析及对云南的启示 [J]. 学术探索, 2011（10）.

[2] 文文. 金融危机背景下美国文化产业财税政策 [J]. 税务研究, 2010（2）.

[3] 辛阳. 中美文化产业投融资比较研究 [D]. 吉林大学博士学位论文, 2015.

[4] 王宁. 国内外金融支持文化产业发展的比较研究 [D]. 贵州财经大学硕士学位论文, 2013.

[5] 宋魁. 韩国文化产业发展的背景、特点及其启示 [J]. 黑龙江社会科学, 2007（1）.

[6] 王芳芳. 韩国文化产业快速发展原因分析及对我国的启示 [D]. 山东艺术学院硕士学位论文, 2014.

[7] 贾康. "十三五"时期的供给侧改革 [J]. 国际行政学院学报, 2015（6）.

[8] 洪银兴. 准确认识供给侧结构性改革的目标与任务 [J]. 中国工业经济, 2016（10）.

[9] 冯子标, 焦斌龙等. 大趋势: 文化产业解构传统产业 [M]. 北京: 社会科学文化出版社, 2006.

[10] 张小平. 和谐文化的理论与实践 [M], 北京: 人民出版社, 2007.

[11] 黄永林, 罗忻. 文化产业发展核心要素关系研究 [J]. 社会主义研究, 2011（5）.

[12] James Petras. Cultural Imperialism in the Late 20th Century. Journal of Contemporary Asia, 1993, 23 (2).

[13] 王哲平. "全球化"背景下世界文化产业发展的新趋向 [J]. 南京社会科学, 2003 (8).

[14] 赵世萍. 西方供给经济学与我国供给侧改革 [J]. 改革与开放, 2017 (19).

[15] 李杨, 张晓晶. 论"新常态" [M]. 北京: 人民出版社, 2015.

[16] 孙亮, 史建勋. 中国供给侧改革的相关理论探析 [J]. 新疆师范大学学报 (哲学社会科学版), 2016 (3).

[17] 孙安民. 文化产业理论与实践 [M]. 北京: 北京出版社, 2005.

[18] 沈山. 文化产业的内涵及其政策发展趋势 [J]. 社会科学家, 2005 (2).

[19] Throsby D. The concentric circles model of the cultural industries [J]. Cultural Trends, 2008 (3).

[20] Lawrence T. B. and Phillips N. Understanding the culture industries [J]. Journal of Management Inquiry, 2002 (11).

[21] 大卫·赫斯蒙德夫. 文化产业 [M]. 北京: 中国人民大学出版社, 2017.

[22] Blythe M. The Work of Art in the Age of Digital Reproduction the Signification of the Creative Industries [R]. 2005.

[23] Danaher G. The region as performance space: A distinctive take on the creative industries [J]. Studies in Learning, Evaluation Innovation and Development, 2007 (4).

[24] 隋新, 张永庆. 创意产业研究理论述评 [J]. 经济问题探索, 2008 (2).

[25] 李玲, 徐静. 我国文化产业研究综述 [J]. 重庆文理学院学报, 2014 (11).

[26] 谭红梅, 柯妍. 韩国文化产业发展经验及对我国的启示 [J]. 经济纵横, 2009 (6).

[27] 吴志华. 巴西文化产业政策初析 [J]. 拉丁美洲研究, 2007 (4).

[28] 甘旭峰. 一诺. 日本文化产业发展经验对我国文化产业振兴规划实施的启示 [J]. 当代财经, 2010 (6).

［29］唐任伍，赵莉．文化产业：21世纪的潜能产业［M］．贵州：贵州人民出版社，2004．

［30］李小牧，李嘉珊．首都文化贸易发展报告（2010）［M］．北京：中国人民大学出版社，2011．

［31］李艳春，刘小青，张娟．关于我国文化产业发展问题的几点思考［J］．改革与战略，2010（4）．

［32］赵彦云，余毅，马文涛．中国文化产业竞争力评价和分析［J］．中国人民大学学报，2006（4）．

［33］顾善杰．文化产业科学发展十大关系论纲［J］．学习与探索，2009（6）．

［34］赵佳．中国少数民族文化产业融资支持问题研究［D］．中央民族大学博士学位论文，2017．

［35］世界银行．世界文化产业发展大势思考［C］．世界银行产业发展报告，2005．

［36］卡西·布里克伍德．产业投资与文化产业发展［M］．邱慧译．上海：上海译文出版社，2005．

［37］Choi YoungHo．韩国文化产业走势［M］．吴正译．上海：上海译文出版社，2005．

［38］卢威，李曼．国内外文化产业与融资模式概述［J］．中国资产评估，2014（11）．

［39］吴田，何泉．我国文化产业发展中的金融支持与创新研究［J］．金融经济，2015（10）．

［40］张龙安．英国发展文化创意产业的融资经验及启示［J］．贵州农村金融，2011（11）．

［41］王欣．中韩文化创意产业融资比较研究［D］．哈尔滨理工大学硕士学位论文，2015．

［42］李季．我国文化产业财税政策研究［D］．东北财经大学博士学位论文，2013．

［43］王宇红，马玥林，倪玉莎．西安市文化创意产业发展的知产权公共服务体系构建研究［J］．科技管理研究，2014（12）．

［44］秦智，谢杰．西部文化产业投融资创新策略［J］．开放导报，2013（2）．

［45］黄韵竹．欠发达地区文化产业投融资模式探索［J］．青海金融，2013（11）．

［46］惠宁，卢月，熊正潭．创新、模仿与企业效率：一个文献综述［J］．西北大学学报（哲学社会科学版），2012（3）．

［47］张斌，马斌，张剑渝．创意产业理论研究综述［J］．经济学动态，2012（10）．

［48］曹东，封期康．罗默新增长理论的特点及应用［J］．中南民族学院学报（自然科学版），1999（1）．

［49］董绍建．国内外文化产业融资模式的对比及建议［J］．新经济，2015（17）．

［50］常凌翀．文化产业的概念与分类［J］．新闻爱好者，2013（12）．

［51］刘芹．我国文化产业投融资模式创新研究［D］．吉林大学硕士学位论文，2014.

［52］尹江宁．文化创意产业的众筹融资问题研究［D］．首都经济贸易大学，2016.

［53］杨靖吉．我国文化产业融资模式研究［D］．哈尔滨商业大学硕士学位论文，2012.

［54］隋玉明．文化产业融资平台建设与审计研究［J］．行政事业资产与财务，2014（22）．

［55］万里．关于"文化产业"定义的一些思考［J］．湖南第一师范学院学报，2001（1）．

［56］赵力平．文化产业特征、功能［J］．中共杭州市委党校学报，2002（4）．

［57］孙建成．文化产业的特征与我国文化产业的发展［J］．齐鲁学刊，2008（5）．

［58］乔桂明，刘沁清，郑晓玲，伍纯刚．文化产业的金融支持与服务创新［M］．江苏：苏州大学出版社，2013.

［59］习舒卿．企业融资理论介绍［J］．审计与理财，2003（11）．

［60］凌廷友，王甫，周志忠．权衡理论和优序融资理论的比较探析［J］．华东经济管理，2003（1）．

［61］陈容，干胜道．权衡理论与优序融资理论的比较研究［J］．商业研究，2008（5）．

［62］徐丹丹等．北京文化创意产业发展的金融支持研究［M］．北京：经济科学出版社，2011．

［63］张捷，王霄．中小企业金融成长周期与融资结构变化［J］．世界经济，2002（9）．

［64］李镇西．中国文化金融概论［M］．北京：中国书店出版社，2014．

［65］苑泽明．知识产权融资的风险、估价与对策拓宽创新型企业资金瓶颈［M］．辽宁：东北财经大学出版社，2012．

［66］蔡国平．供给侧结构性改革态势下平湖文化产业发展路径的思考[J]．江南论坛，2017（11）．

［67］甄烨．文化创意企业融资创新模式研究［D］．山西师范大学博士学位论文，2017．

［68］焦斌龙．新常态下我国文化产业供给侧结构性改革的思考［J］．经济问题，2017．

［69］秦洪军．场外交易市场推进天津动漫产业发展探析［J］．天津经济，2012（9）．

［70］南星恒，杜巧云，赵辰．供给侧改革下知识产权质押融资风险防范路径［J］．财会通讯，2016（32）．

［71］郑忠良，王琳婷，李想．供给侧改革背景下地方融资平台转型研究［J］．宏观经济管理，2016（10）．

［72］李朝阳．从供给侧改革角度看小微企业融资难问题［J］．管理现代化，2016（5）．

［73］徐鹏程．文化产业与金融供给侧改革［J］．管理世界，2016（8）．

［74］齐骥．我国文化产业供给侧结构性改革的探索与思考［J］．福建论坛（人文社会科学版），2016（8）．

［75］唐紫薇．供给侧改革背景下的影视投资融资新模式发展研究［J］．法制与社会，2016（19）．

［76］范周．关于文化产业供给侧结构性改革的几点思考［J］．人文天下，2016（12）．

［77］范周．关于文化产业供给侧结构性改革的思考［N］．中国财经报，2016-06-02（7）．

［78］唐亚群．湖南省文化产业投融资风险管理研究［D］．湖南科技大学硕士学位论文，2016．

[79] 王帅，张友祥．互联网驱动下我国文化产业融资模式探讨［J］．税务与经济，2016（2）．

[80] 周扬．吉林省文化产业融资多元化研究［D］．长春理工大学硕士学位论文，2016．

[81] 廖继胜．文化产权交易市场发展研究［D］．江西财经大学博士学位论文，2015．

[82] 唐毅泓．我国文化产业融资现状及融资体系构建研究［J］．理论与改革，2014（4）．

[83] 孙诗雨，高峰，雷鸣．天津文化产业发展现状及问题研究［J］．商场现代化，2013（30）．

[84] 陈孝明．国内文化产业融资问题研究综述［J］．科技和产业，2013（9）．

[85] 唐毅泓．文化产业融资现状及对策分析——以天津为例［J］．会计之友，2013（26）．

[86] 甘涛．甘肃省文化产业融资困境及突破口分析［D］．兰州商学院硕士学位论文，2013．

[87] 潘伟．吉林省文化产业投融资实证分析［D］．东北师范大学硕士学位论文，2013．

[88] 高峰．天津文化产业发展现状及对策建议［J］．环渤海经济瞭望，2012（10）．

[89] 刘琳．天津文化产业发展研究［J］．新乡学院学报（社会科学版），2012（4）．

[90] 董仕军．浅议地方政府投融资平台公司的发展方向［J］．财政研究，2012（4）．

[91] 罗艳．金融支持与天津文化产业发展研究［J］．华北金融，2011（7）．

[92] 欧培彬．产业投资基金支持文化产业发展研究［D］．武汉理工大学博士学位论文，2009．

[93] 汪寿松．加快天津文化产业发展探析［J］．天津经济，2006（8）．

[94] 天津市财政局网站，http：//www.tjcs.gov.cn/．

[95] 天津市地方税务局网站，http：//ds.czds.tj.gov.cn/．

[96] 天津市文化产业网站，http：//www.tjwhcy.gov.cn/．

［97］ 天津市文化广播影视局网站，http：//www.tjwh.gov.cn/.

［98］ 天津市政务网站，http：//www.tj.gov.cn/szf/.

［99］ 天津市滨海新区人民政府网站，http：//www.bh.gov.cn/.

［100］ 国家统计局网站，http：//www.stats.gov.cn/.